U0905669

中国广播电视社会组织联合总会市县委支持项目
中国电视艺术家协会市县委研究课题
浙江传媒学院融合传播研究中心在研项目
南京传媒学院新闻传播学院研究课题

《中国市县融媒体中心建设研究报告（2020）》编委会

主　　任： 王文科

执行主任： 史　征

编　　委：（以姓氏笔画为序）

王晓伟　田维林　史长城　庄海文　余建军　吴鸿飞　杨巍峰　陈建飞
陈爱民　陈智明　陈仲明　何铭游　易重庆　候德勇　张　敏（尤溪）
张　敏（宜春）金　松　胡正涛　徐希之　梁　琪　龚　拓

王文科 史 征◇主编

中国市县融媒体中心建设研究报告（2020）

·MEDIA·

ZHEJIANG UNIVERSITY PRESS
浙江大学出版社

前　言

2018年8月21日，习近平总书记在全国宣传思想工作会议上提出了“要扎实抓好县级融媒体中心建设，更好引导群众、服务群众”的要求。2019年，县级融媒体中心的5项标准规范全部发布实施，包括《县级融媒体中心建设规范》《县级融媒体中心省级技术平台规范要求》《县级融媒体中心网络安全规范》《县级融媒体中心运行维护规范》《县级融媒体中心监测监管规范》，为指导全国县级融媒体中心建设，提供了关键性、基础性技术支撑。截至2020年4月，全国已有1800多个县级融媒体中心挂牌成立，北京、福建、天津、甘肃、贵州、江西、上海、安徽、黑龙江、辽宁等多个省份已实现县级融媒体中心建设全覆盖，根据要求，2020年底县级融媒体中心基本实现国内全覆盖。

经过理论探讨和实践探索，大家已经充分认识到县级融媒体中心是以互联网为平台，以信息技术为支撑，以新媒体化为方向，以融合创新为手段，以舆论引导为主责，以服务群众为宗旨，负责统筹县域时政要闻、政务信息、公共信息、商务信息、服务信息等各种信息的生产、汇集、交互、分发流程的机构，建设县级融媒体中心是媒体融合发展进入新阶段的关键布局，是党的声音传入基层的传播手段创新，是传统媒体向新媒体化改革转型的重大举措。

2019年10月31日，党的十九届四中全会通过《中共中央关于坚持和完善中国特色社会主义制度、推进国家治理体系和治理能力现代化若干重大问题的决定》。全会通过的这一决定，深刻阐释了坚持和完善中国特色社会主义制度、推进国家治理体系和治理能力现代化的重大意义和总体要求，并对坚持和完善党的领导制度体系等13个方面的制度作出战略部署。县级融媒体中心要抓住时机，认清责任，主动加入到社会治理中来，将其主要的功能职责向基层治理方面倾斜，成为社会治理过程中重要的支撑系统，要明确一系列基层治理的需求，主动开发出能够满足地方治理的应用场景。因此，县级融媒体中心就不仅仅是媒体的基层单位，同时也构成了国家开展社会治理的基础。

经过几年的建设，各县级广电机构不断提高融媒体云平台的聚合性、扩展性，并建立起省市县级媒体的生态化联接，做到在内容上，新闻通联、联合制作、活动联动;渠道上,有效联结、全域分发;服务上,拓展“新闻+政务+服务+商务”,打造社会治理创新平台;技术上,以集约化降低本地投入、提高生产效率。

县级融媒体中心的首要职能是舆论引导,同时要根据基层群众工作生活的实际需要开发多种服务功能,如政务服务功能、公共服务功能、电子商务功能、文化服务功能、娱乐服务功能、本地社交功能等群众工作生活需要的功能,在各市县融媒体中心的努力下,各地出现了一批值得推广借鉴的典型做法。特别是自新冠肺炎防控工作开展以来,各县级融媒体中心迅速行动起来,以真实鲜活生动的新闻报道营造万众一心、众志成城的舆论氛围,用爱心凝聚起共同抗击疫情的强大精神力量,及时记录感人故事,讴歌人间大爱,提振社会信心,成为各地抗击疫情重要的传播平台与治理平台。《中国市县融媒体中心建设研究报告(2020)》就是聚焦了全国各地融媒体中心在有效阻击疫情、确保疫情防控工作有序开展,促进复工复产复业复学,媒体电商平台联手抗疫助农扶贫等方面的具体做法、宝贵经验与工作反思。

《中国市县融媒体中心建设研究报告(2019)》在广大奋斗在融媒体中心建设战线的各位领导、专家和学者的共同努力下,已于2019年11月正式出版。该报告出版后受到了各方好评和肯定,在国家广电总局领导的呵护与关心下正成为媒体融合领域重要的工作探讨和学术交流平台。我们将以此平台为依托,开展更多的专业性工作,包括成立全国市县融媒体中心工作联盟,建立市县融媒体中心建设网站与微信公众号,连续出版《中国市县融媒体中心建设研究报告》,举办全国市县融媒体中心工作交流与业务研讨会,举办市县融媒体中心建设高峰论坛,举办市县融媒体中心成果展示和节目交流交易大会,开展市县融媒体中心人才培训,组建全国市县融媒体中心建设专家团,组织专家赴各市县融媒体中心进行业务诊断、咨询与指导,编制市县融媒体中心中长期发展规划,努力将其打造成一个在国内有影响的、全心全意服务于市县融媒体中心建设与发展的高端专业平台,期望得到读者们的热切呼应与宝贵支持。

王文科　史　征

2020年7月28日

目　　录

精准发力　创新传播
凝聚战“疫”强大正能量

——金华广电新冠肺炎疫情阻击战舆论引导实践

浙江省金华广播电视总台　朱晓丹　俞建锋

新冠肺炎疫情暴发以来，人民群众对重大公共卫生事件高度关注，这也是国家和地区形象传播的重大契机。新闻媒体作为党和人民的“喉舌”，在关键时刻不失语，重大问题上不缺位，牢牢掌握话语权，为坚决打赢疫情防控阻击战营造了良好舆论氛围。浙江省金华广播电视总台作为地方主流媒体，面对突如其来的疫情，迅速投入战斗，在最短时间内组建了100多人的报道团队，“报网端微”十八般武艺齐上阵，精准发力，创新传播，全力开展战“疫”宣传报道。

疫情危机下，党媒扛起抗疫大旗，危急时刻显担当。2020年1月23日，浙江省启动重大突发公共卫生事件一级响应。金华广电根据省市两级关于疫情防控的工作部署，调整春节假期原定节目播出编排，在各电视频道和广播频率，先后开设了《战“疫”在行动》《战“疫”暖流》《战“疫”群英谱》《众志成城防控疫情》等多个专栏，开展全方位、多角度、高频次的战“疫”报道。在报道中，我们始终强调融媒体矩阵作战，创作了大量有态度、有速度、有温度的新闻作品。截至3月25日，各电视新闻栏目累计播出疫情防控主题报道1500条，广播主题报道11607条，广电报抗疫专版8版，综合门户网站——金华网和“无限金华”客户端新闻13000多条，全网总浏览量突破1.2亿。

一、精心选题引导舆论，把握时机权威发声

新闻报道具有社会舆论“发射器”和“放大器”的功能，新闻媒体报道什么、不报道什么，多宣传什么、少宣传什么，都要从大局出发，体现大局要求。在疫情防控之时，更是需要根据形势变化，设置相关议程，“让该热的热起来，该冷的冷下去，该说的说到位”。“设置议程理论”最早出现在《公众舆论》一书中，它是著名传播学者李普曼1922年所提出，后来经过其他学者的陈述与论证，现在表述为：现代社会的复杂和规模使得一般人难以对它有清楚的把握，大众

传媒需要通过为公众“设置议事日程”来影响人们对重大事件的判断。对新闻报道来说,设置议程则表现为对重大题材的选择和把握上。根据党中央对疫情不同阶段形势的研判和决策部署,新闻媒体必须统一思想,把握好舆论工作的方向和重点,精心谋划题材,积极引导舆论,在时、度、效三方面实现宣传效果最大化。

指挥调度,提升宣传引领。疫情防控期间,金华广电总台指挥调度中心按照市委宣传部的工作部署,每天召开疫情防控工作会议,会上各相关部门负责人研究分析舆情热点,把疫情防控作为宣传重点,精心谋划选题,理清思路和方向,做到每天都有重点策划,每天都有主打稿件,每天都有传播亮点,确保播发的新闻导向正确、内容精准、宣传到位。各电视频道和广播频率主要新闻栏目平均每天推出 40 条到 45 条战“疫”报道,把最权威的资讯、最鲜活的新闻、最温暖的战“疫”事迹及时呈献给受众,为打赢疫情防控阻击战营造了良好的舆论氛围。

战“疫”一线,践行党媒初心使命。在疫情防控阻击战中,金华广电新闻铁军每天奔走在战“疫”一线,他们扛着“长枪短炮”到处跑,渴了喝杯白开水,饿了吃包方便面。虽然寒风凛冽,但他们始终紧握手中的笔、把稳手中的摄像机,生怕错过一个细节、晃动一个镜头。面对来势汹汹的疫情,社会上有不少人心存恐惧,谈疫色变,但记者们不畏风险,冲在一线,克服困难,连续作战。他们走进疫情高危村庄,进入医院隔离室,来到卡口监测点,把党和政府坚定保护群众生命安全和身体健康的决心,把各条战线同心战“疫”的场面,第一时间反映了出来,凝聚起众志成城、共克时艰的强大正能量。

东阳市巍山镇白坦村是一个有着近 4000 人口、上百家企业的大村子。2020 年 1 月 29 日,村民吴某某被确诊为新冠肺炎,村子里被他传染的有 9 人,被隔离的人数达 560 多人,这是新冠肺炎疫情发生以来金华市最大的一起聚集性疫情,当天白坦村被整村隔离。2 月 1 日,金华广电派出两位记者去白坦村蹲点,全程记录因疫情隔离后村民的生活,以及当地抗击疫情的真实情况。当天正值正月初八,冬令五九,天气寒冷,两位记者穿着厚厚的防护服,携带多种采访设备,深入疫区进行采访报道。他们冒着被感染的危险,多次深入村民家中、超市菜场和垃圾清运点,每天早出晚归,只睡四五个小时,有时候忙得连饭都顾不上吃。在蹲点采访的 13 天里,他们透过文字和镜头,完整地记录了全村在当地政府和村两委的领导下,共克时艰守护家园的感人故事。回到台里后,记者马上整理素材和资料,加班加点创作文稿赶制节目,先后在无限金华客户端和电视频道播发 12 篇战“疫”系列报道《隔离村蹲点日记》。报道挖掘典型人物和感人事迹，真实记录了疫情之下村民共克时艰、守望相助以及镇村干部在战“疫”一线不畏艰辛，尽心尽责当好村民“守护神”的故事。整组系列报道聚焦战疫情，唱响主旋律，弘扬正能量，营造出浓厚的抗疫舆论氛围和强大传播声势。

【金视频】战“疫”系列之《战士杨晶艳：白衣为甲守平安》，以信念、使命、责任为主线，聚焦疫情时期的特殊人群——白衣战士。通过生动的镜头语言讲述抗疫最前线的感人故事，凸显了医护人员医者仁心、大爱无疆的高尚情操。

为打赢这场疫情防控阻击战，义乌、浦江、武义三地高速交警和交通运输局部分青年党员，在高速出口建立联合检查站和党员服务岗，并成立了临时党支部。在这场没有硝烟的战斗中，青年党员守初心、担使命，全身心投入，丝毫没有怨言。为了充分反映他们在抗疫一线昼夜奋战的感人故事，报道组的记者不畏风险、冲在一线，连续蹲点四五个小时，用笔和镜头记录下了他们的真实工作、生活状态，采写了《金华各地成立临时党支部 让党旗在防疫一线高高飘扬》等多条报道，为打赢疫情防控阻击战凝聚了人心，鼓舞了士气。

在这场疫情防控阻击战中，金华广电记者不畏风险，勇敢逆行，采写了一批具有较大影响力、传播力的作品。例如《金华永康：逐级预警 分类管理“四色预警”法防控疫情》《凡人凡事刘联峰：为小区居民把好健康安全关》和《金华：老党员捐出积蓄为防控出力》《身边的战“疫”：感动就在身边 十个瞬间泪目》等多条新闻，它们都以小切口叙事，歌颂凡人善举，折射人性光辉，全面展示了各条战线、各行各业团结一心，全力以赴携手战“疫”的崭新风貌。这些战“疫”报道经过浙江卫视和无限金华客户端转发，获得较高的收视率和点击率。

二、精准谋划应势而动，市县联动大显身手

金华广电紧扣“众志成城、打赢疫情防控阻击战”主题，坚持全媒一盘棋，集中所辖 9 个市县区广电部门的采编发力量，共同奏响抗疫报道“大合唱”。义乌融媒体中心和东阳广播电视台依托平台聚合优势，推出一系列有思想、有温度、有品质的新闻报道和新媒体作品，不断增强人们战胜疫情的必胜信心。

聚焦战“疫”一线，挖掘感人故事。面对疫情防控严峻形势，义乌融媒体中心发挥改版优势，整合《义乌新闻》《今晚播报》《同年哥讲新闻》《商贸信息联播》四档电视栏目，从不同角度聚焦抗疫主题，联动出击共同发力，平均每天播发 8 条到 10 条疫情防控报道，其中既有权威信息发布，也有现场战“疫”报道，有效地鼓舞了士气。新媒体方面，义乌融媒体中心充分依托移动平台传播优势，在“爱义乌”新闻客户端和《义乌发布》《爱义乌》《义乌交通广播》《同年哥讲

新闻》栏目微信公众号上,第一时间发布本地疫情防控通报,让群众及时了解疫情动态。同时,中心还推出《用义乌话教你如何防范新型冠状病毒》《安心在家做“D”切勿出门成为“B”》等 20 多个短视频和情景剧,广泛普及防控知识,引导市民做好自我防控。上线后立即刷爆朋友圈,短短 5 天时间点击量超过 1500 万。

用镜头记录真情,用视频温暖人心。2 月 4 日晚,义乌市融媒体中心记者走进浙江大学医学院附属第四医院,聚焦抗疫“硝烟味”最浓的主战场。在这过程中,记者发现并捕捉到温暖感人的一幕:一对年轻恋人隔着玻璃,通过手机通话互诉衷肠。通过采访记者了解到,这对恋人原本打算 2020 年 2 月 14 日登记结婚,可这场突如其来的疫情不得不让他们取消了结婚的计划。当晚隔着玻璃的见面,是他们 11 天以来的第一次约会。根据现场这一感人的瞬间,记者采写了新闻《战“疫”期间最美约会:隔着玻璃看你》,经过电视播出和新闻客户端转发,赢得了较高收视率和点击率,后经人民日报微博和央视新闻公众号转发,点击量超过 1800 万。许多网友留言:“特别感人,瞬间泪目,致敬白衣天使。”媒体对这对年轻恋人不经意间流露出的真情的报道和转发,让白衣天使的大爱充盈了网络空间,为全民抗疫凝聚起满满的正能量。

发挥融媒优势,主流声音入脑入心。东阳广播电视台充分发挥融媒体优势,不断扩大地域覆盖面、人群覆盖面、内容覆盖面,全面打响疫情防控阻击战。东阳广电新媒体注重传播手段和表达形式的创新,通过创作短视频、海报、漫画等形式,先后推出《茶花姐防疫经》《疫情防控总动员》等新媒体作品。其中 7 集系列短片《应争先谈防疫》,邀请东阳市人民医院党委书记、主任医师应争先,以科学防疫为主题,对当地疫情进行解读,及时回应群众关切,主动澄清谣言误区,引导群众正确理性看待疫情,增强防范意识和防护能力。节目上线后获得较高的关注度,点击量累计达到 40 多万。

报纸投递,在疫情防控面前显得不合时宜,而广播、电视可以通过频率、频道传播,成为疫情期间发布信息、引导舆论的主要渠道和载体。特别是农村大喇叭,播报时用上本地的方言,在第一时间发布疫情防控信息,令即使是远在山区不识字的老人也能及时了解疫情动态。同时,大喇叭还利用“广覆盖、靶向准”的特点,对镇村发布有针对性内容,为各地实施差异化精准防控提供支撑。

疫情持续期间,非遗传承人利用地方传统曲艺——东阳道情创作了多部优秀文艺作品,为打赢疫情防控阻击战贡献精神力量。例如东阳道情《联防联控要做好》,作者以笔为枪,以说唱传情,将抗疫期间一幕幕感人画面,转化成鲜活生动的文艺作品。歌词里这样说唱:"各位朋友听我言,我来给大家做宣传,不说前朝和后汉,说说今天抗肺炎,冠状病毒很厉害,走亲串户易传染",这些入脑入心的传统土味,透着浓浓的人情味和亲切感。作品出炉后,经过电视台的播放,引发收视热潮,发送到抖音、快手、今日头条等平台后,进一步扩大了影响力和传播力。

三、权威辟谣澄清谬误,精准引导社会舆论

重大突发公共卫生事件发生后,不确定因素增加,舆情复杂多变。"及时准确、公开透明发布疫情、回应社会关切"是习近平总书记对新冠肺炎疫情防控舆论引导的明确要求。疫情暴发以来,在网络舆论场,既有主流媒体发出的高昂主旋律和强劲正能量,同时也有一些杂音在扰乱视听、制造恐慌。面对复杂多变的舆情,主流媒体需要主动发声,回应关切,披露真相,消除疑惑,把舆论引导做到最关键处、最急需处,成为疫情防控期间强有力的"定盘星"和"压舱石"。

舆情复杂多变,网络谣言滋生。疫情期间,一些打着"科学防疫"旗号的流言闯入人们的视线,并在朋友圈广为传播,例如"喝酒可以杀死新冠病毒""吸烟能够预防新冠病毒""洗热水澡能够预防病毒"等网络谣言层出不穷,不少不明真相的民众出现了"病急乱投医"的恐慌心态。更有甚者,一些江湖郎中也在朋友圈频频亮相,充当起了"救世神医",他们拍着胸脯开出"治病药方",推销那些既看不好病、吃了对身体又没明显反应的药品,企图利用人们对疫情的恐慌情绪,发一笔不义之财。还有金华一知名商业媒体发布消息说,市区某大型商场发现了一名女营业员感染新冠病毒,呼吸困难,高烧不退,致病原因是她与曾经去过武汉的人员有过接触史,目前整个商场已经歇业,所有营业员已经全部被隔离,引起社会恐慌。

官方媒体辟谣,真相跑赢谣言。面对舆论场纷繁复杂的各种信息,人们很容易陷入信息"泥沼"难辨真伪。在重大突发公共卫生事件中,不及时公布真实信息会导致民众的不信任,虚假信息四处传播则会扰乱公共秩序。大疫当前,信心比黄金更加珍贵,真相必须跑赢谣言。为此,金华市政府相关部门连续召开10场新闻发布会,及时发布疫情防控通报、疫情防护提醒和最新防疫措施及要求,并对网上流传的各种谣言及时辟谣,起到了稳定民心、提振信心的重要作用。

金华广电对市政府召开的10场新闻发布会都进行了全程图文直播和采访报道。记者连续奋战,精心报道,除了"无限金华"客户端同步直播外,现场

记者也在第一时间用手机发送会议新闻。我们还在“无限金华”客户端开设辟谣专栏——《捉谣记》,对各类疫情谣言进行汇总分析,再通过链接官方网站查询资料,并结合专家采访、科普图文等形式,第一时间公布真相,对谣言进行澄清,引导网民不信谣、不传谣,为疫情防控营造有利的舆论氛围。

及时发布信息,疏解社会情绪。疫情发生后,金华广电积极履行主流媒体职责,以权威发布为己任,为公众提供准确、及时、全面的信息服务。从1月25日起,金华广电受权发布浙江省和金华市的疫情防控信息,包括各地的确诊病例、重症病例、出院病例以及密切接触者、接受医学观察者、解除医学观察者人数,并于每天上午准时公布在“无限金华”客户端。这样,一来增加了信息透明度,二来也缓解了社会恐慌情绪。

可以说,金华广电为击碎疫情谣言、消除社会恐慌做出了很大努力。通过各种新闻服务提升了社会民众对信息的辨别能力,构筑起了全社会抗击疫情的科学防线,真正做到了精准引导舆论,为人民负责。

四、融媒聚焦挖掘亮点,多元表达传递正能量

把握舆情走势,要善于抓住舆论引导的最佳时机。网络舆论与新闻舆论一样,同样承担着传播党的声音、宣传党的主张的重要角色,至关重要。当前,媒介格局、舆论环境、传播方式等都在发生变化,新媒体客户端在打造“舆论盛宴”的同时,也带来了信息多元化、舆论复杂难控等问题。对此,主流媒体应当顺势而为,不断加大新媒体技术与产品创新力度,完善舆论引导机制,因势而动,因时而变,有效把握舆论引导的最佳时机。

挖掘亮点,创意产品迭出。疫情发生以来,新媒体移动平台成为公众获取疫情防控信息的主要渠道。金华广电在各新媒体平台积极布局,在“两微一端”策划、推出了大量优秀的新媒体作品。“无限金华”客户端每天发布10多条战疫新闻和信息,报道形式包括疫情防控通报、防疫短视频、各类长图和海报等,设置了《疫情防控金视频》《家门口爱心农超》《宅家过大年》《抗疫情同心诵》等10多个专题,总计推送新媒体作品12200多篇。同时还向学习强国、人民视频、央视频、蓝莓号等中央和省级媒体平台推送稿件300多篇,很好地展现了金华人民凝心聚力、共抗疫情的决心。

金华广电新媒体部门设计制作了《金华疫情云地图》,根据政府部门发布的疫情数据信息,利用数据交互技术,对浙江省和金华市近期的新增、确诊、治愈病例数用不同颜色标识,进行可视化描述。通过观看这张地图,广大市民可以及时了解最新疫情动态和疫情近期发展趋势。

强化互动，多元融媒表达。H5 小程序《防控疫情我承诺》，卡通人物在线上发起倡议，要求大家做到“勤洗手、不串门、戴口罩、少聚集”，网民点击图片即可参与互动。这些疫情期间的个人防护措施，通过寓教于乐的方式，可以让网民轻松了解防疫知识，增加自我防护意识。这样的 H5 小游戏，特别适合在家的老人和小孩。游戏推出不到两天时间，就吸引了近 10 万名网友参与互动，取得了良好的宣传效果。一些网友留言：“积极响应倡议，对自己负责，对他人负责，对社会负责。”“大家行动起来，共同防御疫情。”《一图读懂：金华市委常委会议对疫情防控做出再部署》和《关于新型冠状病毒肺炎市民最关心的 15 个问题》这 2 部长图作品，通过对现场新闻的加工设计，以长图贯穿的方式，对市委常委会议部署疫情防控工作和市民最关心的防疫问题进行深度解读，可视化处理新闻点，使其更加适应移动端传播，扩大了宣传效果。

城市广播电台融合传播的实践探索
——以台州交通广播新冠疫情期的融合传播为例

浙江省台州广播电视集团　杨育杨

“媒体融合”的概念是由尼古拉斯·尼葛洛庞帝所提出的，通常是对于各个媒体呈现多功能一体化的态势，把不同的媒体形态以某种形式将其“融合”起来，使其产生实质上的改变，形成与社会发展相适应的媒体模式，例如电子杂志、新闻博客、微博论坛等。城市广播电台与新媒体相互融合作为新的运作方式，将传统媒介与新媒体传播载体有机融合起来，实现资源共享，能够进一步推动城市广播电台的发展。突如其来的新冠疫情，不仅给人们的日常生活带来诸多不利影响，同时还威胁着人们的生命健康。作为媒介传播的主要载体，城市广播电台应义不容辞宣传与新冠肺炎防控相关新闻内容，扩大彰显电台影响力，让更多的人们提高警惕，注意防范，实现跨媒体平台传播。

一、城市广播电台中新兴媒体的应用情况

(一)新兴媒体和传统媒体的联系处于互动阶段

结合目前媒体行业现状，传统媒体和新兴媒体的融合过程一般分为三个阶段，即传统媒体加新兴媒体建设阶段、传统媒体与新兴媒体互动发展阶段，以及传统媒体与新兴媒体融合发展阶段。现阶段，市级城市广播电台的传统媒体和新兴媒体的内在联系依然处于建设互动发展中，融合进展较为缓慢。

(二)新兴媒体在城市广播电台中作用发挥欠佳

现阶段，各个城市广播电台都已经意识到与新兴媒体融合发展的必要性，新兴媒体在城市广播电台中的应用取得不错成效，在城市广播电台各个级层中都能看到新兴媒体的运用与推广。但是，新兴媒体在部分城市广播电台的作用发挥效果并不理想，无法实现预期效应。新闻信息是传统媒体的主要内容，而平移模式也是本地城市广播电台“电子版”“网络版”的主要形式；官方微博、微信订阅号与移动客户端营销手段过少，使互动效果并不理想，受众黏度

较差，粉丝数量较少，活跃度较低。

二、城市广播电台融合传播的实践路径

（一）“广播＋新媒体”实时呈现，扩大传播范围

现如今，城市广播电台立足于新闻传播规律与新媒体发展规律，积极探索新媒体的合理化应用，加强建立多元化、立体化传播模式。通过整合广播电视资源，优化新闻网站，促进网站新闻资质的提升；同时增加移动客户终端的功能，扩大电台知名度，增加用户黏度，合理整合台内微博、微信公众号，优化网络移动客户端，使其形成多媒体、立体化、全天候的传播新局面。在此次新冠肺炎疫情期间，浙江省政府根据《浙江省突发公共卫生事件应急预案》，启动重大公共突发卫生事件一级响应。疫情就是命令，时间就是生命。台州交通广播根据集团要求，施行频道定位与既定应急宣传预案，立即启动融媒应急大直播，同时启动 24 小时应急服务热线，在每晚 6 点直播节目结束后，热点电话会直接转入当日值班主编，确保频道热线 24 小时在线，全天有人接听。在晚间通过“广播＋新媒体”实时呈现的方式，也接到许多求助与咨询电话，帮助听众解决实际困难。截至 2020 年 2 月 9 日，已经接听超过 300 多个电话咨询。由此可见，在新冠肺炎疫情期间，通过此种方式，进一步扩大了城市广播电台的传播范围，不仅增加了受众黏度，还为需要帮助的人们提供了有效帮助，使疫情得到合理控制。

（二）“广播＋新媒体”融合直播，强化精准辐射

在此次抗击新冠肺炎疫情期间，台州交通广播通过新媒体平台快速、精准辐射的方式，积极推送与疫情有关微信达到 400 余条，累计阅读量达到 1300 万余次，40 万分享量，其中阅读量 10 万＋的 13 条，单条最高超过 30 万。人们在此次疫情中存在恐慌，促使谣言肆意流传，台州交通广播采取“广播＋新媒体”融合直播的方式，积极辟谣，其中辟谣类稿件 10 余条，阅读数量就达到 40 余万次，防疫提醒类稿 80 余条，阅读数量已经超过 80 余万次。另外，台州交通广播精心策划“我在台州为抗击疫情”助力 H5 活动，使广播报道可视化，采用自制原创短视频的方式，加大力度积极宣传台州正能量，并扩大台州应急广播与农村应急广播系统渠道，录制防疫科普内容，向当地群众实时传播，让当地居民进一步了解防疫知识，做到不恐慌、不散播谣言，发挥了“广播＋新媒体”融合直播的积极作用。

(三)"广播+朋友圈"实时直播,发挥广播作用

推动媒体融合发展,需要突破技术瓶颈,积极建立统一指挥调度多媒体播控平台机制,实现新闻信息化、多元化传播。而此技术平台作为模块化、轻量化、科技化的新闻信息生产一线,能够合理配置多种媒介新闻,促使新闻信息能够在广播、电视、网站以及手机等终端实时播出。在此次抗击疫情融合传播期间,相继推出《联防联控 共克时艰 台州战"疫"进行时》融媒体特别直播,每天从早上8点到晚上6点,全天10小时实时直播,进而确保了对疫情防控信息的实时关注、对抗击疫情中涌现的先进事迹及时报道。在大年初一,台州第一批奔赴武汉医疗队出征,频道记者立即赶往现场,进行融媒报道,通过广播连线、微信推送、微博推发、视频制作等方式,进一步展现应急广播第一时间、第一发声、第一现场的媒体担当。另外,还采取外联内融的方式,联动全国交通广播,实时播出湖北、武汉一线疫情采访报道。在每天10小时直播中,积极与医院联动,每日以电话连线直播的方式,根据群众十分关注的新冠肺炎等呼吸道疾病成因、预防、医治以及注意事项进行解析,与热线、微信后台听众形成良好的互动形式,得到听友的一致认可。另外还精心策划台州首档心理援助特别连线,积极与听众、微信用户进行互动,以此缓解部分听众紧张、焦虑的心理情绪,积极发挥广播作用,坚信通过声音、文字的传递,势必会增加群众战胜疫情的信心。

(四)"广播+新形式"推广互动,做好服务工作

在此次抗击新冠肺炎疫情期间,一接到疫情消息与总台部署后,全频道立即"集中资源、统一调度、策划编排、层层落实",制订宣传计划,统筹稿件分发,扩大融媒传播范围,强化融媒推广。另外,安排春节假期全员备勤值班,频道防控宣传组组长与副组长以身作则,连续奋战,精心编排节目,做好应急广播防控疫情宣传。因为疫情期的交通管制,有位王女士母亲的癌症用药需要到另外一个区县去拿,台州交通广播接到电话求助后,多方联动,帮助王女士解决了困难。疫情期间,值班人员随时随地解答市民咨询,以及时、专业的解答沟通形式,为政府分忧,为人民服务;记者除去关注节目中出行信息之外,还实时了解防控疫情最新资讯,滚动编发"无限台州"云频道防控疫情等信息;导播负责24小时接听热点,微信公众号与微博等互动留言后台,则由小编及时回复网友,实现24小时线上与线下的推广互动形式,尽可能服务市民需求。在疫情防控期间,打造了权威的医学知识平台,有利于对广大群众进行医学知识的普及和社会情绪的安抚。

结束语

综上所述，媒体融合传播是趋势。平台重构，即建设集多种形态于一体的适合多种形态传播的移动客户端；内容重构，服务重构，价值重构，也都是媒体融合传播中所要面对的。地方广播电台必须立足城市台实际，走出一条适合自身实际的路子。

附录：FM102.7台州应急广播防控疫情工作点滴

在集团的统一部署下，FM102.7台州应急广播作为台州主流媒体代表及融媒服务平台，一如既往地肩负社会责任，以信息为盾，联动出击，为台州市民提供战疫期间优质信息服务。

24小时应急服务，提供贴心服务

“1027吗？我妈妈生病需要到临海拿药，很急，请问我该怎么办？”2月5日，交通还是管制状态，台州应急广播导播接到椒江王女士求助。

接到电话求助后，路家兄妹（记者）立即联系中国邮政台州分站负责人，沟通临海及椒江两地站点工作人员，第二天就将药物送到王女士手中，王女士连声道谢。

从1月25日开始，台州应急广播开启24小时应急服务热线88315800，晚6点直播节目结束后，热线电话转接到当天值班主编，保证频道热线24小时在线，全天有人接听答复，晚间也接听了不少的求助和咨询电话，给予来电听众切实的帮助。

每天，我们的应急服务热线都会不间断地响起，有咨询外地探亲如何返回台州的，有询问台州高速通行情况的，也有想了解台州最新疫情的。同时，我们启动了24小时微信后台服务。

截至3月2日，浙江省疫情防控一级响应结束，我们已经接听近千个电话咨询，微信后台回复几千次，为市民提供贴心的服务。

新媒体快速精准辐射，推送权威信息

用户时刻关注着疫情动态，他们需要一个值得信赖的平台，来获取所需要的信息。

1月23日，浙江省疫情防控启动一级响应，到3月2日，调整为二级，期

间共推送疫情相关微信307次,发布927条微信,发布内容主要为防疫科普、专家解答、通知通告、疫情通报、民生政策、好人好事、警示辟谣等,阅读人数1039万+,阅读次数2470万+,转发人数52万+,转发次数73万+。其中阅读量10万+15条,单天最高165万+,单条最高30万+。

浙江省疫情防控一级响应期间,共推送微博330条;同时不断更新无限台州交通云频道的滚动信息播出。

采制45条短视频,通过抖音渠道,宣传台州正能量。浏览量72万+。

精心策划“我在台州 为抗击疫情”助力H5,有近5万人转发助力。

战“疫”融媒体特别直播,诠释媒体担当

抗击疫情期间,推出《联防联控 共克时艰 台州战“疫”进行时》融媒特别直播,从8点至18点全天10小时。全面加大对疫情防控信息的实时关注、对抗击疫情中涌现的先进事迹的报道。

正月初一上午9:30,台州第一批赴武汉医疗队出征,频道记者赶往现场直击融媒报道,采用广播连线、微信推送、微博推发、视频制作分发等形式,充分彰显应急广播第一时间、第一发声、第一发声、第一现场的媒体担当。

在10个小时的直播中,每天中午12:00与台州市中心医院建立协作互动节目机制,每天以电话联线直播方式,就广大市民非常关注的新冠肺炎等呼吸道疾病成因、预防、医治、注意事项等进行解析,与热线和微信后台听众形成互动,受到听友好评。

在10个小时的直播中,在台州市卫健委的支持下,下午4点邀请心理学专家在线,推出台州首档心理援助特别联线,接听听众电话并和微信用户互动,缓解听众焦虑紧张的心理,通过提升积极情绪帮助大家战胜病毒。

2月9日元宵节,推出2小时的诗歌朗诵特别节目《同心战“疫” 共克时艰》,感谢坚守,致敬逆行。节目播出台州诗人创作、台州广电主持人朗诵的作品;同时播出援鄂医生妻子的一封家书、一线战“疫”人员的文字作品,传递文字、声音的力量。

联动农村应急广播、全国交通广播

联动台州农村应急广播系统,录制居家消毒系列、老年人防疫系列、正确使用口罩系列、私家车如何防疫系列、复工复产防护系列、健康码申领使用系列等防疫科普内容,及时播放,让防疫知识传遍街巷村居。

联动全国交通广播,播出湖北、武汉一线疫情的采访报道;为武汉交通广

播设在方舱的节目时段提供台州应急广播的节目；联同华东六省一市交通广播，发起不乱扔废弃口罩等倡议。

联线台州部分县市区台，及时跟进播出各县市区最新的疫情动态。

统一指挥　全媒发布
打通疫情防控宣传最后一公里
——宁海传媒集团融媒体中心应急宣传探索

浙江省宁海传媒集团　张　帆　侯德勇

习近平总书记提出，要扎实抓好县级融媒体中心建设，更好地引导群众、服务群众。在新冠肺炎疫情的防控中，主流媒体承担的舆论风向标作用尤为重要。县级融媒体中心作为最基层的主流媒体，是整个宣传舆论体系的“神经末梢”，最贴近基层、贴近群众，如何打通宣传舆论工作的最后一公里？在疫情中如何正面积极发声，做好舆论引导？本文就宁海传媒集团融媒体中心成立以来首次迎“战”突发重大公共卫生事件所做出的探索，就如何充分发挥舆论宣传引导作用，坚决打赢防疫的人民战争、总体战、阻击战，进行分析和探讨，以供交流。

一、突发疫情下媒体应对的重要性

著名新闻人约瑟夫·普利策留下过一段名言：“如果把社会比作是一艘航行在大海上的船，那么新闻工作者就是站在船头的守望者。他要在一望无际的海面上审视一切，及时观察海上的不测风云和浅滩暗礁，并发出信号。”这段话生动诠释了媒体之于社会的意义。在疫情来临时，发预警、正视听的作用不可忽视。尤其疫情全面暴发后，公众迫切需要得知全面准确的信息，此时媒体及时进行准确全面的信息披露，可以满足公众对信息需求的渴望，从而增强心理承受能力，避免社会恐慌发生，并能通过正面的舆论引导，增强公众战胜疫情的决心，提振社会经济发展的信心。同时我们也看到，当今社会，随着互联网的全方位渗透、新兴媒体的蓬勃崛起，公众获取信息的渠道越来越多，在这种形势下，信息的全媒发布至关重要。融媒体中心的建设在这当中起到了核心作用，作为县一级的基层融媒体中心则是打通疫情防控宣传最后一公里的关键。

二、宁海传媒集团融媒体中心建设运行情况

（一）中心建设进程

宁海传媒集团于2018年12月11日在宁波全市率先挂牌成立，2019年2月集团党委决定筹建融媒体指挥中心。经过十余轮的方案修正和技术平台谈判，当年10月宁海县新闻中心和宁海县广播电视台两家单位人员逐步开始整合并进驻中心，11月6日融媒体指挥中心全面启用。2020年1月全面推进集团绩效体系改革、媒体流程再造和内控体系完善等工作。可以说，宁海传媒集团融媒体中心是在建设过程中就迎来了新冠肺炎疫情，这给新组建的融媒体中心带来挑战。

（二）现有发布平台

在疫情来临时，传媒集团旗下现有3个电视频道、1个广播频率、1份报纸、2本杂志、“两端四微”（两端：“看宁海”、“直播宁海”客户端；四微：宁海发布、宁海新闻网和TV宁海新闻、听宁海四个微信公众号），以及一个“直播宁海”抖音号。其中“两端四微”拥有用户超62万，有线电视在册用户23万余，广电网络和村级应急广播体系覆盖率是100%，贯通至全县各自然村，开通数字电视节目149套，广播电视自办频道日播放时长均为18小时，自办节目20余档，已具备融媒发布条件。

（三）日常报道采制流程

在组织架构上，报纸、电视的记者、编辑，已经统一转型为全媒体记者和全媒体编辑，全媒体采编系统流程再造正在不断推进中。截至2020年8月，在日常报道时，时政稿件已实现各媒体平台的一稿通用，其他新闻报道，各媒体根据自身特色进行资源整合，原有的报纸采编队伍主要为《今日宁海》、“看宁海”客户端、宁海发布、宁海新闻网供稿；原有的广播电视采编队伍主要为电视、广播、“直播宁海”客户端、“TV宁海新闻”和“听宁海”两个微信号供稿。各媒体内部还不定时推出特色栏目或报道。

三、新冠疫情下融媒体中心应对的主要做法

（一）打破常规优化中心运行体系

1. 坚持集中统一领导，确保中心高效运行

新冠疫情来势汹汹，在县委、县政府的统一领导和精准指挥下，集团迅速

成立以集团党委书记为组长的疫情应急宣传领导小组,靠前指挥,凸显担当。在做好集团内部防控措施的前提下,立即启动融媒体指挥中心战时机制,融媒体中心相关工作人员第一时间返岗,在集团疫情应急宣传领导小组指挥下迅速组建技术保障、后勤服务等小组,各司其职,如对设备、线路等进行彻底排查,为新闻采制发布提供强有力的技术保障,如为应急采访设施配备开通绿色通道,确保正在融合建设中的融媒体中心高效运行。

2. 建立媒体应急机制,确保信息及时发布

在所有公共卫生事件中,媒体及时发声,积极引导,对信息公开、阻止恐慌具有十分重要的意义。此次疫情突然来袭,融媒体中心所有采编人员停止春节休假,除外地员工外,所有人员正月初三即返岗。紧急组建特别报道组,严格落实全天候值守、稿件"三审制"和日报告制度,推行"报、台、网、微、端、广播"联合发布,确保疫情信息发布全覆盖、无死角。电视新闻栏目《宁海新闻》自开办以来,首次正月初三恢复播出,新媒体也第一时间行动,每天发布相关信息,确保信息发布快速、及时、有效。

3. 打破部门人员界限,确保内部信息畅通

特殊时期就要采取特殊打法。在疫情报道中,为确保信息发布的及时准确,内部信息畅通、信息共享的作用尤为突出。此时,中心打破了报纸、电视、新媒体等现有部门采编人员的界限。同时实现新媒体和电视、广播等传统媒体的信息共享,让信息和报道更为丰富、有效,让受众可以在不同媒体获得疫情相关信息。例如,报纸记者正月初三返岗后,在报纸未出刊时,全力配合新媒体部进行新闻采制,确保新媒体第一时间发声。电视和新媒体也首次实现视频资源共享,让大小屏互通互补。

(二)利用中央厨房一次采集多渠道发布

融媒体中心的重要手段就是媒体融合发布,最直接的做法就是一次采集多渠道发布。在此次疫情防控宣传中,集团从2月20日起开设"融媒发布厅"专栏,首次利用中央厨房"一次采集、多种生成、多平台传播"的融媒优势,在电视、报纸、新媒体、广播等各大平台同步联合推出"对话·有效防控、有序复产"系列专题,邀请县内相关部门"一把手",围绕如何完善精密智控机制,加快复工复产进度进行对话,通过这一专栏,发布权威信息,回应群众关切,抢占疫情防控舆论制高点。该专栏共刊播17篇报道。这也是融媒体中心成立以来的首次尝试。

（三）发挥不同媒体特色多层次报道

不同媒体都拥有其各自的特点，在融媒体时代，更应该发挥其特色优势，在疫情时期牢牢抓住不同层次受众的注意力，为打好疫情防控阻击战和复工复产攻坚战，提供强有力的新闻舆论支持。

1. 发挥纸媒权威性让报道更有深度

《今日宁海》作为宁海县委机关报具有很强的权威性。从2月3日开始，采编人员精心组织宣传报道活动，宣传贯彻习近平总书记重要指示精神，深入报道我县抗击新冠肺炎疫情斗争中权威、全面、真实的情况。在专版开设"最美逆行者""一线战'疫'手记""党旗飘扬""同心战'疫' 大爱宁海""连线武汉"等栏目，积极宣传抗疫前线医务工作者、公安民警、乡镇干部、社区工作者、志愿者不畏艰险、全力以赴、顽强拼搏、无私奉献的感人事迹；及时发布权威信息，回应群众关切，增强舆情引导的针对性和有效性；充分调动干部群众自觉参与疫情防控，构筑了专群结合、群防群治的坚固防线。

2. 发挥广播伴听性让宣传如影随形

根据国家统计局《2018年全国广播电视覆盖率和用户情况分析》显示，截至2018年底，全国广播综合人口覆盖率98.94%，较2017年提高了0.23个百分点。这一数据说明，广播受众仍在不断增加，究其原因，是其较强的伴听性。在快节奏生活的今天，人们可以随时随地一边做事一边通过广播获取信息。为了让传播更有效，在县里唯一的调频FM989中，除了在收听率最高的直播节目中及时发布防疫类知识和公告类通知外，还每天开通2小时特别直播"抗击疫情 你我同行"，并且制作一系列疫情小贴士，在各重点时段循环播出，让宣传如影随形。与此同时，启动"广播村村通"，利用遍布全县360余个行政村的应急广播，让田间地头的农户也能及时收到疫情相关消息。

3. 发挥电视可看性让报道更接地气

根据国家统计局数据显示，2018年电视综合人口覆盖率为99.25%。电视作为大众传媒，始终在众多媒体中占据重要地位。视听合一的传播效果，直观性强、通俗易懂，有较强的冲击力和感染力，这是电视传播的特点。因此，在疫情期间，电视新闻节目《宁海新闻》推出《众志成城 防控疫情》特别报道，打通时政和民生版块。除了报道党委政府的精神和部署外，还用电视镜头记录来自防控疫情一线的先进典型，充分展示防疫中的暖心故事、人间真情，传递了社会正能量。记者深入车站、厂区、粮库等地，用电视画面真实记录现状，回应公众的关切和疑问，起到了稳定民心的作用。与此同时，《宁海新闻》还推出一系列疫情防控知识小视频，围绕如何科学洗手、正确戴口罩、正确咳嗽打喷嚏等多方面的知识进行科普宣传，让不同年龄层次的观众都能直观学习防控知识。

4. 发挥新媒体便捷性让信息传达更及时

伴随着信息社会不断发展，新兴媒体影响越来越大。习近平总书记指出，要坚持移动优先策略，让主流媒体借助移动传播，牢牢占据舆论引导、思想引领、文化传承、服务人民的传播制高点。因此，新媒体成为此次疫情防控宣传中一支强有力的生力军。宁海传媒集团融媒体中心的新媒体矩阵齐发力，充分发挥移动端阅读的便捷性，建立以“看‘宁海’”客户端为主体的网络发布平台，用活以“宁海发布”为龙头的政务发布矩阵，24 小时全天候滚动发布各类疫情信息。截至 5 月底，“看‘宁海’”客户端累计发布原创新闻 4800 多篇，日均总阅读量在 100 万左右。同时，发挥“直播宁海”抖音小视频优势，制作推送“疫”主题小视频 60 余个，极大地方便了市民对信息的及时获取。

(四)发挥媒体“吆喝”作用服务民生福祉

以“媒体+”为突破点，聚合产业功能，实现媒体与各领域的跨界融合，助力复工复产，是此次疫情后宁海传媒集团融媒体中心的一大突破。疫情期间，为缓解市民口罩购买难的问题，经县政府统一组织调配，在“看宁海”客户端和“宁海发布”微信公众号，采用“网上预约、线下配送”的方式，从 2 月 5 日到 2 月 7 日，连续三天，免费向市民发放 9.3 万只口罩，惠及近万市民。在疫情发生后，当地农产品出现销售难，融媒体中心策划推出一批“宁海牌”农产品视听精品，如创新启动长街镇“2020 云上蛏子节”，把节庆搬进直播间，助力蛏农销售，同时在电视新闻栏目《宁海新闻》中，还多次关注报道疫情之下茶叶、蛏子、草莓等农产品销售难问题。如针对长街蛏子滞销情况，进行了连续跟踪报道，并制作了《长街蛏子突围记》专题节目，挖掘新闻背后的故事，展现非常时期各级党委、政府的担当、作为。

(五)全媒出击全员协作收效良好

正是由于融媒体中心创新举措，开展全天候、立体式、多层次的新闻发布和舆论引导，尽管宁海也出现了 11 个确诊病例，但全县社会秩序始终保持稳定。可以说此次新冠肺炎来袭，不仅是对政府部门、各行各业乃至每个人的考验，同样也是宁海传媒集团新组建的融媒体中心的一次实战练兵。通过各部门的相互配合，全媒体出击，收到了良好的效果。尤其是“内容+服务”模式，实现新闻宣传量质倍增。“看宁海”客户端原创新闻日均阅读量达到 100 万人次。“直播宁海”抖音推送的60余个“疫”主题小视频，累计点击量超过千万。其中，《宁海援鄂护士应之乐手指舞》点击量达300.3万，是名副其实的“网络爆款”。

同时，各平台的相关报道还被上级台录用，打出了外宣漂亮仗。截至5月底，中央电视台各新闻栏目共录用宁海传媒集团采制上送的抗疫新闻21条，其中《新闻联播》栏目录用6条；战“疫”系列短视频被中国蓝录用30余条，短视频录用率高达90%以上；学习强国录用了6条。这些报道，讲述了宁海在抗击疫情和复工复产中取得的新成效，展现了宁海的好做法、好经验，扩大了宁海的对外知名度和影响力，提升了宁海的对外形象。

四、融媒体中心运行存在问题及成因分析

(一)运行体制不流畅

融媒体中心作为一个新生事物，还在探索阶段，现有人员就是将原电视台、电台、新闻中心、网络部进行集中办公，具体业务工作还没有完全融合，在疫情期间进行了合作尝试。但大多数报道过程中，还是各司其职，没有形成不同媒体间人员的整合，信息共享时也缺乏严谨的流程和审查机制。

(二)专业人才不平衡

融媒体时代，对新闻工作者提出了更高的要求，这不仅仅是掌握纸媒、电视、电台、网络等新闻报道的全方位采编技能，还需要熟练掌握打通各类平台的技术人才。而要实现媒体深度融合，还缺乏各类技能人才的长期培训和引进机制，现有员工提升空间有限。

(三)平台利用不充分

目前，集团已开始投用一个全新的融媒体平台系统，依托云计算、大数据等技术，由采集汇聚、内容生产、策划指挥、媒资管理、数据分析、融媒发布和安全系统等部分组成，打通广播、电视、网站、报纸和新媒体的融合渠道，支持多渠道一体化内容发布。但在此次疫情防控报道中，还存在利用不充分的问题，例如大屏指挥系统、移动采编等全新的指挥、采编手段在此次疫情期间都没有得到充分使用。这就造成了在各媒体采编发布过程中存在重复劳动、信息重叠等问题。

五、融媒体中心建设对策措施和意见建议

(一)加快创新步伐,不断完善体制机制

全程媒体、全息媒体、全员媒体、全效媒体的出现,导致舆论生态、媒体格局、传播方式发生深刻变革。这就需要我们不断创新,加强顶层设计,构建完善的融媒体运行体系。不断优化技术平台,明确全媒体流程中各平台的职责,改变现在多个媒体平台各自为政的采编播流程,深化新闻资源集成共享。建立健全应急响应机制,在遇到突发事件或重大公共事件时,能够及时有效发挥主流舆论阵地功能。

(二)加强人才培养,打造复合型人才队伍

重视人才在融媒体中心建设中的作用。不断完善绩效考核制度和好新闻奖励办法,尊重员工的劳动成果,鼓励一线人员不断创新,多出精品;建立健全人才培养体系,定期开展思想理论和业务技能培训,让老员工能及时跟上时代步伐,让年轻人能不断夯实基础,优化队伍和提升全体员工的业务能力;引进一批懂互联网技术的媒体人才、技术人才,打造一支随时都能拉得出、顶得上、靠得住、信得过、打得赢的复合型人才队伍。

六、结语

媒体融合发展是一篇大文章。传统媒体和新兴媒体的相互迭代、优势互补,从相加迈向相融,从“你是你、我是我”变成“你中有我、我中有你”,进而变成“你就是我、我就是你”。基层融媒体中心建设得好不好,发挥的作用强不强,直接影响到疫情防控宣传的最后一公里。疫情是战场,能否打得赢,功夫在诗外。只有顺应时代发展,不断建立健全融媒体中心,才能真正做好党的政策主张的传播者、时代风云的记录者、社会进步的推动者、公平正义的守望者。

“四创四融”推进县级媒体融合发展

福建省尤溪县融媒体中心　张　敏

尤溪是千年古县，是南宋著名理学家、思想家、教育家朱熹的诞生地，也是福建省县域面积第二大的山区大县。近年来，尤溪县融媒体中心克服县级台资金不足、技术落后、人才短缺的困境，积极贯彻落实习近平总书记关于推动媒体融合发展、做大做强主流舆论的重要论述精神，大胆改革，勇于创新，通过开展“四创四融”，扎实有效地推进了县域媒体融合改革发展。

尤溪县融媒体中心下设三大中心（新闻中心、节目中心、新媒体中心）、1个传媒公司（福建省朱子文化传媒有限公司）和10个部室；现有员工85人；汇集1个指挥中心平台、2个高标清电视频道（新闻综合频道、城市生活频道）、广播电台（FM106.6）、尤溪新闻网及多个新媒体平台（“福建微尤溪”微信公众号、“尤溪头条”微信公众号、“智慧尤溪”APP以及头条号、企鹅号、抖音号等），并入驻央视新闻移动网、央视频、人民网人民号、新华社现场云、海博TV等平台。

2018年9月21日，尤溪县融媒体中心正式挂牌成立。融媒体中心成立后，从“技术创新、机制创活、内容创优、产业创效”四个方面入手，在全省乃至全国开辟了一条县级媒体融合改革发展的新路子，开创了独特的“尤溪模式”，“尤溪路径”引发业界广泛关注。

《光明日报》以县级媒体融合改革的“报春花”为题，并配发评论员文章“融合探索要经得起时间检验”，整版报道尤溪县融媒体中心建设的做法；国家广播电视总局《中国新闻出版广电报》和《监管周报》分别以“县级台也有春天”“闯出县级台融合新天地”和“精耕内容，融合传播，尤溪广播电视台创新发展令人瞩目”为题，介绍了尤溪县融媒体建设的典型经验；《文艺报》在评价尤溪台时说：作为县级电视台，他们在“敢于担当，勇于作为”的信念下，创造了“小舞台、大故事”的奇迹。2018年7月1日，中国电视艺术家协会在北京召开尤溪电视台精品节目研讨会，这也是中视协首次为县级台召开研讨会。2019年7月3日，福建省媒体深度融合暨县级融媒体中心建设现场推进会在尤溪召开,尤溪县媒体融合案例被中宣部和国家广电总局列为典型案例。

尤溪县融媒体中心先后获评“全国市县20强电视台”“全国县级十佳电视台”“全国推动城市创新广播影视影响力机构”“福建省广播电视系统先进集体”“福建省十佳影视创作机构”“福建省五四青年奖章先进集体标兵”“三明市先进党基层组织”;《尤溪新闻》栏目被评为福建省县级“十佳电视新闻栏目”。尤溪县融媒体中心是中国市县电视台影视研发基地,福建省市县电视台融合发展实训基地,福建省电视艺术家协会创作基地,中国电视艺术家协会市县电视委员会福建分会、中国传媒大学培训学院融媒体内容生产实践基地,福建省广播影视集团县级融媒体内容应用中心、浙江传媒学院产学研实践教学基地和华侨大学、山西传媒学院、吉林艺术学院、三明学院教学实践基地。

机制创活,破除体制障碍保障“融”。一是强化政策扶持。县委、县政府高度重视,县财政先后投入6000多万元,建成融媒体采编中心、演播中心,并制定出台经费保障、人员管理、绩效考核等相关政策。给予充分的人才管理权,五湖四海招聘人才、突破身份使用人才、激励政策留住人才;给予宽松的经营自主权,成立福建省朱子文化传媒有限公司,将县域公共媒体和国有广告资源,统一划拨给融媒体中心管理经营,并指定由公司统一经营全县媒体相关业务、数字政务及相关文旅产业项目。二是实施内部革新,打破员工身份、职位、职称限制,强化德绩考核,实行“同岗同责、同工同酬、优劳优酬、灵活轮岗”制度,小团队运作,扁平化管理。

技术创新,坚持移动优先支撑“融”。一是重构采编流程。研发定制融媒体中心指挥平台,形成“一体策划、线索汇聚、一次采集、多元生成、多端发布”的全新采编播发体系。将传统广电媒体单一的传播形态和节目形式,变为新媒体“多屏、移动、社交”的多样态融合产品,提高传播力和影响力。二是打造移动平台。特点一:拥有自主知识产权。所有数据模块都是根据我们县域特点和工作需求自己规划建设的,包括后端系统的构建,也是由自己的技术人员参与研发的。特点二:保持技术领先。采用了混合云(本地化存储+云服务器)技术模式,保证了系统安全性、稳定性、扩展性及经济性。借助大数据分析,实时掌控舆情信息,对本地所有网站及自媒体进行全方位监测,可根据关键词及时发现负面消息,对突发事件及时进行掌控,并可实现即时音视频连线和数据高速传输。按照习近平总书记提出的“引导群众、服务群众”的要求,紧紧围绕中心工作,扎实做好宣传服务工作,重点开发打造了“智慧尤溪”APP。“智慧尤溪”APP在2019年3月推出1.0版本,2019年底升级为2.0版本。

内容创优,强化精品意识服务“融”。一是电视作品重创新。每年开办十几档电视栏目，重创新，细策划，精包装，实行一栏目一特色，一栏目一品牌。有时政类的《爱学习》《习习清风》《党员说》；新闻类的《尤溪新闻》《尤溪周刊》；服务类的《农业新时空》《林业直通车》《乡村振兴》《我的脱贫故事》《健康尤溪》《小沈郎》；综艺类的《乡村大舞台》《玩转尤溪》《美味尤溪》；故事类的《说古道今话尤溪》《艾说故事》《阅读时光》等。二是小屏作品重创意。2020 年来，加大微视频短片创作力度，采用 Vlog、动漫等形式，创作了《ONE DAY 尤溪》《你好梯田》《朱熹孝廉》等 20 多部优秀微短视频作品，在福建微尤溪、抖音平台等播放量超 2 亿人次。三是影视作品重创优。应邀到全国各地，组织创作各类宣传片、纪录片、微电影等，每年有十几部作品在全国和全省文艺作品评比中获奖。其中微纪录片《守摊人》被国家广播电视总局评为优秀纪录片并被作为福建省重点纪录片扶持。

产业创效，多元经营创收反哺“融”。坚持事业产业两手抓两加强，做大做强朱子文化传媒有限公司。一是扩大经营范围。在做好媒体广告、3D 影院、尤品汇商城、全县户外广告资源运营等基础上，承接全县智慧城市建设项目。二是延伸经营渠道。开展全国融媒体业务培训、影视项目出县跨省承接业务，打造“互联网＋广电＋旅游”主播带货等电商平台。实现多产业发展、多渠道增收。

总之，机制做保障、技术来支撑、内容是根本、产业来反哺，“四创四融”既相对独立又相辅相成。

从转身到转型：城市广电云端战“疫”的实践与探索

浙江省金华广播电视总台　杨亚初

2020 年，在这场举全国之力的大战“疫”中，金华广播电视总台通过快速启动云端战“疫”模式，努力下好融合制胜这一步“关键棋”，履行社会责任，交出高分答卷。云端战“疫”，即城市广电运用“云平台”新理念、新技术和新手段，应对战“疫”挑战，破解融合难题，以实现“4A”生产方式的转变：“Anytime，Anywhere，Anyone，Anyway。”“云”并非远在天边，而是近在咫尺。“云”“融”密不可分，因“融”得“云”，以“云”促“融”。

习近平总书记指出：“要适应公众获取信息渠道的变化，加快提升主流媒体网上传播能力。”种种实践与探索足以验证：传统主流媒体“移动优先”的根本方向在“云端”，融媒升级的关键枢纽在“云端”，融合制胜的竞争主场在“云端”。近年来，金华广电先后投入 7000 多万元打造“金彩云”融媒运行系统，以安全、高效、可控为前提，力推融媒主场从线下到线上、从广播电视端到客户端云端、从内部应用到外部合作的拓展。云端战“疫”牵一发而动全身，也将金华广电“逼”上了融合转型发展的快车道。

一、化危机为新机：云端战“疫”之“警”与“醒”

2017 年以来，金华广电致力于推进媒体深度融合，也打下了较为坚实的基础，融媒体“中央厨房”率先建成，“三圈环流”架构运行顺畅，“融媒体直播间”入选浙江省新闻广电出版局“融合创新案例”。成绩喜人，但与此同时也暴露出五个方面的问题。

一是体制机制弊端显现，一直沿用 2005 年制定的“三定”方案，已无法适应全媒体生态环境；二是整体融合不够充分，存在融合意识自上而下层层衰减的情况；三是融合后劲不够充足，难以持续“供氧”和有力保障工作创新；四是融合产能不够强劲，还停留在传统作业架构、流程、模式上；五是融媒体“中央厨房”投入较大，迭代更新接应不上，“金彩云”平台成果转化缺少有力支持。

城市广电的融合问题具有普遍性，其根子在于“移动优先”落实不力，云端系统成为孤岛，线上线下没有贯通。在互联网逻辑中，“连接”是一个关键词。金华广电融媒升级的发力点在“金彩云”，以此作为新的中介“连接”用户、企业和社会的需求，系统升维融媒平台：一是将“移动优先”政策贯穿落实于各项具体工作，聚力打造城市融媒生态平台；二是对“中央厨房”予以优化迭代，重点做好“云”采编发系统升级；三是衍生嫁接智慧城市和未来社区管理平台，建立多圈环绕、可控可拓的资源共享交互“云”体系；四是探索创新“新闻＋政务＋服务”智慧广电运营“云”模式，向公共服务平台与信息枢纽转型。

疫情突如其来并形成长时间持续影响，推动金华广电越来越多地使用“金彩云”平台技术进行新闻报道、融媒服务和智慧项目等实践，云端战“疫”激发“融”活力。

“云”报道：创新生产模式，提升传播效能。与“央视频”“人民视频”“学习强国”“抖音”等平台加强合作，进行“战‘疫’战士”“战‘疫’群英谱”等内容的协同生产与多渠道分发，并多次参与出镜连线；与县市融媒体中心联动开展“云”生产，推出“防控疫情 最美夫妻档”等现场抖音系列报道；以“九宫格”云直播方式全程关注各县市包专列、抢工时保障“复工复产”，“义乌市场开市了”直播浏览量达44.2万。“云”报道充分凸显“移动优先”，以新媒体采编发为主力引擎抢占信息传播制高点，产能提升达30%以上。

“云”技术：智能化加载平台，打造新利器。新引进的AI主播小晴、一峰的“疫情播报”让人耳目一新，数据新闻、视频快剪发挥了“闪电”传播优势，云非编、云导播更是为云端战“疫”插上两翼，云数据中心研发的“金华疫情地图”“战‘疫’数据”等“云”产品，则较好实现了疫情防控大数据的可视化呈现。

“云”服务：加强创意开发，推广线上应用。先后推出“云游”“云朗诵”“云带货”“宅家运动会”等20多个“云”服务项目，通过开展“在家过大年”“飞花令”“防疫测试题”“空中医生”“空中课堂”等互动栏目有奖征集、主题竞赛、公益接龙等活动，吸引了一大批“宅家”的大学生、文艺爱好者、摄影人、抖音玩家等UGC(用户上传内容)用户的参与，通过强化视听产品的“云”互动功能，实现了特殊时期的“云陪伴”；通过“客户端＋微信群”定制化配送，“家门口爱心农超”等公益新闻行动打通了服务社区的“最后一公里”。

“云”合作：以增量业务开发增补广告下滑。半年累计推出了“云招才”“云招商”“云看房”“云茶花节”等近60场政务商务项目合作，切实做好宣传载体、发布方式的“云”迁移，加快推进复工复产。云数据中心积极拓展基于“金彩云”项目输出的系列合作，全案承接婺城融媒体融合平台建设，参与援建温宿县融媒体中心。

“云”推广:大力提升“无限金华”运营能级。将“MCN+直播带货”与“3亿元消费券发放”紧密结合,做大做强社会影响,通过连轴开展“云卖房”“十路主播连麦砍价”等50多场系列“云带货”活动,客户端装机量突破百万,日活得以极大提升。

云端战“疫”绝非应急之举,而是城市广电应对复杂严峻形势,基于自身融合转型发展的内在需求和必然应对。古人云“生于忧患,死于安乐”,城市广电应时刻保持警醒和忧患意识,既要努力在“危”中孕“机”,也要对未来充满信心。

二、应变局开新局:云端战“疫”之“谋”与“创”

伴随着媒体深度融合从“论道”层面进入到“实战”阶段,云端战“疫”须紧扣经济社会发展的现实需求,因时因势随机应变,投身实践砥砺创新,谋求融合转型发展从量变到质变的递进跃升。

首先,通过云端战“疫”充分检阅融媒建设成果,着力实现从技术导向到任务导向的转型。2019年底,经过充分论证,金华广电以“提升云端能力,服务融媒实战”为目标开展二次迭代。战“疫”即战斗,体现为鲜明的任务导向,完全以“能用、好用、管用”为检阅标准:

平台运行“云端化”。金华广电的采编人员通过“金彩云融媒体平台”的高效运转,可线上完成报题、选题、写稿、审核、两端发布、素材抓取、连线播报和数据画像等功能。无纸化、扁平化、远程化系统功能提档,进一步压实了融媒策、采、编、发流程与议程设置,“一体化”协同升级,减少了多层级管理冗余。

新闻产品“云端化”。以“移动优先”为要求,因地制宜构建以新媒体为主力引擎的立体式、全覆盖、大协同宣传网络,AI“机器人”播报、抖音短视频、长图、H5和数据新闻成为新样式,提高防疫信息的覆盖面和到达率,大小屏互动也有新提升。

融媒服务“云端化”。“空中课堂”“捉谣记”“主播朋友圈”“民情民访云代办”“宅家过大年”“抗疫情 同心颂”等10多个专题,将金华广电的暖心服务送上“云”端;加强“社会监督员”“农民微圈”“微信群主联盟”等微社群互动,加快社情民意的信息流转;系列“云”活动对接社会需求,探索从“线下”到“线上”的宣传活动模式切换。

其次,通过云端战“疫”全面推动融媒平台辐射,着力实现从单打独斗到合作共赢的转型。“云端”战“疫”通过打破原有生态、加快要素重构,全方位促动

“媒体＋”多元嫁接与对外合作。

2019 年，金华广电以“1＋8＋N”为架构开展体制机制调改。其一，合纵连横重构体系。在融媒体编委会的“一体化”统筹下，由指挥调度中心、融媒体评议中心围合成“1 条经线”，“合纵”贯穿运营全程；将时政新闻、社会民情、视听节目、大型活动、社区服务、广告运营、云数据、新媒体等 8 个中心有机统合，“连横”建构运营矩阵；其二，通过效益捆绑聚合优势力量，共建资源集约、结构合理、协同高效的融媒化传播体系；其三，突出“广电＋N”多元外部合作，以新媒体中心、云数据中心和社区服务中心为运营方阵，合力做强金华广电公共服务平台，全方位谋求“云”拓展：

加强与部委局办、区县的“云”合作。先后与市纪委、市公安局、金义新区、金职院等单位达成战略合作，近 10 个项目输出落地见效，“未来社区”平台开发取得了实质性进展。通过合办栏目、共推公益主题宣传、线上拓展“E 政务”，谋求实现“广电＋政务”的全方位突破。

密切与各级融媒体中心的“云”联动。强通联协作，合作摄制的战“疫”新闻上送央视和卫视，播发总数列居全省前三，《学习强国》刊发数屡创新高；强技术协作，率先打通了省、市、县三级融媒平台，联合开办了《县市新闻周报》《五区新闻》《金视频》等融媒体专栏，以“云”为媒，通联、活动、直播、宣发等合作不断走向纵深。

联合各特色优势平台共建“云”矩阵。先后与阿里云、新华智云、字节跳动、科大讯飞等建立合作关系，融媒矩阵运维紧密嵌合网端生态。“云直播”成为常态，“MCN＋直播带货”月均超 15 场，入驻“人民号”“央视频”“抖音号”等平台，活跃粉丝量超 60 万。

再次，通过云端战“疫”全面推动融媒系统提升，着力实现从赋予能力到赋予价值的转型。有学者认为媒介技术是人体的延伸。伴随着线上与线下、现实与虚拟更加紧密的结合，城市广电如何践行“舆论引导、思想引领、文化传承、服务人们”的职责使命，加强建构“网上网下一体、内宣外宣联动的主流舆论格局”，“云”转型应聚焦网端主流热点，做精权威新闻产品，做优用户交互体验，通过谋求多元场景赋能下的创新跨界，在价值导向和实践路径上着力打造建设性传播活动。如今，媒体都已前所未有地意识到抢滩“互联网＋”的重要性。5G 时代迎来的是社会生活进一步“加宽、加细、加厚”的过程，它将使得“线上”生活日益主流化，成为人们社会生活的“主阵地”。传统主流媒体应“以人为本”进行未来社会的“线上”构建，立足新型融合构建，加快推动转型发展。

三、从转身到转型:云端战“疫”之“悟”与“思”

移动互联网变革,为媒体融合转型带来了全新逻辑。云端战“疫”为城市广电的融合转型升级打开了重要窗口,明确了主攻方向。下阶段,城市广电该如何立足舆论引领的主阵地,以“云端”为战略引擎加快推进融合转型发展,应树立思想的自信,体现行动的自觉,深入把握好三对逻辑关系。

关系一:价值引领和要素驱动。在融合转型的顶层设计中,主流媒体应高度重视将舆论导向力有效转化为服务竞争力。一是要以“我”为主,通过“云端”升级实现“互联网＋”核心要素配置的最优化。云端战“疫”,最终离不开用户、流量、技术、市场等要素的“云”链动。伴随着用户对于新闻生产流程的卷入程度在不断加深,主流媒体有必要通过新闻“众包”、数据挖掘等更多渠道与用户和平台服务商展开更多的合作。二是要以“云”为核,以用户为中心建构新型移动端内容分发与服务供给体系。直播电商何以能火?因其用户沉淀已很到位,消费路径平滑顺畅,平台价值得以构建,这正是媒体“云”转型亟需补上的一课。

关系二:内容定力和网红魅力。信息革命带来的万物互联推动了传播边界的不断拓展,以5G为引擎的智能互联将打破旧有格局,对主流媒体完成“主流叙述”构成新的挑战,进一步促发了跨媒、跨界与跨系统融合。一是要善于将“有意义”的主题做得“有意思”,向“KOL”与“网红”学习,做网端“云”时尚的定义者,从“云”媒体拓展为“智”媒体,探索以最低成本还原线下场景的方式。二是要善于将“有价值”的项目做得“有智慧”,推动智能化,谋求“云”转型。需通过发挥门户宽、辐射强、下沉快、接地气等优势,将种种“网红应用包”嵌入融媒矩阵,更好彰显主流媒体价值,最大程度激发“云”魅力。

关系三:做强平台和优化生态。“云”创未来,畅想种种可能。9天时间,共生产新媒体产品141件,在全国20多家主流媒体传播,全网综合点击量超过2.1亿……这是2020年全国“两会”期间,由湖北广播电视台发起倡仪,全国16家省级媒体共同参与组建的区块链新闻编辑部取得的成绩。“云”技术为跨媒、跨界和跨系统合纵连横创造了“1＋1＞2”的可能,通过多元协同做强主流平台。伴随着区块链、5G、无界面交互等技术的快速渗透,社情民意加速向移动端迁移,媒体的融合转型发展也要以“云端”呈现为坐标,具备让用户时刻“对标对表”的有效引导力,实现公信力增值。另外,要立足“云”平台重构融媒发展生态,以“移动优先”战略为主力引擎,将自己深刻嵌入社交网络,盘活数据流量,促发融合要素的正向畅通有序流动。

打好疫情防控舆论阻击战
拥抱媒体融合发展新挑战

甘肃省张掖市广播电视台　王逢杰　王晓航

自新冠肺炎疫情暴发以来，众多新闻工作者加入“最美逆行”队伍，以扎实牢靠的业务功底，敢为人先的职业信念，为民请命的行业情怀，深入一线报道疫情最新情况，不断向群众输入优质报道，记录着时代发生的感人故事。作为市级融媒体中心，张掖市广播电视台也在这场没有硝烟的战斗中，立足本地实际，进行融合探索，开展多种创新，积累了重大公共卫生事件的宣传经验，加快了媒体融合发展步伐，有力助推了疫情防控和地方经济社会发展。

一、官方报道不能少　民间报道齐发力

好的舆论可以成为发展的推动器、民意的晴雨表、社会的粘合剂、道德的风向标，以正面宣传为主是新闻舆论工作必须遵循的基本方针。这次新冠肺炎疫情，是新中国成立以来在我国发生的传播速度最快、感染范围最广、防控难度最大的一次重大突发公共卫生事件。疫情出现，为谣言与偏见提供了生存的土壤，此时以生动真实的新闻营造良好的舆论氛围就显得尤为重要。当时张掖出现的两个病例均为来自湖北的输入型病例，我们两手布局，多方发力，一方面策划安排新闻记者亲赴抗疫一线，深入收治医院病区，探访病例治疗情况，让当地群众第一时间了解到本地疫情的最新消息和进展，并策划对记者采访过程进行了简单记录，以采访手记的形式在新媒体播发，这样一来受众信息需要得到了满足，大大减缓了公众的焦虑和紧张。正面的宣传坚持用心做用情做，群众才能爱听爱看，看着摄像机、话筒和记者们被包裹得严严实实，严肃专业地完成采访，更多的群众也对我们这个行业的工作性质和辛苦有了了解，向广大媒体工作者表示敬意。隔离在家的人们生活节奏慢了下来，纷纷打开电视，拿起手机，随即我们开办了《主播说防疫》专栏，每天让新闻主播给大家讲解防疫知识，以此增进与受众的互动，并且结合本地实际推出了一系列行之有效的防疫知识普及和宣传，收到了良好的社会效益。

除了开展正面宣传,如实报道救治消息,我们也运用了大量的篇幅来展现民间一些抗击疫情的故事。安排居家隔离不能在岗工作的采编人员,开设了《看张掖:疫情背后温暖瞬间》新媒体专栏,通过微信公众号播发,从多个角度呈现了抗疫过程中张掖大地上的温暖瞬间,展示了爱心人士捐资捐物不留名、一线社区工作者风雪坚守岗位、警医之家夫妻舍小家为大家、乡镇干部和爱人分赴辖区和扶贫点值班值守等多个感人至深的故事,记录了非常时期的人间真情与大爱,受到了社会各界的广泛关注和好评;还推出了《援鄂医疗队员的一封家书》《援鄂医疗队员视频连线》《经历风雪 等待花开——张掖支援武汉医疗队队员战斗日志》等多个系列融媒体产品,紧紧围绕群众最关心的疫情问题展开行之有效的正面回应,缓解社会紧张情绪的同时也提振了信心。

如果说及时记录感人故事、讴歌人间大爱、提振社会信心是抗疫时期的宣传总基调,那么因地制宜、分类分策,则是守护地方媒体公信力、危机当中有作为的好办法。随着近年来张掖旅游声名鹊起,富集的地貌景观和旅游资源吸引了全国各地的游客来此过春节。武汉封城以后,张掖也有滞留的一部分湖北籍游客,当地政府进行了妥善安排,我们乘势推出了《隔离不隔心 管控有温度——张掖市为湖北籍及外来人员提供疫情防控暖心服务》,展现张掖与全国一道同舟共济、共度时艰的责任担当,也为部分湖北人受到"歧视"的网络舆论风向做出了积极的示范。

二、突出示范引领　深度挖掘典型　实现资源融通

非常时期,深入基层就能找到沾泥土带露珠的好新闻,冒着热乎气儿的典型和故事,就是全国的典型和好故事。不久前,湖北武汉客厅方舱医院的医护人员带领患者跳广场舞的短视频红遍网络,视频中一曲《火红的萨日朗》传递的积极乐观感染了屏幕前的无数观众。中科院心理所副研究员、二级心理咨询师王葵老师也曾感言:"方舱医院里的广场舞最令人难忘,因为希望,本身就是一味良药。"

领舞的护士孙梦婕,90后,张掖人。视频是从抖音上发出来的,当时张掖并没有记者随行武汉。但在视频引起关注的当时,台里的记者编辑们就结合网络资料编辑播发了新闻,第一时间在本地融媒体上进行了首次宣传。随即,负责援鄂医疗队报道组的记者和孙梦婕进行了联系,希望在不影响她工作的前提下,约定利用空余时间视频连线。

孙梦婕的爱人安建松是张掖市公安局一名辅警,那些天他同样忙碌在抗疫岗位上。两人能够对话的时间并不多,争取到这来之不易的机会,记者用镜

头记录了这一对警医夫妻之间最普通的对话。一开始两人你一言我一语，没说几句视频那头的孙梦婕眼里就开始闪泪花，丈夫安建松在接受记者采访时说，尽管隔着防护服，看到跳舞视频的第一眼，他就认出了妻子。这一场视频连线一经“爱张掖”微信公众号推送，不到一小时就获得了上万次的点击量。没有过多的技术性和策划的东西，就是进行最真实的记录，之后我台推出的融媒体产品《孙梦婕的家书》等也先后上线。迎接援鄂医疗队归来的时候，尽管安建松当时已经被甘肃省公安厅召回省会，直接从兰州接妻子孙梦婕回家，甘肃省公安厅安排了迎接视频的制作，我台也无法再跟进，但是手捧99朵玫瑰花去迎接这点点滴滴都是之前视频连线的细节呈现。

从抖音小视频到温情瞬间再到英雄归来，自始至终这个事件的延展性，因为我们积极主动的策划报道，绘就了警医之家的感人故事。孙梦婕的事迹先后得到了中国妇女网、新浪网、凤凰网和腾讯视频等多家媒体的关注，网络上流传的多版本视频，也终究离不开我们采制的第一手资料。孙梦婕家庭也被全国妇联评选为“最美抗疫家庭”。

和孙梦婕一样，机缘巧合从张掖走出的还有一个典型，那是95后志愿者屈玲玉。当时我们通过朋友圈得到的消息是有一个张掖山丹籍姑娘去了武汉做志愿者。第一时间我们和屈玲玉取得了联系，推出了报道《记者连线武汉张掖籍抗疫志愿者屈玲玉》，随后屈玲玉的事迹逐渐引起关注，新华社、央视《焦点访谈》等甚至花了大量的篇幅和时长，报道了这位张掖市山丹县95后姑娘的故事：在武汉工作的屈玲玉，2020年春节被滞留于此，疫情期间，多家商铺关门，物资短缺，她拉着一个小手推车，穿梭在武汉的大街小巷，自筹经费，为医护人员购买急需物资、帮忙搬卸援助物资、为居民理发，树立起了新时代青年志愿者大爱无疆的高尚情怀……

疫情对医护人员来说是战场，对市、县级融媒体中心的新闻从业者来讲，何尝不是练兵场，在抗击疫情的非常时期，没有中央媒体省级媒体能够有条件有精力前来关注地方上市县一级的舆论宣传，疫情时期宣传战役打得好不好，全看中心自身的实力强不强。不断在实践中推进融合创新，从孙梦婕到屈玲玉，让我们真正实现了市、县级融媒体中心资源融通的功能，也真正体验到了把握机遇，就能化危为机，创造新的工作业态和融媒体产品。

三、借力融合东风　媒体＋大有可为

2018年8月，习近平总书记发表讲话强调，“要扎实抓好县级融媒体中心建设，更好引导群众、服务群众”。将媒体与政务、服务等业务相结合，形成包括媒体服务、党建服务、政务服务、公共服务和增值服务在内的五大服务。根据总书记在融合大方向上的指示，我们在各项服务体系上不断进行了探索。

> “天突变 雾重重/亲爱的 你要远征/默默地为你祝福/把祈祷装进行囊中/啊 亲爱的 看着我眼睛/答应我君要多多保重/待到胜利凯旋时 我美酒敬英雄敬英雄。
>
> 江城急，疫情重/亲爱的 你要远征/家里事你莫挂牵/我懂得此时你心情/啊 亲爱的目送你远征/祝福我祖国冰雪消融/待到山花烂漫时/我等你春风中春风中。”

这首歌是张掖本土原创歌曲——《亲爱的 你要多保重》，是张掖敬献全国援鄂医疗队医护人员的一首音乐作品，这首歌曲上线以后，引发了全国医护工作者的强烈共鸣。作为全国历史文化名城，古城张掖活跃着一大批文艺工作者和爱好者。面对重大疫情，中国音乐家协会会员林红，张掖文艺战线工作者李学鹏、陆韵等人积极行动，通过创作公益歌曲支持抗击疫情活动。得知这个消息以后，我们积极对接，联合张掖市音协，为包括这首在内的张掖艺术家原创的音乐拍摄制作了 MV，实现了音频与视频完美的艺术融合，有网友这样评论，“相信我们的制度，相信我们的人民，相信我们的力量，中国必胜”。一首 MV 凝聚的不但是文艺工作者的心血，也是全国人民共同抗击疫情的强大精神力量。

此外，张掖市各文艺团体、民间艺人们在抗击疫情中创作出多部优秀文艺作品，将身边发生的事汇聚成感人的事迹，通过多种艺术表现形式为全市抗击疫情加油鼓劲。我们通过一定的篇幅进行了报道，就是让广大市民和网友知道，剧团、文化馆推出了云产品，可以通过哪个平台观看，方便大家打发隔离在家的漫长时光，我们也从中选取了一些精彩的内容通过我们的融媒体平台进行展示播出。这样一来，在履行媒体服务职能的同时，扩展了公共服务的范围，进一步提升了媒体传播力、引导力、影响力和公信力。

近些年自媒体队伍不断壮大，对于市级媒体而言，一些自媒体也分食了地方市场内容流量与广告资源，疫情期间的宣传我们首先就是争夺时间抢“鲜”。我们用民间艺术家写的诗歌配上本台主持人的朗诵加上一些市内典型镜头，推出了短视频《张掖，我们等你》，部分地方自媒体也纷纷效仿。

在 2 月防疫事件中，能被写入媒介历史的一大事件，是雷神山、火神山医院修建，吸引了 5 亿云监工。传播学里有一个概念是媒介事件，指的是令国人乃至世人屏息驻足的电视直播历史事件。张掖的 2 例新冠病例在 2 月 15 日就双双治愈出院了，随着风险等级的逐步降低，我们也逐步将报道的关注点集中在复工复产和援鄂医疗队的归程上来，顺势将医疗队的归来从飞机落地过水门到政府举行的迎接仪式全程进行了直播，这样的直播获得了很好的收视率，这其中的观看者既有当地群众，也有在外地的张掖人。广大市民纷纷手举小红旗，夹道欢迎英雄归来，还有医务人员与亲人朋友的重聚，我们都进行了一个很直观的呈现，一场直播空前地凝聚了千万同胞爱国爱家乡的共同体意识，是一次增强凝聚力向心力的好机会。

张掖是全国著名的农产品基地，在复工复产上我们既希望体现张掖农产品助力湖北等地疫情防控的特点，也在税务部门税费减免、政府层面出台多项复工复产优惠政策上做了大量的功夫，这其中有爱心商家减免房租，税务部门优惠送上门等一些具体的做法，还有集中呈现人性美的一面，表现全民参与抗疫的这样一个主题。在这个过程中，更多的年轻人愿意关注本地报道，愿意参与一些互动，我们也从中吸取到了宝贵的经验与财富。

媒体作为信息传播的权威来源，在重大公共卫生事件发生之际承担着较为重要的社会责任，当前，全球疫情形势不容乐观，媒体的战役也仍在继续。作为时代风云的记录者，在一次次的采制传播过程中，我们从社会情绪的背后也捕捉到了平凡者种种生存的困境，以及普通群体直面疫情的百变智慧，停摆的一切变成了新一轮战斗的继续，也引发了我们有关未来生存发展的几点思考。

四、坚定信心强实力　自力自强拓新局

融合发展不能仅仅停留在疫情期间，打破重建也是自我革新。时代发展进程的不断提升对媒体行业提出了新的更高的要求，从国家层面来讲已经做好了媒体融合的顶层设计，具体的落实还要靠政策的推动和我们自身的奋斗。

在2020年6月30日召开的中央全面深化改革委员会第十四次会议上，习近平总书记对推动媒体融合纵深发展再一次提出了要求，让我们备受鼓舞。处在不上不下位置的市级媒体虽然面临重重发展困境，但是融媒体中心建设的机遇千载难逢，体制机制、资金资源、场地人员、编制机构等以往根本无法解决的问题均有可能获得改革动力与支持，所以依靠改革应对变局、开拓新局是正道。

一场疫情验证了网络传播时代新闻仍然是社会“刚需”，我们还是要立足用户体验和需求，把从业人员当成产业工人，把新媒体产品当成精神文化产品，利用内容创新打造“爆款产品”突出重围，借力改革不断革新寻找出路。在

疫情期间我们的同事们上下一心，敢于担当、甘于奉献、吃苦耐劳的精神也是我们仍将继续保持和发扬的宝贵精神财富，媒体从业人坚定的信心和精神凝聚力也将焕发出强大磅礴的行业力量。

五、因地制宜融合　顺势而为创新

在疫情报道期间，面对一切停摆的实际情况，我们也进行了一些尝试和创新，事实证明结合本地实际的方式探索是有效的。全国各地的城市都具有自己独特的资源优势和发展潜力，市县级融媒体中心也各有特点，在媒体＋的进程中立足当地实际，开辟媒体融合新渠道、新方式是避开传统媒体严冬，迎接机遇与挑战的关键一步。

我们在第一、二、三产业上都可以找到好的突破点，开展一些合作，让更多行业分门别类在大型活动推进、行业细节呈现等多领域进行融合。比如，我们进行了与一些行业部门的合作，与应急管理部门签订了战略合作协议，全方位联合开展应急工作的宣传，日常广泛开展安全生产主体责任落实宣传工作，同时也作为突发性事件中的宣传预备队；同交警部门、教育机构、商务部门开展深度合作，推出了警花说交通，少儿春晚、直播带货等综合性活动，作为地方媒体机构承担的不仅是活动前期的宣传、策划以及后期的视频拍摄制作、传播，更多的是业务和职能的拓展。就像双人舞，行业与行业之间的融合渗透，不仅加强了媒体与行业之间的联系，双方组合的表演也为台下观众献上了视觉盛宴。特别是地方电视广播机构，要在立足于权威新闻信息发布的基础上，全面致力于业务对于各个行业的融合与互联。

就像春天终究会来，疫情终将过去，我们也将继续在融合发展的道路上，获得新的荣光。

短视频在抗疫初期发挥的舆论引导作用

——以“林晨同学”系列短视频为例

浙江艺术职业学院　徐旭恒

2020 年 1 月，突发重大公共卫生事件暴发后，党和国家有关部门迅速反应，指挥部署全国抗疫工作。疫情中心湖北武汉“封城”，为抗疫工作的顺利推进争取到了宝贵的时间和空间条件。居家隔离期间，全国人民迫切希望了解疫情防控的基本情况以及武汉人民的现状。互联网媒体特别是短视频成了人们接收信息的重要途径，对普及防疫抗疫等相关知识，传播预防新冠疫情的具体措施，以及疏导群众恐慌心理起到了重要作用。

一、真实展现武汉市民生活状态，及时回应民众关切

2020 年 1 月 22 日，名为“林晨同学”制作的短视频“武汉 UP 实拍，冠状病毒肺炎下，超市、商圈、公司现在是什么情况?”上线，至今该条短视频在 B 站的点击量已经达到 997 万。从视频中的信息看，视频拍摄于 1 月 21 日，作者是武汉市的一名自媒体从业人员。这条短视频是一条典型的“Vlog”，真实记录了作者一天的生活，5 分 44 秒的视频包含了超市购物、为朋友送口罩、市中心实况、购买口罩、去工作单位取年货共六个部分。镜头语言呈现碎片化特征，多是纪实镜头，穿插一些作者对着镜头讲话的自拍画面。

这条视频的核心要素是真实体验，作者以一名疫情中心武汉的普通市民视角，记录了其在疫情暴发初期的日常生活，用真实的镜头向人们展示了武汉市区的实际情况，市民的反应和心理活动。

开篇作者介绍了时间和背景，随后画面就来到了超市，在超市购物的人很多，没有出现哄抢的情况，超市内的物资仍然很充足。除了作者自己购买物资的画面，还记录了不少现场市民有序购买物资、排队、工作人员正常工作的画面；除了现场嘈杂的声音，画面四平八稳，没有任何“意外”之处；这一段以一名老人拉着两大车年货的背影结束。视频接着用一段篇幅记录了作者给朋友送口罩的画面。画面中的朋友身着睡衣，接过口罩后显得十分开心。随后的一

段市中心“楚河汉街”的画面,可以看到街道上的人流与日常相比已少了很多。与街道上人员稀疏形成对比的是药店里抢购口罩的场景,画面中几十平米的药店中挤满了人,售货员正在组织现场的秩序。片中用一段自拍画面讲述了作者与女友在电梯里谈论因咳嗽声被人侧目的过程,虽然实景没有被记录下来,但作者自嘲式的讲述生动还原了这件事。可以看出,在当时民众已经对疫情防控有了足够的警惕心理。这些真实记录的画面看似平淡,却很好地让观众了解到武汉市的实际情况,真实地反映了 1 月 21 日武汉市民的情况,即总体秩序正常,人们开始重视疫情,对口罩有极大的需求。

疫情初期,面对突如其来的重大公共卫生事件,传统媒体把主要精力放在防疫宣传和疫情分析上,忙于为全面开展疫情防控宣传工作做准备,对于实际的民生情况缺乏有力的报道,以“林晨同学”系列为代表的疫情相关短视频的出现很好地弥补了这一空白。观众通过视频了解到了武汉的实际情况、对疫情的预期以及人们在疫情期间的真实想法。一般认为互联网短视频在公信力上不如传统媒体,但是该系列视频以时效和真实取胜,记录了街道、超市、药店、社区这些都市生活主要场景的实况画面,在部分内容上的传播力公信力甚至高于当地电视新闻,真正做到了及时回应民众之关切。短视频的纪实画面给人带来的真实体验是达到此传播效果的基础,传统影视内容中不常用的主观镜头、手持、车载和自拍等画面构筑了短视频的基本镜头类型,这些镜头的共同点就是强调主观体验,这些主观体验是增加观众信任感的首要因素。在此事件中,相较电视媒体纵向式的事件宣传和全景描述模式,短视频的体验模式会更具说服力和吸引力。

二、科普防疫知识,传递抗疫信息

疫情初期,人们迫切需要了解病毒的危害以及应对措施的知识,政府职能部门在应对疫情方面做出了巨大努力,为将损失减少到最小,关于疫情的基本信息、应对措施、隔离事宜、发展趋势、政策解读等信息对于营造有利的抗疫防疫条件至关重要。

各类图解、动画、情景式的画面成为科普新冠肺炎基本知识的主要形式,各大电视、网站都以大篇幅和醒目的标题向受众传递此类信息。“林晨同学”系列短视频从另一个侧面科普了疫情期间的一个重要措施,即戴口罩的重要性。在视频中,除了作者自己一直佩戴口罩外,在公共场合,作者还一直关注大众有没有佩戴口罩。从 1 月 21 日的视频中我们可以看到,在武汉仍有很多人没有佩戴口罩。作者也用自己的话强调了这一点:“上街后我发现一些问题，在人流密集的场所，很多人依然没有戴口罩，特别是中年人和老年人。希望看到视频的朋友，家中有中年人和老年人的，一定要叮嘱他们，出门戴上口罩，回家注意洗手，注意通风，一次性口罩 2 到 4 小时换一个。”短短几句话，把防疫期间关于个人防护的措施都涵盖了。在初期，中老年人接收信息渠道不多，无法及时更新信息，病毒的传播力度和传播途径容易被他们忽视。

除了口述传播防疫知识，作者在视频中还用更直观的体验让观众对佩戴口罩引起重视。2020 年 1 月 24 日的短视频中记录了一段作者与外卖骑手的对话，对话后作者主动将自己的口罩分享给外卖骑手，并向其强调了佩戴口罩的重要性。临分别前，作者还多给了骑手几个口罩，叮嘱其有机会把口罩分享给其他骑手。这段内容全程以主观镜头记录，完整还原了作者的经历，再次科普佩戴口罩的重要性。同时，身体力行，向观众展示了分享口罩、传播疫情知识上可以做出的努力。这种表率式的体验画面，没有任何摆拍的痕迹，自然而然地触动人心。这种方式的科普不仅“授人以鱼”，传播了防疫知识，更重要的是让观众感受到了参与到传播正确信息中的必要性，鼓励人们向身边不了解情况的人科普知识，达到了“授人以渔”的效果。

疫情初期，人们对武汉疫情的发展也十分关注，国家有关部门为应对这场战争做出了全面的部署，这些消息在各大媒体会第一时间播送给公众，“林晨同学”系列短视频在传递相关政策实施和防疫抗疫的宣传上也发挥了作用。结合作者在家洗手、消毒、开窗通风、窗外武汉市夜景的种种画面，画外音：“新闻里说 84 岁的钟南山院士已经到达武汉，同济医院的第二批志愿者已经满员，武汉已经成立疫情防控指挥部。这一次，更先进的技术，更快的响应，我想我们已经做好足够的准备。做好对自己的防控，就是最大的贡献，愿我们的家园更加美好。”作为点题式的结尾，这不能简单地看作新闻素材的整理，因为这些感想来自一位身处武汉的普通群众，把它放在 Vlog 中体验式要素的语境下，这些信息能有效疏导受众的恐慌心理，引导公众建立防疫抗疫的信心。

三、精妙叙事和互动特性，助力正能量舆论引导

2020 年 1 月 24 日，大年三十，“林晨同学”制作的短视频“武汉 UP 实拍，封城后的 24 小时，‘空城’武汉的物价、交通、生活状态”上线。短时间内在网络上形成巨大轰动，点击率达到 870 万。该片在叙事上精心策划，看似典型的“Vlog”式松散、慵懒的叙事风格，实则很好地为其主题表达提供了有说服力的真实镜头和情绪共鸣基础，加上视频中一段抒情式的自白，该视频取得了超出普通短视频表达的预期效果，在舆论引导上起到的作用可谓典范。

开头是短视频惯用的精彩画面快速剪接组成，点题式地运用了一段电话录音:“妈妈也已经看到你们了，特殊情况，你们 2020 年就不要回来了”;一段社区工作人员的话:“新型冠状病毒，希望大家不要害怕!”纪实的画面和声音共同构建了视频的主要背景，即武汉“封城”，人们停工停产在家自我隔离。通篇仍是以作者作为一个普通的武汉市民的生活体验为主要内容。在大量空旷街头的城市面貌画面中，作者用独白道出了本片的中心思想:“我看到的，每个人用自己的力量让这个城市正常运转，大家都想做对的事，让事情变好，即使城市封闭，我知道我们也不是一座孤岛，仍有十几亿人在关心这里!”搭配一段节奏向上跳跃的背景音乐，将情绪烘托到最高点。这种虚实结合的叙事策略运用得恰到好处，超市购物、与路人对话、马路上的交通等“实况”，让观众对“武汉现状”的好奇得到满足;航拍镜头、深情独白、慷慨激昂的音乐组成了引燃观众情绪的“抒情时刻”。

互动性是网络视听媒体的基本特性之一，短视频作者常会引导观众在视频上留言。“弹幕”是一种互动性极强的留言方式，观众在具体画面上留下自己的感想。不同于传统留言大多是对作品整体表达的留言，弹幕是流动的，线性的，对应具体画面的。

弹幕是衍生的信息传播路径，相比传统图文媒体，短视频又多了一层信息传递维度。在视频播放过程中，弹幕也是一个重要的信息传递媒介，它的功能和作用为传播带来了至关重要的变化。观众不只是关注视频内容，还要关注弹幕的信息，因为弹幕中极大可能包含了视频的“隐藏信息”“补充说明”“情绪表达”，甚至“中心思想”。

弹幕为意见领袖提供了最好的舞台，这往往能够左右舆情的走向，信息时代，话语权被分散到每个人身上，受众在传播端参与信息传递已经是大势所趋。正是如此，短视频的互动弹幕能更加有效地传递信息，凝聚共识。在“林晨同学”系列短视频中，出现了观众相互鼓励、众志成城的各类激励弹幕，特别值得关注的是观众为武汉加油的弹幕内容，从“武汉加油”，到“浙 C 为鄂 A 加油”，再到“山东大葱为热干面加油”，这些形象的比喻均不仅易懂，且更好地烘托了情绪，是一种接地气的朴实表达。

事实上观众不仅在看视频，同时也在看弹幕。这些弹幕是对短视频内容的一种反馈，同时是信息传递中观众意识的一种衍生表达，这种表达不仅能够为视频本身增添信息量，也能为受众提供新的“共鸣点”。这样的共鸣点一旦产生，对信息传递和意见表达带来的积极影响是传统媒体无法比拟的，这可成为引导正能量舆论的有力手段。

四、全网转发，传播中国声音

在“武汉 UP 实拍，封城后的 24 小时，‘空城’武汉的物价、交通、生活状态”这条视频开头，作者用醒目的黑底白字注明了“本视频素材可供全网使用”。很快，该视频中的很多画面和作者的表述被华语主流媒体引用，包括人民网、澎湃新闻、央视网、湖南卫视、香港 TVB、台湾中天等两岸三地各大电视和网络媒体。随后的几周内，这条视频中的画面也被 BBC、CNN、NHK 等国际主流新闻媒体引用，滚动播放，特别是一些描述武汉街道上空无一人的航拍画面，虽然从技术角度上看画面不算完美，但却向全世界传递了“封城”后武汉的真实画面。

新冠肺炎病毒在全球范围内引发剧烈震动，人们都想了解与病毒相关的信息。“封城”下，物理空间的隔阂对信息传播带来一定影响，媒体在制作新闻报道时需要打破对于未知病毒的“心理障碍”，短视频作为受众自发摄制的视频信息，完美打破了这两层壁垒。首先，作者身处事件中，不存在时空的错位，其传递的信息具有说服力和时效性；其次，作为武汉市民，对于病毒的危害和其引起的社会影响有清晰的认识，其视角和观察也具有典型性。在一个备受全球关注的城市中，作者用一个自媒体人的敏锐嗅觉观察到了这些信息的价值，第一时间记录事件，并向全网通告视频素材可以被直接引用。这些视频向全世界传递了中国武汉的实际情况，描述了中国面对疫情做出的积极举措和巨大牺牲，展现了中国人面对重大灾害时众志成城的凝聚力，真正做到了“讲好中国故事、传播好中国声音、阐发中国精神、展现中国风貌”。

综上，作为新兴媒体，短视频在疫情初期的舆论宣传中发挥了重要作用，在一些方面的传播效果甚至优于传统媒体。可以预见，在媒体融合大趋势下，短视频的地位将从传统媒体的“替补”逐步发展成为舆论场中的“核心”之一，值得引起媒体从业者的重视。

从防疫报道探析县级全媒体融合：打通宣传和服务群众的“最后一公里”

浙江省宁海传媒集团　赵燕　严亚平

一、引言

媒体深度融合的成效需经得起实战检验。1月30日晚，世界卫生组织宣布，将新型冠状病毒疫情列为国际关注的突发公共卫生事件。2月28日，国务院新闻办公室新闻发布会上定性此次新冠肺炎疫情是新中国成立以来传播速度最快、感染范围最广、防控难度最大的重大突发公共卫生事件。面对新冠肺炎疫情，宁海传媒集团采编一线在大年初一就进入“战疫”状态，充分运用媒体融合发展成果，积极营造万众一心抗击疫情的舆论氛围。

在这场新冠肺炎疫情报道中，对宁海传媒集团来说，不仅是一场融合、融活的过程，更是一次逆风而行、让“新闻＋”离群众最近的大练兵。

二、变“相加”为“相融”，全方位报道有声更有色

习近平总书记在全国宣传思想工作会议上强调指出：“把握正确舆论导向，提高新闻舆论传播力、引导力、影响力、公信力，巩固壮大主流思想舆论。”县级融媒体作为意识形态的前线阵地，离老百姓最近，面对突发疫情，应充分发挥价值引导的作用，以融合报道增强舆论传播力、影响力、引导力、公信力和竞争力，这是主流媒体的责任，也是媒体权威性的体现。

疫情期间，宁海传媒集团担负着全县及时向外界发布防疫进展最新动态，宣传解读有关政策措施，稳定群众情绪，科普疫情防控知识等任务。为了让全县人民第一时间看到宁海抗击疫情的“第一手资料”，采编一线人员必须保持24小时在线状态，“看宁海”新闻客户端24小时在线，始终确保信息及时发布。

如何将各类信息传递到每个角落，消除盲区？相加为相融的报道团队在

此刻也是大显神通。在采编力量上，作为融媒体平台的“第一梯队”，报纸、电视记者联合出击，从前方采来最新鲜的报道，后期新媒体制作团队加工成短视频、图文、H5等用新媒体手段进行推送，通过微信公众号、微博、网站等平台，及时向民众公布权威、真实的疫情动态，消除疫情带给老百姓的恐慌。

权威、真实是党媒的生命。值得一提的是，在新冠肺炎疫情防控处于最吃紧的关键阶段和推进有序复工复产的关键时期，宁海传媒集团审时度势，敏锐反应，正确把握疫情防控发生的新变化、新情况，在前期大量报道的基础上，从2月20日起开设《融媒发布厅》专栏，在集团电视、报纸、新媒体、广播等各大平台新闻栏目中同步联合推出“对话·有效防控、有序复产”系列报道，邀请县内相关部门“一把手”，围绕如何完善精密智控机制，加快复工复产进度进行对话，通过这一专栏，发布权威信息，回应群众关切，牢牢掌控话语权，抢占疫情防控舆论制高点，让主流媒体持续发声，叠加放大，形成最强音，打造最高地。该专栏开设以来，针对当前企业和市民普遍关注的问题，如，疫情是否会影响宁海2020年经济发展形势，在推进复工复产中政府部门有哪些举措，如何缓解企业用工荒、融资难，防疫物资如何保障，甬行码怎么领怎么用，学校何时复学开课，如何做好校园防疫等等热点、焦点，记者先后走进县人社局、公安局、经信局、住建局、发改局、教育局、金融办、海关等17个部门，分别就相关话题一一对话部门“一把手”。真实、准确、权威的信息，让市民找到了“主心骨”，随着发布次数的增加，市民们的心态逐渐平和，积极主动地配合防疫工作，更加理性地面对疫情，加快了复工复产步伐。

不可否认，在突发事件面前，公众的疑问、疑虑、疑惑等会受到周遭各种信息影响，作为主流媒体新闻工作者就要善于科学分析并理性回答问题，激浊扬清，增强意识形态主导权。越是在关键时刻，主流媒体越应发挥“定海神针”的关键作用。

实践证明，在媒体融合不断向纵深发展的进程中，变相加为相融，及时为用户提供有价值的信息是“制胜法宝”。在突发报道中，围绕权威性，第一时间融合报道，增加报道的亲和度、传播力，提升主流媒体的话语权，才能放大主流舆论的权威声音。宁海传媒集团开启的融媒发布厅，采用“报纸、电视联合访谈＋‘看宁海’客户端、‘宁海发布’公众号联合发布”的形式，及时发布权威信息，稳定民心，让新闻不再隔夜。有声、有色、互动、共享、即时、快速，这也是传媒融合新闻的最大特征。

当前，宁海传媒集团正不断调整优化工作机制，打通报、台、网、微、端各平台，重构策划、采访、编辑、刊发流程，传统纸媒与新媒体相互借势，主流思想舆论阵地不断巩固壮大，呈现出全方位、大规模、深层次的媒体融合态势。

三、由“融合”到“融活”，全方位报道有势更有为

习近平总书记强调：“传统媒体和新兴媒体不是取代关系，而是迭代关系；不是谁主谁次，而是此长彼长；不是谁强谁弱，而是优势互补。”只有遵循新闻传播规律和新兴媒体发展规律，坚持传统媒体和新兴媒体优势互补、一体发展，媒体融合发展才能“融活”、融洽，达到行稳致远的目标。

近年来，媒体融合发展成绩有目共睹，但传统媒体与新兴媒体“融而不和”“小融小合”“似融似合”的现象也不可忽视。传统媒体的优势在于权威性和专业性，新兴媒体的优势在于速度和互动。在这次抗疫宣传过程中，宁海传媒集团用好传统媒体、用活新兴媒体，打了一场漂亮的“传统＋新兴”融活战。

为保证信息传送顺畅高效，集团统筹安排，专门建立了防控新冠病毒宣传报道工作群，互相交流疫情防控报道的选题、标题的制作等。疫情有什么动态，群里第一时间发布，传统采编一线的人员在突发事件发生时立马冲到第一线，这是一般的新媒体所不具备的核心竞争力。而新媒体人员则连续作战，实行 7×24 小时无缝隙值班，做到全天候、全方位及时发布疫情信息，及时落实各级宣传指令，及时报送信息，及时应对突发事件，及时回复网友留言，及时引导网上舆论，为打赢疫情防控阻击战营造了良好的网上舆论氛围。

针对不同受众，集团报纸、广播电视、滚动字幕等平台同步跟进。同时充分发挥新媒体传播优势，利用“宁海发布”“宁海新闻网”“宁海直播”等微信公众号平台，以及“宁海新闻网”微博、“看宁海”APP 等网络社交传播平台，形成疫情防控资讯传播矩阵。凭借权威发布平台和强大传播时效，融媒体中心旗下各媒体平台成为了这场“宣传战‘疫’”的主阵地，形成了全媒视角、融合传播防控动态、政策解读、公益广告和科普知识的正面舆论氛围。

疫情期间，集团各平台加班加点，不断增加报道频次，开设专题专栏，组织开展特别报道和特别编排，准确、全面、生动、务实讲好疫情防控工作的“宁海故事”。《今日宁海》每天刊出 4 个“众志成城　坚决打赢疫情防控阻击战”专版，开设的《最美逆行者》《一线战疫手记》《援鄂日记》《党旗飘扬》《同心战疫大爱宁海》《连线武汉》等专栏，充分报道我县基层党组织中党员冲锋在前、担当尽责、积极投身疫情防控的动人事例，突出报道我县医护人员无私无畏、挺身而出的“宁海温度”，刊出典型报道 50 多个，这其中有“上阵父子兵”“战疫母女情”，也有“党员夫妻档”，激励人心，提振精神，引发了广大读者的情感共鸣。还与县委组织部合作，刊登《战“疫”一线党旗飘扬》战“疫”先锋榜专版 10 多

个，弘扬先进、激励前行，在全县营造了学习先进、争当先进的浓厚氛围。《宁海新闻》推出“众志成城 防控疫情”特别报道，不断强化各地各部门齐心协力、联防联控战疫情的生动报道，深入挖掘抗击疫情中不断涌现出来的感人事迹和先进典型。先后采写播发了《梅林：有一支奋斗在防疫一线的红色娘子军》《长街退役军人抢上一线战疫情》《隔离病房里闪动忙碌的身影》《高速路收费站上的别样坚守》《执勤卡点 最美婚礼令人动容》等大量报道，充分展示疫情防控中的暖心故事、人间真情，传递了社会正能量。

相比传统媒体的厚重，在这次疫情防控宣传报道中，以“看宁海”客户端为主体的集团新媒体矩阵则充分发挥了网络传播“短平快”的优势，全天候、全方位开展宣传报道。其中，“看宁海”客户端积极发挥新型主流媒体作用，第一时间从“中央厨房”获取记者采来的报道，创新运用滚动播报、短视频、H5、图解、专题、直播等多种传播手段，立体式、全覆盖地打好这场疫情防控宣传报道战疫。截至目前，“看宁海”客户端共推出《最美“逆行者”》《严防严控》《爱满缑城》《党旗飘扬》《战“疫”手记》《全民战“疫”》《援鄂日记》《“疫”封家书》等10余个专题专栏。同时，发挥“直播宁海”抖音小视频优势，制作推送“疫”主题小视频60余个，点击量超过300万＋的1条，200万＋的3条，100万＋的5条，10万＋有16条，累计点击量超过千万。其中，《宁海援鄂护士应之乐手指舞》点击量达300.3万，是名副其实的“网络爆款”。

在这次战疫宣传中，虽然是移动优先、视频优先，但最关键的还是故事要优先。集团编委会在做好详细策划的同时，派出由采访、摄影、视频、直播人员组成的强大阵容。采访中，各平台人员根据策划要求，相互配合，及时将重大信息通过全媒体各平台传播，收到了很好的宣传效果。

值得一提的是，一直活跃在“大屏”上的电视新闻主播，此次战“疫”报道中，也频频亮相于“小屏”上，他们在完成日常新闻播报任务的同时，主动创新，推出疫情防控特别节目，拍摄《主播说防控》系列短视频，讲述最美的坚守者和暖心故事，向广大市民发起倡议，宣传疫情防控知识，为战“疫”工作发出最强音。在不断融合的过程中，传统媒体和新媒体已从“你中有我、我中有你”，进而转为“你就是我、我就是你”。

四、新闻＋服务，牢牢占领舆论主阵地

“引导群众、服务群众”是县级媒体融合的根本目的，做好服务才是实现县级融媒体中心建设的初衷。随着县级融媒体中心建设的不断加快，构建“新闻＋服务”的融媒体平台正逐渐成为县级融媒体中心的新模式。

在这场疫情报道中，宁海融媒体中心不仅仅只是发布新闻的平台，同时还结合各种新闻资源为广大群众服务，成为媒体＋政务、媒体＋民生、媒体＋服务的重要窗口，不仅讲好了战“疫”故事，而且在服务本地群众，实现媒体服务与公共服务一体化融合发展上，为用户提供实时疫情信息和在线帮助等便利服务，效果十分显著。

此次抗疫报道中，全媒体矩阵倾力策划、生产各类新闻产品，其中信息资讯类、科普知识类、策划创意类等新闻产品占比较大。这几类产品都指向党媒“服务者”的角色定位，特别是为因疫情遭遇困难的企业、农户搭建信息发布平台，充分体现了“新闻＋服务”的融合导向。

作为宁海权威发布平台，“看宁海”客户端采用“专业生产＋机构生产”的模式，第一时间为用户提供疫情信息。在专业生产方面，“看宁海”客户端将报采编一线记者的采访资源与移动端技术相结合，推出系列直播。其中，《最高礼遇，迎接英雄回家》，生动还原了迎接援鄂医护人员回家，警车开道、夹道欢迎的热烈场面，令人内心暖流涌动、激情澎湃，引发了朋友圈的刷屏转发，单篇阅读量高达 33 万。“宁海发布”“TV 宁海新闻”等微信公众号也开足马力，及时高效发布各类疫情通报、政策解读，架起政府与市民沟通的桥梁。其中《告宁海市民：防护口罩首批免费预约来了！》阅读量近 61 万。

此外，宁海传媒集团还以“媒体＋”为突破点，聚合产业功能，实现媒体与各领域的跨界融合，助力复工复产，策划推出了一批“宁海牌”农产品视听精品。如创新策划长街镇“2020 云上蛏子节”，盘活、用好办节资源，让蛏子节插上云的翅膀，带给更多市民随时听、随时看、随时晒、随时参与、互动的体验与乐趣。这场别开生面的“云旅游”，采用直播镜头、线上推介等方式，带大家云享长街味道、云游长街风光、云品长街人文、云寻长街记忆。其中在两段几十秒的抖音中，长街镇党委书记王照栈的满身泥泞抲蛏，镇长石柔堪比李佳琦的魔性喊话“扫它”，一夜之间传遍各地，点击量超过了 40 万。本次长街蛏子节几乎所有活动都通过宁海传媒集团各个网络平台，采用直播、抖音、短视频、图文等形式举办，从开幕式网络直播，到网红主播带你到养殖塘体验挖蛏子，全方位助力长街蛏子“蛏”过难关。

宁海传媒集团“百姓事马上办”平台更是及时响应，24 小时在线，对群众咨询投诉建言事项第一时间审核转办，确保群众反映的问题能够得到及时受理、回复，不留盲区，不留死角，解答群众对疫情的困惑顾虑，安抚群众的不稳定情绪，增强社会信心，帮助群众解决生活上的实际困难。疫情防控关键时期，“百姓事马上办”对热线电话和平台留言即交即审快转办，把好效率关、质量关,把积极办理群众诉求当作疫情防控“一线”,优先回复“疫情”关切、优先解决“疫情”难题,马上转交相关部门回复办理,筑牢疫情防控的网络防线。据不完全统计,“百姓事马上办”平台共接听疫情相关电话 313 个,网上平台发帖 916 条,“宁波民生 e 点通”共计收到涉及宁海的帖子 133 条。“百姓事马上办”在这场没有硝烟的战役中,奋战实干,为民服务,架起了政府和百姓之间互动、互信、互助的桥梁。

推动县级媒体深度发展,讲好时代故事,服务当地群众,提升新闻舆论宣传的权威性和公信力,是县级媒体融合发展的初心和使命。通过这次新冠肺炎疫情防控的深入实践演练,宁海传媒集团积极探索媒体融合的内涵,充分发挥媒体融合的合力,已形成立体多样、融合发展的现代县级融媒体传媒体系,打造了一个离群众最近、最亲的“新”型传播平台。

构筑多元“新声态” 讲好城市“战疫记”
——绍兴广播抗疫宣传实践

浙江省绍兴市新闻传媒中心广播事业部 商一兵 庞雯娜

举国战“疫”的大背景下，媒体举旗定向的主流叙事起着定盘星的作用。绍兴广播盘活新闻、交通、音乐三大频率资源，发挥“声”之特色优势，创新“声”态，用多元化、立体式的声音矩阵，讲好绍兴的战“疫”故事，并以此为实践，探索地方广播在迈入融媒体进程中对于舆论生态、受众对象等的重构和再塑，以期不断提升影响力和竞争力。

一、向上生长，拓展报道外延，引领“声”之制高点

在万物皆媒的传播语境下，地方广播媒体面临的冲击和挑战不言而喻，但主流媒体的喉舌功能始终没有改变。“向上生长”，意即紧紧把握舆论主旋律，紧扣时代脉搏，以此为中心，更广泛更有力地拓展“声音”的外延，占领地方城市音频传播的制高点，这是地方广播媒体彰显公信力、传播力的有效手段。

疫情发生以来，为充分展现广播灵活便捷的特色，绍兴广播及时推出了一批与武汉的连线报道。特别开设的《连线武汉》专栏中，将报道的落点放在千里之外的绍兴医务工作者身上。记者和驰援武汉的绍兴医务工作者每天保持密切联系，随时跟踪最新动态。《我们到武汉了，胜利属于我们！》《抗疫进入“总攻”，不胜利不回家》《绍兴医疗队方舱医院建起“爱心小屋”》等连线报道，都是最美“逆行者”通过电话口述他们在武汉抗疫一线的最新进展。其中不乏一些感人的细节，如一直奋战在抗疫一线的医务人员为了不让家人担心，到武汉一个多月了，还编了许多善意的谎言瞒住家人；又如绍兴支援武汉医疗队在武汉黄陂方舱医院的一个小角落建起了一个“爱心小屋”，在里面放满了牛奶、巧克力、饼干、水果以及梳子、剃须刀等生活必需用品，帮助患者解决生活之需等等。这些绘“声”绘色的讲述，让绍兴的战“疫”报道延伸到了当时疫情的最中心地武汉，让听众从中感受到全国战“疫”中的绍兴担当。

为更广泛地报道绍兴战“疫”，绍兴广播开设了《众志成城 防控疫情》《防

疫开工两手抓》《两手抓 两战赢》等多个专栏。广播记者奔赴乡村社区、企业车间等一线，大篇幅聚焦全市新冠肺炎疫情的防控情况，采制了一批音响丰富的新闻特写。如记者探访隔离病房，采写了《急诊医护夫妻档，守护生命不停步》；记者蹲点企业，采制了《战“疫”中的亚厦速度：3 小时紧急调度驰援雷神山医院建设》等报道。绍兴越城区的孙端街道首当其冲遭受疫情袭击，成为全省首个实行隔离医学观察的街道，而经实施严格、科学、有序的管控措施后，孙端两个村成功解封，实现了隔离期内无新增疑似病例，居家隔离观察人员及集中隔离医学观察人员均无病例报告。孙端及时有效的疫情防控经验，为全国基层疫情防控提供了鲜活样本。绍兴广播在孙端解除医学隔离第二天，当即专访临危受命的孙端党工委书记王伟民，并蹲点隔离村进行深入采访，推出了新闻访谈《孙端战疫 16 天》。

2020 年 2 月以来，复工复产成为广播新闻报道的一大重点，多路记者分赴全市各地一线蹲点，让部门、企业、商超、市民等全方位“发声”，解读企业复产制胜的砝码，找寻激发市场新动能的源泉。2 月 15 日，绍兴外贸企业春节后出口的第一柜货物在绍兴布婷纺织品有限公司发货，通过宁波港出口迪拜。广播第一时间派出记者，现场采访企业、柯桥相关部门及街道负责人，及时展现了纺织大市——绍兴复工复产的最新进展，这一报道于次日在中央台播出。广播深度舆论监督栏目《新闻纵贯线》则采制了专题报道《国外疫情发酵 外贸企业积极自救》等，通过采访十多家绍兴外贸企业、多名部门负责人和业内专家，剖析现实难题，提出解决对策，以“声”护航外贸企业复工复产。

密集式、多层面、全覆盖的报道形式，最大程度地记录了绍兴“战疫记”的每一个真实现场，拓展了报道面，充分体现了绍兴广播作为主流媒体的权威性、影响力。

二、向下扎根，嵌入百姓需求，挖掘“声”之突破点

地方广播想要形成自身的影响力，在资讯汹涌的泛媒时代占据一席之地，其突破点还是植根本土，体现地方特色。要向下扎根，向下一点，再向下一点，紧紧贴着沾着新鲜露珠、带着青草味的地气儿，精准对焦基层百姓的需求和呼声，这样才能有效带动本土受众群，达到自带流量的效果。

2020 年 3 月，绍兴广播推出的“‘疫’路花开”新闻行动，就是这样一次“接地气”的实践。3 月初，持续关注三农一线的广播对农节目记者在采访受疫情影响的农业报道时，走进了嵊州一位花农的种植基地。当时呈现在记者眼前的景象是，30 余亩的鲜切花培育种植基地里，原本娇艳盛放的 8000 枝郁金

香、近万株非洲菊全部枯萎败坏，被扔在地里，还有部分采摘入库的滞销鲜花，也以每天 10%的速度损耗。面对忧心如焚的负责人，记者迅速做了详实采访，并赶赴绍兴市农业农村局，了解全市 30 多家上规模的鲜切花和盆花基地的鲜花滞销情况，第一时间制作播出报道，报道末尾，还附上了记者的联系方式，呼吁全社会携手帮助花农共渡难关。报道音频以及记者拍摄的照片同步在微信上进行了推送，栏目组由此正式推出"'疫'路花开"新闻行动。

新闻行动以接地气的现场视角、暖人心的助农呼吁，马上得到了热心市民的纷纷响应，记者的手机成了"网红"热线。一位叫孙杰的爱心市民当晚就与花农联系上，一口气敲定了 1 万元的百合花和非洲菊，送给奋战在抗疫一线的绍兴市医务人员；一家外贸公司负责人通过记者订购了 800 元的鲜花，作为礼物送给复工到岗的员工，在收到鲜花的同时她又追加了 500 元的订单；一家配镜中心订单 1200 元，一家生态园订单 500 元……

这场以"声"为媒的爱心接力，同时借力融媒优势，扩大传播流，提升影响面。为了帮花农拓展销售渠道，绍兴广播联合爱心企业试水微信直播，广播年轻主持人联合网红主播一起上阵，以一元一朵的价格帮助花农"吆喝"滞销的太阳花，一个半小时的直播，流量爆棚，近万名网友"现场"围观，卖出了 6000 多元鲜花。

不到一周时间，嵊州花农当季滞销鲜花全部售罄，花农也将"媒体担当 抗疫助农"的锦旗送到了栏目组。栏目组决定，从"花"着手，持续跟进连续报道，助力绍兴更多花农渡过疫情关。记者又深入花木之乡柯桥区漓渚镇，探访绍兴最大的花卉苗木零售批发市场，了解花卉经营户们的需求和呼声；蹲点绍兴最大的花卉出口企业"海丰花卉"，了解企业内销及出口方面的难点、堵点。这些报道既反映了花农们的真实境况，也客观展现了社会各界的积极声援、政府部门不遗余力的救助和支持。节目组还联系了浙江大学、浙江农业商贸职业学院相关专业的教授进行专访，围绕面对不可抗力下的疫情困局，绍兴花农如何止损为赢、转危为机这一主题，指点迷津，提出可操作、富有建设性的意见建议。

这次"'疫'路花开"新闻行动，在近一个月时间里，帮助绍兴花农销售了 10 多万元当季鲜花，一定程度上解决了花农的滞销窘境。整个新闻行动也以"贴地"的报道视角、"融媒"的助农手段，赢得了社会各界人士的关注，成为绍兴广播与广大受众携手共渡疫情的一次成功实践。

除了新闻行动，绍兴广播还从 3 月份开始，开展了全社会抗"疫"作品征集活动。目的就是让更多普通百姓参与到媒体的抗疫宣传中来，让广播的抗疫节目增加更多“接地气”的声音表达。活动得到了极为热烈的响应。有嘉兴海宁的市民向栏目组发来他创作的歌曲《春颂》:“春天来了,到处是生机一片。春天,把你的翅膀给我吧!我要自由地飞遍整个宇间……”他用这样抒情的语言期待春暖花开;有绍兴文理学院的大学生写了情感丰沛的散文《风雨中,请侧耳倾听》,讲述自己的父亲在抗疫一线劳身焦思、默默奉献的故事;也有母女分别创作了抗疫诗歌,一起歌颂白衣天使……这些作品经过后期制作,第一时间在广播中播出,传递了普通人内心深处的期盼和感动,洋溢着浓浓的本土气息。这次征集活动,使广播更好地走入百姓中间,体现出了声音媒体的亲和力和交互性,真正搭建了一座媒体与百姓心与心沟通的桥梁。

这两次于疫情之中开展的行动告诉我们,作为主流媒体,就应该像一棵大树一样,扎根在基层的沃土,深深嵌入百姓的需求和呼声,根扎得越深,受众的市场就会越发“枝繁叶茂”。

三、向内整合创新,做好“融合+”,赋能“声”之活力点

5G时代,大众广播与互联网音频媒体的收听市场区隔被打破,广播的生存竞争更有进入白热化的态势。在媒体融合转型中调整思维方式,深耕细作内容产品,是地方广播重构舆论生态、全力突围的必然命题。从2018年1月开始,绍兴广播大力度转型,将原先独立的新闻、交通、音乐三大频率实施整合,三个频率“抱团”出击,实现资源统筹,协同管理。2019年5月,绍兴广播在此基础上,又对三个频率进行全新改版,突出每个频率的特色化定位,全面提升收听效果。这其中,对于重大活动、突发事件,更是实现了三个频率、两个平台(应急广播、交通指挥)联动,主持人、编辑、记者全员打通,形成强有力的广播传播矩阵。

在此次疫情宣传中,绍兴广播三个频率协同作战,努力做好“融合+”的文章,为绍兴广播“声音”更具活力、更具竞争力下足功夫。2月10日开始,绍兴广播三大频率即推出抗击疫情特别编排,优化人员配置,整合节目资源,以共进共享、互融互通的形式,全面宣传报道疫情防控。

作为绍兴唯一的应急广播,FM94.1交通频率节目主持人、编辑、导播不停休,确保每天12个小时实时在线播报,对省、市最新疫情通报、有关部门的通知公告、市民的防护提醒等信息进行第一时间的权威播报。FM93.6新闻频率和FM103.5音乐频率的每档节目根据自身节目定位,采取不同形式,从不同角度进行抗“疫”宣传。如《行风热线》栏目对各项防疫措施、复工政策等进行解读,并开通热线为听众答疑解惑;《阳光八点档》栏目利用节目原有的

《养生堂》版块，科普疫情期间的注意事项；《936 爱当家》栏目为大家讲解疫情期间在家如何防护，做好个人卫生；《阅读绍兴》栏目开设抗疫特别版，录制播出抗疫为主题的诗歌，鼓舞抗疫信心……

此外，三个频率每天均交叉在 6 个整点播出整点新闻——《新闻现在时》疫情防控版，全面梳理国内外疫情防控最新动态，平均日播报信息量达到 300 多条次，充分发挥疫情宣传"大喇叭"的宣传作用。《面对疫情，如何做好个人防护》《科学防疫和企业复工"两手抓"》等二十多条抗疫公益宣传带，也根据三个频率自身特色定位每天滚动播出，内容涵盖个人防护、复工复产、专业知识科普等，日播达 450 多次。

新冠肺炎疫情发生后，绍兴广播三个频率还联合全市乃至全国各地的文艺工作者，积极行动起来，为疫情防控创作形式多样的文艺作品。莲花落版《消灭病毒勿留情》以绘声绘色的莲花落形式，重点向全市老年群体做好防控疫情的宣传；《冠状病毒知识点》卡通版则以童趣天真的演绎，专门向儿童及青少年学生介绍冠状病毒及防护知识，寓教于乐；充分利用全国广播联盟的资源优势，共享整合了《天使的阳光》等多首新创歌曲在广播中播出，致敬白衣天使，鼓舞全市人民众志成城打赢疫情阻击战。三个频率有的放矢、互为一体的宣传，有效达到了"1＋1＋1＞3"的集聚效应，让绍兴广播形成更强有力的声音"磁场"。

都说疫情的来袭对媒体是一场大考，而对于地方广播媒体来说，疫情宣传，也是一场产品内容优不优秀、融媒转型成不成功的检阅。进一步以内容为硬核生产力，提升品牌价值，增强线上＋线下的影响力；进一步紧跟融媒大势，在时代洪流中激流勇进，增强主流媒体话语权，在音频领域做出无可复制的优质产品，这些，都将是绍兴广播未来不断探索和努力的方向。

银杏融媒：一级响应 全媒体战“疫”勇担当

江苏省邳州市融媒体中心　徐希之　赵　源

农历庚子年伊始，突如其来的新冠肺炎疫情，既是对基层治理水平和治理能力的一场大考，也是对处于正在融合进程中的县级融媒体中心的一次实践应用检验。邳州市拥有195万人，是江苏省第二人口大县，疫情防控任务艰巨。面对复杂而严峻的疫情防控形势，邳州银杏融媒及时贯彻落实中央和省市的相关部署要求，切实发挥县级融媒体中心主流舆论阵地、综合服务平台、社区信息枢纽的功能，按照一体化管理、差异化发布、全平台联动的模式，迅速构建起权威、准确、及时的全媒体传播通道，最大限度地发挥新型主流媒体的价值和作用，为打赢疫情防控阻击战提供了强有力的舆论支撑和服务保障。

一、响应在前　应对突发事件井然有序

疫情就是命令，防控就是责任。春节长假前夕，邳州市融媒体中心就对日益紧迫的疫情形势和即将到来的防控宣传进行了预评估。融媒体指挥调度中心专门制订了“突发事件新闻宣传应急预案”，对新闻生产岗位进行了充分的值班安排，并规定非值班人员一律随时待命。1月25日，邳州市启动突发公共卫生事件一级响应，融媒体中心也第一时间启动了“突发公共卫生事件一级响应新闻宣传方案”，中心业务一线全体采编人员及党员干部全部放弃节假休息，立即投入到各自岗位，确保从前期策划到一线报道，从编辑、制作再到终端发布，宣传报道工作各道环节流程有条不紊、忙而不乱。作为全国媒体融合先导单位，银杏融媒在县级媒体中率先启动了全平台疫情防控宣传，旗下的广播、电视、报纸、新媒体各平台春节期间不停播、不停刊、不断推，相继开设了“战疫特别报道”“众志成城　抗击疫情”“人民战‘疫’党旗飘扬”“战疫情·志愿者在行动”“战疫情·一把手在一线”“战疫情·人大代表在一线”“疫情通报”“疫病防控早知道”“健康贴士”等多个专题专栏，精准聚焦全市疫情防控动态，及时回应群众关切，广泛凝聚社会合力，全面打响疫情防控宣传战。战“疫”令下，全媒体记者更是努力克服防护用品急缺的困难，主动请战深入疫情

防控最前沿,在一线锤炼“四力”,在一线淬炼责任担当,他们用镜头、声音和文字报道信息、解读政策、展示举措、传递温暖、记录感动、鼓舞斗志,成为这场没有硝烟战斗中的最美逆行者。

二、“硬核”出击　发出战“疫”最强音

围绕疫情防控,银杏融媒主动发力、积极作为,整合台、报、网、端、微等各平台的资源优势,发挥各自传播特点,全方位、多角度、深层次加强舆论宣传引导,推动新闻宣传工作更加精准高效地服务于全市疫情防控工作大局。

坚持发得“快”,强化移动优先。疫情当前,推进信息公开透明、稳定群众情绪、杜绝谣言产生,是疫情防控宣传工作的首要任务。为此,我们优先利用新媒体“两微一端”平台,实现重大新闻、重要通报第一时间快速发布,24 小时滚动更新,第一时间发布疫情防控的权威通知通告,第一时间转发疫病预防科普知识,第一时间报道本地防控工作最新动态,第一时间开通手机客户端图文直播,凡与疫情相关的采访,1 小时内完成新媒体平台信息推送,当天的采访实现所有媒体平台当天播(刊)发,突显新闻报道和信息发布的时效性。截至 2 月 16 日,银杏融媒各平台总计播发、推送相关消息、通报、图文 1200 余篇。特别是以“邳州银杏甲天下”APP 为核心的“两微一端”平台,推送各类图文、视频 600 多条,其中,策划播出的邳州重大项目按下“加速键”跑出“加速度”,我市开展“云招商”创新招商引资新模式,23 条惠企政策为企业复工复产保驾护航,企业陆续复工复产,港口码头复工复产,各镇区街道部门单位为企业复工复产开展“四送一服”等服务这些主题报道,一经播出后反响强烈、反映良好,受到了社会各界的充分肯定和普遍好评,取得了较好宣传效果。“邳州银杏甲天下”APP 已成为邳州市民第一时间获取权威信息、了解本地防控动态的主渠道、主窗口。

确保发得“准”,回应群众关切。围绕疫情防控工作推进节点和社情民意焦点,我们优先采编刊发针对性强的稿件,让每一条稿件都成为准确传达指令、全面反映动态、科学普及知识、及时回应关切的“指挥棒”。大年三十,就在市民对新年来临之际如何应对疫情还有所迟疑的时候,“邳州银杏甲天下”微信公众号迅速推出“邳州关于加强新型冠状病毒感染的肺炎疫情防控工作的通告”,一个小时里点击量迅速突破 10 万+;随着群众对疫情防控的逐步重视,我们先后编发了《少外出,不聚集! 邳州全民响应全城严防战疫情》《病毒来了不要慌,注意卫生勤洗手》等推文,及时让群众了解防控要点;疫情严峻,少部分市民担心物资供应不足开始抢购,我们迅速跟进采写了《市民放心! 邳

州“菜篮子、米袋子”量足价稳》调查报道，如实反映各大商超及农贸市场物资储备供应情况，用客观真实的报道稳定了人心。

突出发得“精”，挖掘新闻亮点。疫情防控阻击战开始后，一线有大量的新闻等着我们去报道，如何最大限度地用好有限的人力将宣传报道工作做得有声有色？我们采取的措施是：发挥银杏融媒各平台优势，聚焦全市疫情防控动态，及时发布应急通告，报道防控一线典型事迹，宣传相关科普常识，通过强化选题意识、加强新闻策划、抓住民生关切，让新闻报道更具贴近性、更具感染力。第一时间报道全市统筹推进新冠肺炎疫情防控和经济社会发展工作部署会议、调研城建重点项目复工、调研农房改善项目建设、调研现代服务业复工、隔空签约确保招商引资不断链等全市性两手抓、两手硬、两不误做法，围绕贯彻落实市委、市政府决策部署，加强策划，及时跟进，为抗疫情、稳生产营造了良好舆论环境。其中，《抗疫情保民生！市长牵挂着这些事儿》《顶得上，靠得住！“一把手”战疫在一线！》《听！来自战“疫”一线的铮铮誓言》等报道，聚焦全市党员领导干部在防控一线的责任担当；播发《不戴口罩不要乱跑，小心邳州无人机飞你、大喇叭喊你！》《柔中带刚的社区网格员武娜》新闻特写，展现基层群防群控、联防联控的经验做法；我们采写了《白衣伉俪的最美逆行》《两个人的婚礼，夫妻并肩的战“疫”》《是伴侣也是战友，双警家庭“双份”坚守》等人物通信，为抗疫一线的典型人物点赞加油；我们穿上隔离服，深入一线的最前沿，发回《探访邳州医学隔离观察区，这位小姐姐瞒着父母上了疫情防控最前线！》《与时间赛跑的疾控卫士》等深度报道；我们制作了《一样的邳州，不一样的空城》《风雪中的坚强的你，美得让人心痛！》等短视频，开设“前线日记”，全平台发布我市在武汉的医护人员日记，全面展示邳州众志成城战“疫”情的磅礴力量。一大批有点有面、有深度、有影响力的作品引发了群众的广泛共鸣，也有效提升了银杏融媒的传播力、影响力、感染力。

力求发得“强”，拓展外宣深度。评论是媒体的旗帜和灵魂，是媒体引导舆论、影响社会最直接、最有力的方式。银杏融媒在疫情防控宣传中高度重视评论的导向引领作用，坚持融媒体中心编委会集体策划、深入讨论、精心撰写，先后推出《此刻，我们唯有众志成城》《此刻，我们唯有坚定信心》《此刻，我们更应有所作为》《此刻，我们唯有不懈奋斗》《此刻，我们共同战斗，静候春来！》等战“疫”系列评论，树起舆论“风向标”，广泛凝聚起全社会同心抗疫的共识。同时，积极扩大外宣，展示邳州作为和邳州力量，截至 2 月 16 日，累计在徐州市级以上媒体推出报道 244 篇（条），省级以上媒体 136 篇（条），中央级媒体 54 篇（条），其中，《战“疫”场上的青春之歌》《在共同战“疫”中凝聚一心》《邳州党员筑成防控“红色长城”》先后在人民日报客户端、新华社客户端、学习强国平台上宣发。

三、矩阵发力　突显新型主流媒体担当

作为邳州市委、市政府信息发布的官方平台和第一出口，银杏融媒积极利用媒体资源优势，坚持移动优先、融合传播、多点推送报道方针，全力做好舆论引导和精心服务。

新媒体传播矩阵共同发力。围绕疫情防控宣传，充分发挥新媒体传播矩阵的协同优势，建立手机客户端24小时滚动播报、微博择优发布、2个微信公众号错时推送、今日头条同步编发、抖音有效补充的全天候、全平台、全覆盖的传播模式，每天推送疫情防控相关报道60余条，单篇阅读量达到10万+的有8条，全平台日均阅读量达35万人次，同比增长近3倍。“邳州银杏甲天下”手机客户端发起的“众志成城抗疫情”24小时图文直播行动，全天候记录抗疫一线动态，累计滚动图文直播220余条，在线观看点击量达23万人次。通过航拍、微记录、公益广告等多种形式，创新报道视角，呈现我市两手齐抓、统筹战“疫”的风貌与气象，全景展示邳州复工复产的勃勃生机。

主题短视频鼓舞抗“疫”斗志。银杏融媒短视频工作室利用“两微一端”自有平台和抖音短视频平台，先后制作了短视频100多条，拓宽视野、创新视角，及时发布邳州疫情通告、报道防控一线典型事迹、宣传相关科普知识。“银杏融媒”抖音号疫情期间全网点击量突破一个亿，其中过百万的短视频10条，最高单条点击量840万，《一样的邳州，不一样的空城》短视频全网观看量100多万人次，公众号阅读量24小时突破10万+，有效激发了全民参与、全民战“疫”的热情，为坚决打赢这场疫情防控阻击战营造了良好的舆论环境。在2020年2月份全国县级广电微信公众号百强榜中，“邳州银杏甲天下”微信公众号排名第59位，“无线邳州”位列第73位。

在线互动平台助力群防群控。为更好地助力疫情防控，银杏融媒在“邳州银杏甲天下”APP开通“防控报料”平台，发动市民对不配合、不作为、囤积居奇、哄抬物价等行为进行在线举报，市防疫指挥部根据线索进行集中督办，截至目前，已累计征集重要线索120余条，处置率达85%以上；推出“在线问诊”“实时疫情”互动平台，方便群众快速了解疫情信息、免费在线问诊、获取疫情防控相关知识；开展“万众一心 抗击疫情”主题文艺作品征集、晒出你的花式“宅”生活等线上活动，发动群众参与文艺创作，分享抗疫心得，鼓舞抗疫斗志，坚定抗疫信心。

综合服务平台助农解难题。依托线上平台，联合市人社局开通网络招聘平台，举办线上招聘会，目前，已发布近200家企业6000多个岗位需求，2000多名应聘者通过平台在线投递简历。在做好疫情防控宣传工作的同时，我们充分发挥县级融媒体中心综合服务平台的作用，积极服务群众、服务三农。受此次疫情影响，邳州市碾庄、港上两镇草莓严重滞销，果农一季的收益眼看着就要“泡汤”。得知情况后，邳州银杏融媒立即组织团队策划并启动“抗疫助农草莓行动”，利用全媒体平台及抖音、快手等媒体号，通过新闻报道、微信、短视频、H5等形式发出求援呼吁，同时在银杏融媒“嗨邳州”电子商城开启绿色助农通道，全力帮助菜农走出滞销困境。自2月10日启动线上销售后，吸引了来自徐州、淮安、南京等全国多地的草莓批发订单，仅第1天就销售5000余斤，邳州草莓一度从滞销品变成畅销品。截至2月16日，短短6日总销量已突破2万斤，为果农挽回经济损失约15万元。我们还策划开展了网络购房购车、服务本地企业的招聘会、助力商贸零售行业去库存、本地农特优产品进驻商城、完善健康医疗产业线上服务系统（医视频、名医在线、孕婴护理、养老服务、医疗保健等）、外部平台开展在线教育（差异化、特色化）等活动，鼓舞全市人民同舟共济，坚决打赢疫情防控阻击战。在此次疫情防控工作中，邳州广电台“在你身边”党员志愿服务队充分发挥党组织战斗堡垒作用和党员先锋模范作用，协助物业人员执勤防控，向居民宣传疫情防控相关措施，提高防疫意识，为基层疫情防控工作提供了高效有力保障。

战“疫”还在继续，目前疫情防控形势依然复杂严峻，企业复工复产工作也在积极有序推进，彻底打赢这场没有硝烟的阻击战，既是媒体融合进程中对融媒人才的一次大练兵，也是对“中央厨房”策、采、编、发全流程再造的一次考验，更是对正在接受验收的县（市）融媒体中心的一次实践检验。邳州银杏融媒有决心、有信心应对这次大考，也有能力、有智慧在属于我们的阵地上打赢这场战“疫”，期望以优异的成绩交上一份满意的答卷，更好地彰显媒体融合发展成效。

全媒体矩阵共鸣 全方位助力抗疫

——江干区融媒体中心深度融合发展的实践与思考

杭州市江干区融媒体中心 沈 健 孙 蓉

杭州市江干区融媒体中心自 2019 年 6 月 18 日挂牌成立以来，坚持以习近平总书记关于推动媒体融合发展、构建全媒体传播体系的重要论述精神为指引，强化全媒体思维，坚持移动优先理念，积极打造“一心四库九端百点”全媒体传播矩阵，基本实现“一次采集、多种生成、全媒传播”，努力形成内容、渠道、平台、管理互通共融的一体化发展格局，在围绕中心、服务大局中找准新定位，在弘扬主旋律、壮大正能量中展现新作为。

新冠肺炎疫情防控工作开展以来，江干区融媒体中心全面贯彻落实习近平总书记指示精神和中央、省市各项部署要求，第一时间启动应急机制，吹响战“疫”集结号，主动发力发声，权威打谣辟谣，助力复工复产，为江干夺取“战疫情、促发展”的“两战全胜”营造良好氛围、凝聚强大合力。截至 6 月 30 日，江干区融媒体中心在各平台、端口开设“战疫情、促发展”专栏（专题），报纸、新媒体总计推送稿件 5470 余篇（条），阅读量超 1 亿人次，获赞 180 万余人次。其中，“江干发布”抖音平台推送的《高速彭埠、德胜防疫检查点正式撤离》短视频点击量超 1750 万人次，获赞 63.9 万余人次。

一、做法与成效

统筹做好新冠肺炎疫情防控和经济社会发展，既是一次大战，也是一次大考。围绕“战疫情、促发展”主题主线，江干区融媒体中心充分发挥媒体融合传播优势，整资源、建机制、统口径，全面推进疫情防控和复工复产新闻宣传，确保舆论氛围浓厚、舆情引导有力、凝聚合力有效，在江干夺取“两战全胜”、高水平建设小康社会进程中彰显媒体担当、贡献媒体力量。

1. 统筹布局、全媒联动，一盘棋推进抗疫宣传

坚持全媒体、一盘棋思维。整合原有政务发布矩阵、辖区新媒体联盟等“1

＋50＋100”新媒体资源，成立浙江日报报业集团县级融媒体中心共享联盟江干工作站，发挥媒体矩阵联动发布优势，形成同频共振的抗疫舆论声势。坚持打造品牌、建设平台的统筹推进。重点打造“江干发布”微信、微博、APP、抖音号等新媒体端口，建设“江干发布”APP“新闻＋党建＋政务＋服务＋文化＋文明”综合服务平台，打通媒体融合的“最后一公里”，在防疫形势下实现零距离服务群众、引导群众。坚持宣传引导、舆情研判“双线并进”。加大对街道、部门指导力度和力量整合，建立每日专项信息流转会商机制，拟定对外宣传要点和口径，研判“疫情、舆情、社情”，助力科学决策，确保指令畅达，形成“一个步调”“一个声音”“一个合力”的疫情防控宣传态势。

2. 移动优先、矩阵宣传，全方位营造抗疫氛围

坚持“移动优先”，重点在“江干发布”微信、微博、APP、抖音号、手机报发力，协同《江干报》、江干新闻网等媒体，形成多层次、多声部全媒体传播矩阵。坚持“内容为王”，按照“高站位、小切口、线上推”思路，率先申请开通“江干发布”微信公众号一日六推，江干手机报、“江干发布”APP、官方微博、抖音号、头条号、微信朋友圈等区融媒体平台加快更新，通过图文、短视频、H5、一图解读等方式，共推送抗疫相关稿件5470余篇(条)，阅读量超1亿人次，获赞180万余人次。坚持“发力短视频”，重点打造“江干发布”抖音号，开设《抗击疫情 江干在行动》视频合集，共计制作推送疫情信息、权威政策、防控案例、复工复产、基层典型、感人故事、防护科普、抗疫MV、志愿Vlog等正能量短视频作品239条，其中制作推送的《高速彭埠、德胜防疫检查点正式撤离》短视频单条观看量超1750万人次，获赞63.9万，收到评论私信180余条，转发4万人次，增粉4.5万人次，网友留言表示该视频有力提振了大家抗击疫情的信心和决心，对杭州防疫工作和社会治理模式表示赞许。同时，大力宣传基层先进典型，先后推出韦长春等抗疫感人事迹134个，凝聚起抗击疫情的强大正能量。

3. 及时响应、权威发声，全过程引导抗疫舆情

江干区融媒体中心从1月23日起实行一级响应，全天候监看、引导抗疫相关舆情，处置涉及江干的网上舆情125条，开展网评引导5万余人次。针对网上东站未实行体温检测、公交司机被感染等谣言发布32条原创辟谣信息，获各大新闻单位转载，累计阅读量48万余人次，较好回应了社会关切。同时，围绕党建、脱贫攻坚、复工复产、助残帮困等领域，组织区互联网协会党委和成员单位积极参加省委网信办举办的“窗口——身边的党员”短视频大赛。遴选推荐的《辟谣言、传能量、促旅游 江干党员网聚力量“疫”战到底》和《从“一县

一品"到"每日一品"贝贝集团党委助农有妙招》分别获得一等奖和三等奖。短视频全面展现了我区互联网业党组织的战斗堡垒作用和党员的先锋模范作用,为疫情防控、复工复产营造了良好的网上舆论氛围。截至6月30日,2条短视频分别在天目新闻客户端点赞量达5.3万人次、5万人次。

4. 拓展功能、输出技术,多渠道发挥抗疫职能

在聚力做精做强新闻主业基础上,江干区融媒体中心既做好舆论引导工作,又努力发挥政务服务作用。在疫情防控期间,不少外地未返杭人员通过各媒体端口询问防控政策、如何入杭等问题,后台编辑人员第一时间收集问题,移交相关部门、街道,获得权威反馈后,对网友关注的问题进行耐心细致解答,累计回复群众关切问题745条。同时,积极与辖区人民医院、行政审批服务中心合作,制作一批个人防护小窍门、网上办事流程等服务类短视频,以通俗简短的图文、视频,引导居民宅家防疫、网上办事。作为站在新技术前沿的媒体单位,江干区融媒体中心坚持技术驱动,积极对外输出"融媒技术",主动承担起疫情以来全市首个新建项目物产云商产业园"云开工"及入园项目"云签约"视频连线技术联调和技术保障等工作,通过运用5G技术,确保各会场(江干区政府、彭埠街道开工现场、物产云商总部大楼)三方连线顺利完成。此外,区融媒体中心在疫情防控、复工复产期间,积极为各街道、有关单位运用无人机、短视频、H5等新技术做好宣传工作提供专业支持。

二、经验与体会

习近平总书记指出:"随着形势发展,党的新闻舆论工作必须创新理念、内容、体裁、形式、方法、手段、业态、体制、机制,增强针对性和实效性。"在推动媒体深度融合发展的过程中,我们必须坚持守正创新,在旗帜鲜明坚持正确政治方向、舆论导向、价值取向的同时,开拓创新、勇于实践,推动媒体融合发展不断取得新突破、新进展、新成效。

1. 坚持党管宣传,确保正确导向

要贯彻党管媒体原则,坚持团结稳定鼓劲、正面宣传为主,善于运用全媒体时代的新语境、新方式、新手段,让群众听得见、愿意听、听得进,提升主流意识形态正面宣传的传播力、引导力、影响力、公信力;要善于处理媒体危机,合理化解矛盾,及时变被动为主动,特别是应对突发事件、重大事件,要及时、主动、准确发布权威信息,牢牢把握舆论引导的主动权、主导权,做到关键时刻不失语、重大问题不缺位。

2. 坚持目标导向，强化用户意识

要把媒体深度融合行动作为一项重要任务，坚持一体化发展、全媒体传播目标，精心谋划方案，细化时间表、路线图，实施“一项目、一方案”，明确责任分工，严格按照工作节点推进；要增强用户意识、受众意识，讲究新闻宣传“时度效”，及时梳理基层一线工作亮点，针对优质选题加强主题策划，用群众喜闻乐见的语言、易于接受的方式，加强个性化制作、可视化呈现、互动式传播，提升内容的阅读率、点赞率、转发率；要拓展服务功能，做好“新闻＋”文章，提升服务有效性和实用性，不断增强平台、端口的用户黏性。

3. 加强统筹协调，形成融媒合力

媒体深度融合发展是一项系统工程，也是一个崭新的时代课题。要坚持以“融”为本，进一步推进平台、流程、管理、队伍一体化发展，积极构建融为一体、合而为一的全媒体传播格局；要统筹各级媒体平台，抓住媒体融合移动化、视频化、社交化、平台化趋势，坚持微博、微信、客户端、抖音号、头条号、手机报等各端口同频共振，形成矩阵传播、全媒共鸣的宣传声势；要创新机制体制，积极整合各级、各有关单位宣传资源，发挥协同效应，形成宣传合力，共同推进媒体深度融合发展。

三、思考与深化

6 月 30 日下午，中共中央总书记、国家主席、中央军委主席、中央全面深化改革委员会主任习近平主持召开中央全面深化改革委员会第十四次会议强调，推动媒体融合向纵深发展，要深化体制机制改革，加大全媒体人才培养力度，打造一批具有强大影响力和竞争力的新型主流媒体，加快构建网上网下一体、内宣外宣联动的主流舆论格局，建立以内容建设为根本、先进技术为支撑、创新管理为保障的全媒体传播体系，牢牢占据舆论引导、思想引领、文化传承、服务人民的传播制高点。

下一步，江干区融媒体中心将深入贯彻落实习近平总书记关于推动媒体融合向纵深发展、构建全媒体传播体系的重要论述精神，坚持移动优先策略，在机制建设、平台拓展、内容优化、合作深化、队伍提升五个方面做好深度融合文章，集区域主流舆论阵地、综合服务平台、社区信息枢纽等功能于一体，打造全省领先的新型城区融媒体中心，更好地引导群众、服务群众，助力江干基层治理体系和治理能力现代化建设。

1. 加强机制建设，提升工作执行力

坚持规范化、标准化管理理念，探索建立规范、高效、灵活的运行机制，不断提升媒体融合发展质效和水平。一是加强新闻宣传工作过程性管理。每月制发新闻宣传要点提示，进行月度计分统计、通报，根据阶段性工作重点，指导各单位有计划、有步骤地开展新闻宣传工作，为江干经济社会发展营造良好氛围、提供舆论支持。二是强化融媒体中心管理。围绕一体化发展目标，完善内部工作机制，实施规范化、项目化、清单化、全流程管理，提高工作统筹力和执行力。三是完善重大突发事件处置工作机制。健全新闻发言人制度、工作通报制度、突发事件报道协调机制、媒体采访接待服务机制，完善重大突发事件新闻发布和社会舆论引导工作机制。

2. 拓展“新闻+”功能，提升平台粘合力

在做精做强新闻主业基础上，做好“江干发布”APP“新闻+”文章，着力构造数字化、智能化主流移动传播平台。一是打造“新闻+党建”服务平台。整合党委部门资源，上线江干党建、理论微宣讲、清廉江干、江干统战等版块，推动党的建设由“一时一地”拓展为“随时随地”。二是打造“新闻+政务”服务平台。增设最多跑一次、招商资源、人才服务、便民服务等频道、版块，打造贴近群众、服务群众的线上新平台、新窗口。三是打造“新闻+文化”文明服务平台。联合江干区文明办，推出线上文化文明实践活动平台，助力江干新时代文明实践中心建设。

3. 优化内容生产，提升传播影响力

坚持“内容为王”，创新短视频、新媒体产品制作，构建有吸引力、影响力的“一心四库九端百点”全媒体传播矩阵。一是坚持移动优先。持续做优做强江干发布“两微一端”和抖音平台，做到重大信息、重要新闻、重点公告第一时间在移动端媒体发布。二是重点发力短视频。坚持“高站位、小切口”思路，精心制作群众喜闻乐见的系列短视频产品，通过融媒体各渠道进行有效分发，着力打造杭州城区一流时政短视频 IP。三是加强“四库”建设。以江干区融媒体中心为“核心”，整合辖区各级各类新闻资源，丰富全区图片、文字、视频、音频四个资料库，打造可检索、可共享的区域多媒体资源库。

4. 深化多方合作，提升资源融合力

充分发挥自身优势，与主流媒体、辖区单位联动互动，实现资源整合、力量融合，进一步放大宣传效应。一是加强与主流新闻媒体合作。深化中央、省市主流媒体常态化合作，以主题策划为抓手，进一步凝聚区内外宣传报道合力，

讲好江干故事，展示江干形象。二是加强与辖区单位合作。依托“立体式宣传”工作机制，统筹调配辖区各级各单位宣传阵地资源，形成全区上下同频共振的宣传声势和浓厚氛围。三是加强与新媒体平台合作。进一步推动全区政务新媒体在网络新平台广泛布局、入驻深耕，拓展互联网舆论场新阵地，提升江干新闻宣传的传播力和影响力。

5. 加强能力建设，提升队伍战斗力

高度重视融媒体人才队伍培育和储备，整合资源、拓宽渠道，打造政治过硬、业务精湛、作风优良的全媒体人才队伍。一是加大通信员队伍培训力度。通过定期召开新闻例会和专题业务培训会，及时互通信息，加强沟通对接，整体提升基层通信员队伍业务能力。二是加大区融媒体中心工作人员培养力度。深入开展“四力”教育实践活动，切实增强思想自觉、行动自觉，主动适应媒体融合发展的时代需要，培育具有互联网思维、适应媒体融合发展的新型人才队伍。三是构建全媒体人才库。依托辖区文化文艺类社会组织，充分发挥文学、书画、摄影、摄像、戏剧等团队创作力量，为媒体深度融合提供广泛人才支撑。

项城融媒:做强主流舆论　做大服务平台

河南省项城市融媒体中心　田维林

后疫情时代,项城市融媒体中心坚守初心使命,快速转变思路,把服务贯穿于宣传、发展之中,做强主流舆论,做大服务平台,探索出一条县级融媒体中心发展的新路径。

一、做强主流舆论,助力复工复产

在国内疫情防控形势逐步向好的当下,一手抓疫情防控、一手抓复工复产是各地面临的新考验。特别是在后疫情时代,项城市融媒体中心精准落实、落细、落地以习近平同志为核心的党中央各项决策部署,围绕"六稳六保",以多种形式加大宣传,助力企业复工复产。利用图文、短视频、H5、直播、音频等多种方式,积极报道全市在服务企业复工复产方面推出的新政策、新举措以及不少优秀企业的先进做法,着力营造统筹推进一手抓疫情防控、一手推动企业复工复产的宣传舆论环境。全媒体开设《复工复产加速度》《政策解读》《复工指南》《复工复产进行时》《在一起》《打工直通车》等16档栏目。从解读习近平总书记关于复工复产"非常攻略"的解读,到节目为企业复工复产提供"参考书"和"定心丸",通过宣传复工复产进行精准扶持,政企联络共谋发展。累计采编发与复工复产有关的各类信息3000多条,助推了全市有序推进复工复产、复商复市。截至目前,全市企业复工率达到了100%。

开设《复工复产会客厅》系列报道,项城融媒主播邀约各职能部门负责人32人次做客演播厅,畅谈如何帮助企业壮实力、添动力、挖潜力、注活力的生动故事;开设《打工直通车》节目,为76家企业发布用工需求,27000多名员工成功"牵手"企业并稳定就业,给出"量体裁衣、精准施策"的招聘良方;《"项"往的生活》邀请353位老人体验敬老院服务;网上举办了家政服务公司培训12场次,点击量达70多万次;举办项城贾岭招聘会专场,项城融媒牵线11家企业入村帮贫困户想办法在家就业致富。

二、举办周末集市,助力复商复市

项城融媒研发的“圈本地”已入驻商家2560家,把项城优质的吃喝玩乐商家一网联通。“圈本地”可以让人捡便宜、得实惠,受到项城人的追捧。充分利用这一优势,聚合商家举办“周末集市”,利用周末、节假日,汇集这些优质商家,规划摊位,包括小吃、衣服,以及生活用品等,在“圈本地”派发优惠券1000万元,通过线上直播、线下销售,刺激地摊经济复苏。在周末集市可以看演出、品美食、购买实惠的物品,群众很喜欢。

“五一”期间,项城融媒推出“美食节”“畅游节”大型消费活动,线上线下直播互动,10000张价值10万元的美食畅游券,在2小时直播中发放一空。

通过项城融媒全媒体传播渠道,创新营销手段,点亮“周末集市”消费节标签,让项城的“地摊经济”大放异彩。

三、全媒体宣传,助力脱贫攻坚

项城融媒尽锐出战,全线打响。全媒体开设《决胜脱贫攻坚》《决胜小康奋斗有我》《扶贫Vlog》《脱贫故事》等22个专栏。派出近30人的采访团队进村入户,聚焦一线,记录精准脱贫之路,讲好脱贫故事。全方位宣传全市脱贫攻坚政策、措施和成效,深度挖掘报道脱贫一线干部群众典型事迹和感人精神,在全市上下形成决战贫困、决胜小康的强大合力和浓厚社会氛围。报道了“最美婶子”荣翠梅照顾智障的侄子、侄女,身残志坚李亚东脱贫“摘帽”、养殖让王化军解开“贫困锁”等一系列鲜活的报道,照亮了脱贫攻坚之路,并在全媒体进行播发,目前累计观看量80万人次。

开展了“我身边的小康”“全面小康殷实家园”网络宣传和百姓访谈,已举办36期全媒体直播云视频《决战决胜 项城市脱贫攻坚誓师大会》,全市有60万人次在线观看会议实况。对全市各单位、各镇的脱贫攻坚工作进展情况进行直播,目前已直播260次,奏响了脱贫攻坚最强音。

2020年以来刊播脱贫攻坚的新闻稿件达300多篇,组织拍摄了《我们和第一书记》快闪,在新媒体播放量有77万,为全市脱贫攻坚增强了信心。以新媒体直播形式扩大扶贫的影响力,举办藤编大赛、好媳妇、好婆婆、农村人居环境改善等活动,都进行直播。2020年以来,直播脱贫攻坚活动达127次。

四、开通直播带货,打通精准脱贫最后“一厘米”

2020 年是决战决胜脱贫攻坚之年。项城市融媒体中心用传播为农产品进行品牌赋能,用直播为贫困户产品带货,通过直播带货、电商推广、渠道对接等多种方式,解决精准脱贫的“最后一厘米”。

通过“圈本地”端口和大数据供应链管理,形成了线上直播、线下营销的扶贫新模式。直播间设在田间地头、工厂车间,各镇办书记镇长为本地贫困户产品进行“代言”直销。高寺镇党委书记任梅为该镇张老家行政村脱贫户张国红带货变蛋和红薯粉条,直播 1 小时销售 652 箱变蛋和粉条,点赞 4356 次,抖音播放量达 15.8 万。郑郭镇党委副书记冯寓为张国勋种植的西瓜带货,直播 1 小时销售 2200 斤,点赞 3432 次,抖音播放量达 12.6 万。邀请网红大 V 走进扶贫一线,集中推介特色产品。永丰的粉条、丁集镇的大棚蔬菜、贾岭镇的黑豆等,通过直播全部售出。目前,已经直播 226 场次,为 123 位贫困户直播带货,销售收入 160 多万元,受到贫困户的称赞。

同时组织大型商超与贫困户对接,贫困户农产品直接进入超市,解决了农产品销售难题。目前,已有 22 家大型超市成为贫困户的销售渠道,使他们长期稳定脱贫。

五、建立服务平台,实现快速转型发展

创收是县级融媒体发展的源动力。因为疫情,县级融媒体中心普遍遭遇收入困难,连续几个月可能“颗粒无收”,无疑会令本就困难的县级融媒体雪上加霜。但是,项城融媒体中心在疫情期间敏锐地意识到疫情带来的问题严重性,立即转型,积极向服务政府转变,建设了扶贫大数据、农村改厕和智慧环保监管大数据平台,政府相继投入 1000 多万元,我们的收入不但没有受到影响,而且同比收入大幅提升。

创立网红孵化平台。以直播销售及网红带货的方式销售产品,成为我们收入新的增长点。创立网红孵化基地,在项城融媒体建立创客吧,汇集全市的网红大咖,培育本土网红达人,为项城特色产品代言,借助时下最热门的网红直播、短视频推广、网红带货,实现网红经济效益。目前,已经汇集全市网红 32 位,培训两期 86 人次。

建立扶贫大数据平台。平台对全市镇容镇貌、村容村貌、贫困户的户容户貌、贫困户享受的政策、帮扶单位、帮扶人、第一书记等信息进行视频采集,对

教育、医疗、人社、金融、民政、住建等22个职能部门政策进行采集,上传扶贫大数据平台。一户一个二维码,通过手机扫码,就可以随时随地查看每个镇的贫困村的道路修建、坑塘改造、文化广场等情况,可以看到贫困户的户容户貌改造情况,贫困户享受的政策,以及脱贫成效。可以和贫困户、帮扶责任人、第一书记视频通话,了解帮扶责任人走访帮扶情况和贫困户情况。对于集中供养或者身心疾病集中救治贫困户,可以和贫困户负责人或医生通话,随时掌握贫困人员情况。也可以通过上传视频了解全市脱贫攻坚动态。

扶贫大数据和扶贫办、民政局、卫健委、银行等职能部门数据打通,能够及时掌握贫困户的收入、务工、享受政策等情况,实现了精准管理、精准扶贫、精准脱贫,让党员干部从档卡管理中解脱出来,把更多的精力转到扶贫中来,也为市委、政府决策提供了科学依据,有效助力脱贫攻坚战。

平台横向与行业部门政策数据互联互通,纵向与省网平台互联互通,面向市、镇、村三级扶贫工作人员使用,平台建设作为项城市工作模式创新,建立长效机制,提升全市脱贫攻坚水平和工作效率,切实减轻工作负担,凝心聚力激发贫困群众内生动力,主攻产业就业,努力实现精准脱贫,同奔小康目标。

建立“厕所革命”大数据平台。在农村改厕中,项城市融媒体中心记者从规划、设计、施工全程监督,发现问题,立即曝光,并上报市委政府。严格的督查使项城的农村改厕完成率达100%。

建立“智慧环保”大数据平台,构成“线上千里眼监控,线下网格员联动”的环保监管模式,实现环境管理的“随时看、随时办、随时管”。2019年,项城市优良天数230天,位居周口第一。

六、开展在线公益课堂,建立融媒共同体

后疫情时代,正处媒体融合关键期。县级融媒体该如何建设?突破点在哪里?项城市融媒体策划组织了“在线公益课堂”,以云视频会议的形式,进行网上培训,帮助县级融媒体加快建立全媒体传播体系,建立融媒体新型经营模式,推进“全员转型”。

根据县级融媒体建设需要,结合项城融媒体建设经验和实践,开设运营基础、技术赋能、经营增长等系列课程,分享项城融媒在防疫抗疫、复工复产、脱贫攻坚中的做法,以及融媒体在后疫情时代的危与机、经营创收等内容;邀请行业大咖组成智库,设置电商直播、经营创新、公益活动等,由相关专家授课。“在线公益课堂”受到县级融媒体的欢迎。目前,已经举办培训7期,在线观看达16万人次。和“泉灵语文课”深度合作,在线服务项城的孩子,提升了孩子

写作、阅读、表达等能力。

未来,项城融媒将携手其他县级融媒体,建立一个县级融媒体共同体,实现内容、广告、运营、数据、商业渠道等共享服务平台,实现县级融媒体的协同发展。

香河融媒：大“疫”面前“赶考行”

河北省香河县融媒体中心　史长城

2020年，庚子之春突发“新冠肺炎”疫情，并迅速形成蔓延之势。面对突如其来的“新冠疫情”防控战役，以习近平总书记为核心的党中央全面安排部署，全民积极参与，叫响“疫情就是命令，防控就是责任”！

这场疫情防控战役，对香河县融媒体中心而言，面临的是挂牌以来的第一次应急“大考”。做为党的最基层宣传阵地，如何积极宣传引导群众正确应对疫情、做好科学防控，是对县级融媒体的一次实战考验。按照县委的统一部署，香河县融媒体中心迅速启动突发公共事件报道和应对机制，成立了疫情防控宣传工作领导小组，第一时间吹响了疫情防控阻击战的“集结令”，在春节假期要求一线编辑记者全部取消休假，立即返回工作岗位。中心第一时间成立疫情宣传报道小组，实行24小时值班制度。新闻中心、《新香河》编辑部、新媒体中心和广播电台所有编辑记者，采取采编前后联动的报道模式充分做好宣传报道各项工作，形成无缝对接。在报道中，利用多媒体、多渠道面向公众及时发布疫情信息、普及防疫知识、宣传抗疫部署、辨明谣言与真相，有效引导舆论，及时报道县委政府主要领导同志面对突发疫情，第一时间深入一线靠前指挥，带动广大党员干部与群众一起，迅速形成防控抗疫合力。营造了全县科学防疫、全面抗疫，及时准确与京津冀实现疫情防控信息资源共享的良好氛围。融媒体中心全媒体发布，广覆盖宣传，为有效遏制疫情，提高百姓正确应对水平起到了积极作用。

一、强化新闻敏感意识，努力在践行“引导群众，服务群众”上做文章

2020年1月19日，我在网上看到“北京大兴区确诊两例新型冠状病毒感染肺炎”病例的报道，做为一名新闻工作者、融媒体中心负责人，职业的敏感使然，第一时间意识到这个庚子开年突发的疫情离我们已经很近。做为县域内的官方媒体，正好检验县级融媒体是否能够真正落实好总书记提出的扎实抓好县级融媒体中心建设，更好引导群众、服务群众的作用。1月19日下午我

及时安排召开宣传骨干工作会议,要求第二天把准确做好疫情提示宣传列入报道日程。1月20日,香河融媒发布,在全市率先跟进发布了北京市大兴区出现新冠肺炎疫情确诊病例的消息。20日,我看到央视采访钟南山院士的报道,已经确定出现人传人的情况,提醒人们高度重视,要佩戴口罩和勤洗手,做好预防工作。21日,香河融媒微信平台把钟南山院士的疫情防控提示第一时间做了发布。1月24日是传统的大年三十,中心接到县委疫情防控工作领导小组安排要做好疫情科学防控宣传的指示,我们迅速启动了突发事件宣传应急预案,成立了疫情防控宣传工作专班,全员取消休假;第一时间联系卫生防疫专业人员,安排策划制作访谈节目。为保障节目宣传有效,大家现场策划,同步彩排,及时录制和制作。临近中午顾不上吃饭,大家渴了喝口矿泉水,饿了吃口方便面。在大家共同努力下,节目于除夕当晚第一时间安排播出,第二天全媒体平台同步发布,及时对广大群众做出了提示。

二、以“学懂 弄通 做实”做好权威发布,以“实际 实用 实效”助力疫情防控和经济社会发展

在此次新冠肺炎疫情防控宣传发动中,香河融媒充分发挥全媒作用,融合全媒力量,严格按照中央和省市县委安排部署,在助力“六稳”“六保”宣传上,制订宣传方案,在夺取疫情防控和复工复产“双胜利”上打好宣传引导牌。

疫情面前,作为融媒人首先要把对疫情宣传的主题和病毒的特性及防护的针对性学懂弄通,向大众科学准确传递信息,做好权威发布;要及时将党中央的决策部署和县委县政府的有力措施传播到千家万户;要统筹调动各类平台,融动大屏小屏,以第一视角、第一时间及时、立体、全面地发布疫情信息,多平台共推互助,统一口径和步调,稳妥发声。

香河县融媒体中心将电台、电视台、“香河融媒发布”微信公众平台、《新香河》报纸、“掌上香河”APP、“发现香河”抖音号等,聚合共振形成了一张反应迅速、形态多样、功能全面的应对突发公共事件的传播与动员网络。在报道中,通过融媒合力,以电视、图文、短视频、漫画、直播等形式,打响防疫融媒“分秒战”。医院、车站、高速路口、社区等疫情防控第一线,哪里需要哪里上,以最深情感传递党的声音,讴歌典型形象,鼓舞干群士气,弘扬社会正气,壮大了主流舆论声势,在疫情报道中发挥了稳定人心的“压舱石”作用。

具体做法是,各媒体矩阵平台及时开辟专栏,一线记者更是深入村街、社区、医疗单位、防控卡点进行采访,真实记录各条战线疫情防控开展情况,对全县疫情防控和复工复产工作进行集中、重点宣传,精准传达习近平总书记重要

指示精神，报道县主要领导深入各地检查指导工作情况，宣传全县各级各部门积极防控疫情的措施举措及社会各界广大干部群众的义行善举，大力弘扬先进人物不畏风险、逆行而上的勇敢无畏精神。充分展现香河县夺取疫情防控和经济发展双胜利的决心。

截至目前，新闻宣传中心记者采写关于全县疫情防控工作新闻210条，其中《河北香河企业加紧生产，全力保障防控物资供应》《众志成城抗击疫情 保供应 各地精准施策(香河宏远机械厂)》等新闻在CCTV1、CCTV4播出；省市台分别播发我县防疫相关新闻62条。

《香河融媒发布》微信平台累计发布《我的香河我的城 我们守护这座“城”》《我是党员我先上！ 这场战“疫”一定赢！》《致敬最美伉俪——有一种长情叫“并肩作战”》等60余篇有温度、有深度、有厚度的反映全县抗战疫情的原创文章。其中原创作品《春耕吹响“集结号”，香河战“疫”不误农！》在《河北日报》客户端刊发。

此次波及全国的重大突发公共卫生事件，不仅考验着媒体的突发应急快速反应能力，更体现出主题报道的策划引导能力、传播话语方式革新能力以及融合创新能力。媒体报道除了硬性信息的传播，更需要进行软性的情绪引导与情感抚慰，有度把握共情共鸣的手段与形式，凝聚社会共识，形成社会战“疫”合力。

香河融媒的抖音号“发现香河”在疫情防控期间，精心组织、策划、拍摄，制作了《大十五的吃什么方便面呀?》《共同战“疫”，香河在行动》《防控疫情，香河在行动，我们承诺》《责任与担当，孙兴忠，为你点赞》《我支持，最美逆行者》等17条短视频作品，总浏览量达2200余万，总点赞量近200万，评论500余条。其中，《大十五的吃什么方便面呀?》充分展现了香河一名普通的饭店老板为一线防疫人员免费送肉饼的感人事迹，引起了人民群众的强烈共鸣，单条播放量突破2500万，点赞超过160万，引起河北省广电局和河北省记者协会高度关注，分别在其官方微信平台向全省推介香河县融媒体中心疫情防控宣传的系统做法；同时先后有来自全国七个地方公安系统的官方抖音平台关注“发现香河”。随后，我们又策划了《为淅川特警送香河肉饼》的短视频，该视频点赞量3.2万，浏览量27.8万，与淅川特警有了很好的互动，同时也宣传了香河。

在武汉正式解封期间，新媒体中心创意产品生产团队精心谋划了《“香河肉饼”呼叫“热干面”》的原创信息，并以漫画、抖音等多形式展现。武汉热干面、香河肉饼都是以特色小吃代表地域，形象生动地展现了香河人民对湖北武汉的支持，独到的创意和暖心的风格深深打动了广大网友。该作品先后被“学习强国"、新华社客户端等媒体平台转发,引发强烈社会反响。

原创作品《战"疫"情,党旗红!》《香河光荣榜|战"疫"中,让爱心凝聚起磅礴力量!》《【共同战"疫",香河在行动】坚决打赢疫情防控阻击战!》《【致敬"橙衣卫士"】战"疫"场上的"逆行铁军"!》等一系列有温度、有深度、有厚度的反映全县抗战疫情的文章作品。先后被澎湃新闻、《廊坊都市报》、环京津新闻网、廊坊发布及央视移动网、央视频、人民日报人民号、新华社现场云等平台客户端多家媒体转载发布,为打赢防疫阻击战提供了坚强的舆论保障。

此外,《新香河》报纸累计为新媒体提供约400幅新闻图片,提供原创基层抗疫新闻故事十余篇,在新闻信息的采集和发布上实现了融合发展。香河人民广播电台FM105.6全天十二个半小时的节目中全部含有关于疫情防控知识解读,全县各行各业防控疫情新闻,疫情宣传标语、口号、公告、通告、辟谣等信息。同时利用诗朗诵、歌曲、快板、京东大鼓、散文、日记等多种方式播出原创作品,并利用抖音、蓝鲸直播新媒体平台同步宣传新冠疫情防控战役中涌现的可歌可泣的感人故事。蓝鲸直播每天在线点播率不低于1万人次。

三、注重总结疫情防控宣传经验,在不断"求真、求实中扎实助推县级融媒体健康有序发展"

疫情虽然来势汹汹,但移动化、社交化、可视化、智能化、平台化的运营机制让香河融媒反应迅速,沉着应对。做到了第一时间快速传达政令,发布权威信息,正确引导舆论,传播防疫知识,引导和教育民众服从安排、自我保护、自我防控。让人民群众能够客观地认识疫情、科学地预防疫情、冷静地应对疫情、有序复产复工,打通了疫情防控宣传的"最后一公里",奋力凝聚起全县共抗疫情的强大合力,为打赢疫情防控阻击战交上了合格"答卷"。疫情还未结束,"大考"仍在继续。香河县融媒体中心将牢牢把握"党媒姓党"的根本,坚持以人民为中心的导向,不断提升编辑记者政治素质和业务素质,增强脑力、眼力、笔力、脚力,讴歌新时代、唱响主旋律,真正发挥融媒体中心在基层宣传文化和舆论引导中的主导性、关键性作用,担负起引导群众、服务群众和举旗帜、聚民心、育新人、兴文化、展形象的历史使命,"赶考路上"用"心"交出人民满意的答卷。

生命重于泰山，疫情就是命令
——疫情下县级广播如何突围

山东省邹平人民广播电台　李凤丹　魏丹丹　张立波

创新是邹平人民广播电台的永恒的主题，这是一支敢于创新、勇于实践的团队，它是山东省县级联盟台第一个实现24小时不间断播出的广播媒体，它在2004年就成为全国首个县级可视广播，开启了与世界的连接。它还是对两会进行视频直播的第一家县级广播媒体。与时俱进，融合传播，我们一直在努力。

2020年，一场没有硝烟的战争，邹平广播人责无旁贷，尽职尽责，全力以赴。面对疫情，用我们的武器——广播频率FM91.1、应急广播、“掌上邹平”微信平台，用我们的优势——快速、及时、覆盖面广，最大程度地做好新冠肺炎疫情的相关宣传工作，让千家万户提高认识，注意防范，共同打赢疫情阻击战。

如果说，疫情防控对主流媒体也是一场大考，那在这个特殊时期的邹平人民广播电台融合FM91.1广播频率、应急广播、“掌上邹平”微信公众平台等则为受众提供了贴地、贴近、及时、权威的服务，发挥了主流媒体的广播应急功能，利用快速、便捷、及时、高效的优势，全力做好新型冠状病毒感染的肺炎的防控宣传。

一、坚守主流阵地，有为才能有位

面对严峻复杂的疫情防控斗争形势，作为媒体人深知第一时间将疫情防控的相关信息及时传达到城市乡村的角角落落对于打赢这场疫情的阻击战意味着什么。广播电台、应急广播、“掌上邹平”微信平台同时发声！抢时间，拼速度，用老百姓喜闻乐见的各种形式将信息进行传达。邹平人民广播电台FM91.1广播频率、应急广播、“掌上邹平”等各微信公众平台紧密围绕市委市政府的工作部署，以高度的责任感和使命感，做好疫情期间的舆论宣传报道，深入挖掘防控一线、企业生产一线涌现出的典型人物、典型事件、感人故事，同时加大企业复工、重大项目开工、重点民生工程的相关报道，统筹做好决胜全面小康、决战脱贫攻坚、经济社会发展等重大宣传,从而进一步坚定全社会抗击疫情的决心和信心,扎实做好疫情防控及企业复工复产等方面的宣传报道,为全面打赢疫情防控阻击战贡献自己的力量。

疫情就是命令,防控就是责任。疫情期间,邹平人民广播电台全体工作人员进入全时工作状态,24 小时紧盯市委市政府及相关部门发出的疫情最新通告,并第一时间制作音频内容及时有序发布。根据疫情发展情况,台领导统筹撤销旅游、展销类广告,按上级要求及时安排播出国家广电总局、省广电局公益广告库的优秀抗疫作品共计 47 条。疫情期间共录制疫情防控通知通告 33 条,自己创作并推出多种形式的抗疫公益宣传 20 余条,播出抗疫公益歌曲 10 余首。在 FM91.1 广播频率 24 小时滚动播出,宣传频次超过 500 次,总时长超过 600 分钟。

"新冠肺炎不可怕,可防可控莫惊慌,出门就把口罩带"……自 1 月 24 日起,每天早上 6 点 58 分,邹平市应急广播就会在全市上空响起。自从新型冠状病毒感染的肺炎疫情发生后,邹平市应急广播第一时间启动,覆盖全市 9 个乡镇 350 个村、8 个城市广场的 700 多个播出终端同时播出。为加强新型冠状病毒感染的肺炎疫情防控的宣传,有效阻止疫情向农村蔓延,邹平市应急广播大密度、多版块,用群众喜闻乐见顺口溜、快板等多种形式宣传疫情防控知识,让科学防疫的声音传到千家万户。每天播音 270 分钟,共计 260 余条次。1 月 30 日起,在原来播出时段的基础上,邹平应急广播再增加延长 3 个播音版块,大密度循环播放疫情防控宣传,让防控信息、防疫知识宣传铺天盖地,响彻大街小巷。邹平市应急广播利用广播快速、便捷、及时、高效的优势,第一时间快速传达政令,发布权威信息,正确引导舆论,传播防疫知识,引导和教育民众自我防控,有效发挥应急广播的独特作用,将群防群控下沉到"最后一公里",全力做好新型冠状病毒感染的肺炎疫情防控宣传。

二、融合传播,新媒体端抢战场

疫情防控期间,邹平人民广播电台还充分利用微信公众平台的宣传优势,加大对我市出台的各种政策文件、防控措施的解读,在广播、微信公众平台"掌上邹平"直播间以音频、视频、抖音短视频等传播方式全程跟踪报道邹平市首例新冠肺炎患者的治疗进展。

1 月 31 日,邹平广播电视台 FM91.1 广播频率电话连线到邹平市人民医院隔离病房医疗救治小组第一组组长陈强。通过电波和微信公众平台"掌上邹平"推送,让邹平市民第一时间了解了我市首例新冠肺炎患者的治疗进展,以及首批进入隔离病房的医疗救治小组的8位医护人员的现状，全市人民特别关注，也用身边的真实案例树立了大家对疫情可防可控的决心和信心。

2月5日通过掌上邹平的掌上直播间对我市首例新冠肺炎患者出院进行了全程广播、视频直播，关注度再创新高。

4月5日通过看点直播对我市首位驰援湖北的白衣天使王佳欣凯旋进行了广播＋视频同步直播报道。

邹平人民广播电台还组织电台工作人员和书画文艺工作者积极投身疫情防控阻击战，通过线上采撷素材，用心去感受、去讴歌、去记录、去表现，讲好邹平疫情防控故事，努力创作一批紧扣主题、生动感人的优秀作品，组织书画界文艺工作者制作了《三人行志成城》“抗疫”主题海报设计欣赏、“众志成城”邹平市美术家协会在行动作品展播等制作；通过声音和新媒体的图文、视频进行展现。在广播原有的传统媒体宣传方式上，邹平人民广播电台也打出了短视频、H5、海报的宣传组合拳，对市民热切关心、重点关注的疫情防控内容进行包装，对疫情一线及疫情宣传重点采用群众喜闻乐见的制作宣传方式。制作H5内容：如何区分感冒流感和新冠、快闪版上下同心齐心协力共抗疫情、上班第一天防护指南、新冠测试等。制作短视频内容：童心抗疫中国加油、白衣执甲英雄凯旋邹平抗疫英雄王佳欣回家、我们是共产党员我在岗、解封是为了复工复产、众志成城共克时艰全力保障母婴安全、邹平人民广播电台主持人与您共同抗疫、助力农户我们在行动等，在抖音、快手视频快速传播。

三、主播带货、助农直播助力复工复产

一场突如其来的新冠肺炎疫情打乱了农民朋友的正常生活，交通阻断、商场闭门、物流不畅，不仅给市民造成了困扰，更让农产品种植户急成了“热锅上的蚂蚁”。农产品滞销。这可能是很多农户家中唯一的经济来源。

3月5日上午09:30分，邹平人民广播电台、“掌上邹平”发起“抗击疫情，助力农户，我们在行动”销售直播，帮助家住邹平市焦桥镇东平村农户袁训清家销售无处售卖的近万斤长山细毛山药。FM91.1广播频率、“掌上邹平”、抖音、快手、西瓜视频等多媒体平台同步开启公益销售直播，3天内快速销售1万余斤滞销山药。农户袁训清家中妻子精神重度残疾无法自理，女儿在读研究生，儿子在读大一，年前的一场火灾更让这个本就艰难的家庭雪上加霜，这些山药是袁训清家唯一的经济收入，山药采用发酵农家肥种植，香甜软糯，品质上乘，却受疫情影响无法销售。这次助农直播给了他一个此生难忘的惊喜，通过掌上直播，父老乡亲不断回购，来自周边地区德州、济南、潍坊、临淄等地

的网友纷纷联系购买,更有多家电商通过直播知道了袁大哥家中的山药。袁训清激动地说:“这次直播,颠覆了我的想象,让我大开眼界。”

为了真实接地气地展现出农产品的原汁原味,邹平电台主播来到农户袁训清家中和农户互动,和来帮忙的左邻右舍互动,现场品尝,直播间观众也不断加入群聊接力购买,网络直播的流量迅速带动了后台的销量。直播结束后,至今仍有不少观众持续好评,继续下单购买。

5月16日邹平人民广播电台的主播们又跨区域走进泰安市泉坡玉樱桃园直播了“脱贫攻坚·爱心助农”樱桃售卖活动,通过直播带货帮助农户现场售卖樱桃1万余斤。

随后相继帮助邹平市台子镇冰葡萄种植农户、珍珠油杏种植农户通过直播销售带货农产品,帮助多家农户找到销售出。他们为邹平人民广播电台送来“同舟共济抗疫情,爱心助农度难关”的锦旗。

“助农销售直播”将直播带货的模式创新地应用在滞销农产品销售上,短时高效的助农新举措正在演变成一种新力量。邹平人民广播电台、“掌上邹平”还借助“有播”“看点”等直播平台持续推出了各类农产品直播推介,通过多角度、立体化的宣传推广,突破农产品滞销困境,帮助了更多的农户,为受众带来更加优质的产品。

在复工复产关键时期,5月18日,邹平人民广播电台小客官购物商城上,依托“掌上邹平”6万粉丝、FM91.1兆赫广大的收听群体,小客官平台自身裂变的分销员为商家打造了集网红直播、线上销售、线下消费为一体的媒体宣传新阵地。闭店一季度的商家在这里找到了销售出口,特别是餐饮行业,小客官商城的上线直接带动了本地餐饮行业的复苏。

突如其来的疫情为媒体融合下的传统媒体带来了一次实战机会,邹平人民广播电台作为主流媒体在这场战“疫”中发挥了自己的多平台融合优势,也担当起主流媒体在特殊时期的媒体责任。疫情尚未完全结束,关于疫情的报道依然在持续,接下来,我们将继续发挥广播主流媒体优势,用更加创新的融合模式发出更加有温度、有力量的声音,以实际行动践行主流媒体的担当!

战"疫"融合传播体系的构建与实践

——以诸暨市融媒体中心为例

浙江省诸暨市融媒体中心　陈仲明

2020年是诸暨市融媒体中心开局运行之年，又逢抗击新冠肺炎疫情这场没有硝烟的战斗，在困难与压力之前，诸暨市融媒体中心坚持以习近平新时代中国特色社会主义思想为指导，围绕党委、政府的中心工作大局，根据疫情发展的不同阶段，以战"疫"报道为实兵演练的第一战，加快实现从"相加"到"相融"的转变，用融合力来推动内容生产，用优质内容来提升传播力和影响力。

一、强化主题性报道，奏出战"疫"最强音

在媒体融合这场改革硬仗中，我们的机构名称在更迭，但是作为主流媒体的属性却没有改变。因此，在疫情这场大考面前，对于我们来说，必须扛起主流媒体的使命和担当，强化主题性报道，把导向作为内容建设的根本和灵魂，为全市的疫情防控工作提供坚强的舆论引导。

从正月初一开始，我们就成立了融媒体战"疫"内容生产指挥小组，大部分采编一线的工作人员都及时归岗到位展开工作。在报纸停刊的情况下，我们依托广电融媒体中心云游的成熟运作机制，统筹采编人员调配，用好全媒体队伍。同时，我们充分发挥融合传播主平台作用，联合全市各新闻协作单位，推出一大批来自现场、感动人心、鼓舞斗志的融媒体作品，为打赢疫情防控阻击战提供了有力舆论支持，彰显了主流媒体的责任与担当。

在实践中，最先投入战"疫"报道的广播和电视两大平台通过播出疾控中心公开信、各相关部门通知通告，录制副市长讲话，公布疫情通报等形式，向广大市民科普新冠疫情的防范知识和宣传疫情相关资讯，通过官媒权威发声，有效引导广大群众增强自我防护意识和配合检查意识，同时消除民众顾虑，提升抗疫信心。如在疫情初期，《诸暨新闻》栏目先后播发《群防群治 织就疫情防控的"天罗地网"》《内防扩散外防输入 我市各地做好外来人员摸排工作》等报道，讲述了全市各地积极用好"枫桥经验"传家宝，全面发动楼道长、志愿者等

各方力量,织就疫情防控"天罗地网"。而到2月10日,复工复产全面推开之后,《诸暨新闻》栏目先后播发《我市今天7家工业企业复工》《防疫与生产两不误 全市36家企业复工复产》《开放委、陶朱街道:三实招破难题 62家企业有序复工》等报道,报道了全市上下一手抓疫情防控、一手抓经济发展的决心和措施,为全面打赢疫情防控阻击战和经济发展总体战开了好头,重振了全市上下的复工复产信心。而在疫情平稳顺利复刊之后,《诸暨日报》也推出了一系列的专栏、专版,很多报道都是和原有的广电融媒体中心联动策划、协同采编,形成了强有力的报道声势。

在做好常规主题性报道的同时,我们策划推出了《奋进春天里》《迎难而上 砥砺前行》等大型融媒体新闻行动,在广播、电视和报纸的重要版面推出系列报道,聚焦企业当前面临的主要难题,通过典型的政企合力破解之道,体现政府和企业的担当作为,激发企业蛰伏的巨大潜力。3月10日播出首篇《跨越2000公里 专列接你回诸暨》,记者以蹲点的方式跟随市人社局人员远赴云南,记录下了这趟跨越千里的就业专列背后的故事。《防疫物资全产业链"炼"成记》《博忆纺织:"抢跑"跑出新机遇》,报道了企业通过自身努力和驻企服务员的帮助,破难攻坚保订单、稳外贸,最终得以化危为机的经验做法。

与此同时,我们注重主流媒体舆论监督的职责和使命,聚焦疫情防控过程中的漏洞和不足,及时发声。《诸暨新闻》栏目2月8日播出《防控整体严密有序 个别群众防控意识有待提升》,记者跟随联合执法组,对疫情防控十二项措施落实情况进行跟踪检查。并配发本台短评《守牢自己的门 管住自己的门》呼吁全市上下严格贯彻十二项措施,严防死守,打赢这场疫情防控阻击战。《诸暨日报》也在头版多次推发相关的舆论聚焦报道,并向党委、政府报送了一批内参报道,有力地支持了疫情防控和复工复产工作的推进。

二、注重正能量传递,唱响战"疫"好声音

新冠疫情突如其来,给全社会都带来了巨大的影响,作为主流媒体,在注重舆论引导的同时更要注重挖掘干部群众在战"疫"过程中的典型事迹,通过传递正能量来引导、激励、鼓舞广大干部群众投身到战"疫"行动中,从而做到强信心、聚人心、暖民心。

在全市上下严防严控的紧张态势下,我们通过融媒体中心旗下的各大平台,放大疫情防控工作中的人物和细节,深入挖掘宣传全市一线人员抗击疫情的先进典型,以及全民众志成城抗击疫情中展现的温情和感动瞬间,产生了很多有温度的好报道。

在实践中，我们组织部门、乡镇联动，第一时间将目光聚焦到战"疫"一线各个岗位上的典型人物。如 1 月 25 日《诸暨新闻》栏目播出的《夫妻除夕同坚守 防控一线保平安》报道了次坞镇一对夫妻除夕夜共同在高速出口防控点上跨年的感人事迹，感染了无数坚守在一线的干部群众。又如在疫情传播最严峻的时刻，为了展现一线医务人员的"逆行"风采，融媒体记者走进诸暨市人民医院感染科，跟拍一直坚守一线的人民医院感染科护士长胡燕，捕捉到了大量鲜活而又感人的素材，打磨成《胡燕：坚守感染病区 抱定必胜信念》这则报道，在广播、电视、报纸、新媒体各大平台推发后，让很多市民动容。

此外，我们还紧盯特殊节点和特殊点位来挖掘疫情防控一线的正能量，如 2 月 8 日播出《疫情防控一线的别样元宵》，讲述了这个特殊的日子里卡点上的一个简易又温馨的元宵节。《新闻特写：这个临时党支部好样的！》讲述了在诸永高速诸暨北出口，几位特殊的党员坚守一线，为党旗增色。《新闻特写：疫情防控一线的暖流》《新闻特写：风雪中的坚守和温暖》《自助菜摊＋共享菜篮：非常时期的温情和力量》《新闻特写：执勤点上的温情"巧绣娘"》等大量特写报道都从常规面上主题中脱颖而出，以小见大，从独特的视角展现了疫情下诸暨人民众志成城，同舟共济，用实际行动筑牢防疫的铜墙铁壁。而《诸暨日报》则持续推出了战"疫"故事的文字专版和摄影专版，用细腻的文字和触动人心的图片，将全市战"疫"一线的温暖瞬间传递给全市的干部群众，很好地传递了正能量。

三、致力移动端优先，守住战"疫"主阵地

习近平总书记曾经指出："互联网是一个社会信息大平台，亿万网民在上面获得信息、交流信息，这会对他们的求知途径、思维方式、价值观念产生重要影响。"在疫情防控期间，因为大批民众处于居家状态，他们很多时候取得信息的渠道就是依靠互联网，这就更加凸显了新媒体在舆论引导上的作用。为此，在整个疫情防控的宣传报道中，我们明确要做到重要信息移动端优先，借助新媒体的传播优势，打通并用好和群众信息交流的新渠道。

诸暨广电旗下的"视听诸暨"和诸暨日报社旗下的"爱诸暨"两大主流新媒体平台总计有 60 万的粉丝量，在疫情防控期间，两大平台的采编人员全体上岗，参与一线采访报道。大家围绕"防控疫情"主题，直击一线，挖典型、找故事、寻亮点，每日推出连续系列报道，全方位进行防控宣传。两个微信平台既有同题报道，也有自选动作，各有侧重又交叉协同，推出了一批爆款，点击量突破新纪录。

以“视听诸暨”为例,1月27日,诸暨首批医务人员奔赴武汉支援,新媒体团队第一时间采访发布《驰援武汉!今天,诸暨两名医护人员出征,我们等你们平安归来!》。点击量突破5万,后台留言超百条,社会反响强烈。2月5日,新媒体团队连夜连线采访,推文《重磅!这两种药能有效抑制冠状病毒!诸暨老乡陈作兵刚从武汉发来一段视频!他说……》点击量破10万!2月14日,《家贫志坚!诸暨驰援武汉的赵建忠,他背后的故事令人心疼》,点击量达8.3万,传递了社会正能量。再如“爱诸暨”平台,先后推出了《这个护士长,诸暨次坞人!在火神山医院!刚刚跟妈妈视频通话……》《诸暨人转起～撤卡不是撤防线!请不要辜负他们28天日夜坚守!》等有血有肉的新媒体报道,篇篇点击率都突破10万,为全市的疫情防控工作起到了很好的宣传引领效应。

同时,两家新媒体平台在每天保持推文两次以上的同时,积极探索新媒体短视频的创作。在实践中,我们精心拍摄并推文《接地气!诸暨市长亲自代言,邀您共游西施故里》《超级有料!诸暨“镇长代言团”霸屏朋友圈!他们拼了!》,市长、镇长等亲自为诸暨旅游代言,一经推出,社会反响强烈,助力好美诸暨推广,让更多的人了解诸暨,感受到诸暨人的热情好客。

此外,我们的新媒体采编人员在实践中不断创新,试水抖音短视频领域,先后拍摄了市委书记、市长为诸暨人才、诸暨旅游抖视频,并通过微信公众平台、抖音联动播发,取得了较好的效果。而在后期“西施号”APP新闻客户端上线后,我们整合了原有的新媒体采编资源,继续优化移动端优先的工作机制,为进一步做好战“疫”报道搭建了全新的平台。

四、提升服务性功能,做好战“疫”助推器

凸显服务性功能是中央赋予县级融媒体中心的重要使命,也是我们县级融媒体中心自身追求的目标和手段。从眼下的发展趋势看,县级融媒体中心只有深耕服务市场,才能在本地有更大的发展空间。在疫情防控和复工复产的关键时期,不管是群众个体还是企业,都经历了“阵痛期”,在这个过程中,我们县级融媒体中心如何运用“综合服务平台”来提升服务性功能就显得尤为重要。

在实践中,我们重点聚焦复工复产后各行各业遇到的现实难题,通过与相关部门联动的形式,策划推广了一系列服务功能明显的主题活动,切实为企业和群众解决了一批问题,成为了服务战“疫”的助推器。

如在复工复产初期,企业招工难、本地富余劳动力就业难成了困扰整个社会的大难题。我们融媒体中心第一时间与诸暨市人社局进行联系,策划推出

了"就业大篷车"这一服务载体。通过人社局、各乡镇街道摸排存在员工短缺的企业,记者上门进行采访,拍摄企业环境,了解企业具体需求以及对新进员工的待遇,在专栏中进行展播,打造我市本地富余劳动力供给储备库和公益性用工调剂平台,通过余缺对接、内部挖潜,将市内富余劳动力充实到用工需求较大的企业一线,既帮助富余劳力找到合适的工作增加收入,又解决了企业短期用工紧张问题。在活动推开的过程中,广播、电视、报纸、新媒体的报道同步跟进,进一步放大了我们服务的效应。

为推动复工复产、提振消费信心,融媒体中心旗下的电视节目中心联合市商务局、市供销社策划推出"疫散花开 春暖暨阳"专项行动,以主持人带你逛商超的形式,向市民推介我市一批具有影响力的商贸服务企业,以提振消费信心,减少疫情带来的影响。同时,融媒体中心旗下的《诸暨日报》策划部的工作人员走进酒店、知名餐饮企业和在售楼盘展开直播,助力消费回暖。此外,我们聚合全中心的力量,与诸暨市商务局合作举办了诸暨车展,也起到了很好的促进消费作用。

总而言之,这次疫情对于刚刚融合不久的诸暨市融媒体中心来说是一场大考。在实践过程中,我们通过做优内容生产、注重移动优先、提升服务功能等一系列的融合传播组合拳,既展示了主流媒体的担当,也很好地锤炼了融媒体采编播队伍,更为以后的媒体融合发展之路作出了有益探索。

庆阳广播电视台:疫情报道锤炼队伍 全媒体矩阵逐步形成

甘肃省庆阳广播电视台　缪中发　田　琦

2020年农历正月初二,甘肃省庆阳广播电视台启动了重大突发事件新闻应急预案,在各地休假的200多名职工迅速返岗,进入了全天候工作状态。这是庆阳广播电视台建台29年来首次进行的全台联动,也为全媒体传播矩阵的正式打造进行了一次尝试。

一、坚持舆论正确导向,让新闻更有力量

疫情来袭,一大波通告、通知、公告、防控知识、快讯等,需要以最快速度传达到千家万户。庆阳广播电视台第一时间调整内容,打通全媒体通道,新闻中心迅速成立10支对口采访组,每天分批采访内容。将原有的《庆阳新闻》扩容到30分钟,《晚间新闻》扩容到20分钟,并增设了20分钟的特别节目——《疫情防控 庆阳在行动》。70分钟的自办内容在电视新闻频道、公共频道并机滚动播出18次,还通过随时替换内容、添加游飞字幕等方式,第一时间发布权威信息,适时更新数据。同时,开设了30多个子栏目和版块,总发稿量达到了15000多条,45000多分钟,320多条优质稿源先后被省级媒体和央视播出。发挥了"定心盘"和"压舱石"的作用,稳定了社会情绪,坚定了抗"疫"的信心。

充分发挥广播节目直播优势,在FM95.2新闻综合广播、FM96.5交通广播全天候播出相关内容,就百姓关注的问题与疾控中心、发热门诊、市政、水电、天然气公司等多部门线上联动,通过空中走廊架起了市民与政府部门的沟通平台,一些老年市民不熟悉手机客户端收听节目,还专门购买了收音机。在疫情时期,由传统媒体与新媒体融合的传播形式,让更多市民感受到了新闻的力量,也进一步彰显了地方主流媒体的时效性和权威性。

二、联动策划，为城市传播正能量

在疫情防控报道中，庆阳广播电视台立足本市，面向全国，制作了一大批有亮点、有思想的原创作品。疫情暴发初期，就指定专门记者对 31 名庆阳支援武汉医疗队队员进行跟踪报道，持续 60 多天，发回了很多细节内容，让庆阳百姓以此为缩影，了解“抗疫天使”的日常。为了多元化传播典型人物事迹，新闻中心负责提供原始素材，以新闻、视频连线等方式进行报道。新闻综合广播、交通广播同步跟进，制作了相关音频，用声音呈现画面。文艺中心则把这些典型的故事集中包装，用主持人讲述的方式制作了 8 集特别节目《逆行者的抗疫日记》。通过多角度的持续宣传，引起了市民们极大关注，在医疗队员分批返回庆阳时，市民们自发地走上街头，夹道欢迎他们凯旋，为一座城市积累了满满正能量。

疫情防控期间，庆阳广播电视台以全媒体矩阵的方式，在不同时间点根据宣传需求统一策划，全台联动，将很多优质内容源源不断地输出。《抗疫小故事》从新闻素材中挖掘不同典型，用线性节目的形式传播内容。《等我忙完，送妈住院》《见“屏”如面》《国家有难，我必须去》《因为我是党员》《推迟的婚礼》《一封请愿书》《这一回，你去保国，我来守家》《我捐四千斤苹果》《一百份“爱心餐”》《我一定要去湖北》《妈妈，他们比我更需要您！》……这些温暖的故事汇聚成了城市的核心价值观，让身边的普通人被感动，被感染，也自觉地在各自的岗位去创造价值，感动他人。

三、运用互联网思维，打造优质传播平台

早在 2015 年，庆阳广播电视台就耗资 300 多万元搭建了官方 APP“看清”，目前已积累了 55 万固定粉丝，日活量在 10 万以上。在 2020 年的疫情防控报道中，新媒体中心每天 24 小时轮流坚守，把全台资源第一时间上传到了网上，还邀请专业技术团队及时调整色调和模块设计，区分版块内容，培养用户习惯。无论广播还是电视，无论新闻报道还是宣传片，这些优质的节目内容最终都以互联网产品的形式进行传播，实现了阅读量指数化上升。仅疫情开始的前两个月，“看清”的点击量就接近 3 亿次，在全省地级台的影响力进一步扩大。

庆阳广播电视台还依托腾讯、抖音等互联网平台及时发声。将微信公众号“视听庆阳”第一时间升级为媒体号，增加每天发布的频次，尤其在数据更新、重要通告等内容上，领跑全市媒体。第一时间开通了同名抖音号，专门抽

调年轻职工,结合互联网思维,打造年轻人喜欢的抖音作品。如《摘下口罩,你最想做什么?》系列,《主播教你居家防护》系列,一条条精心策划的短视频一经发布就引起了网友们的关注。还邀请网民参与短视频录制,调动了很多网民的参与性,一些在海外的庆阳留学生也发来了视频,大家在网络里共同留下祝愿,期待疫情持续好转。

四、通力合作,全媒体矩阵传播

近年来,受到新媒体的冲击,传统媒体都在努力转型。庆阳广播电视台作为庆阳市的主流媒体,也在不断改变思路,寻找突破口。这次在疫情防控期间的资源整合,成为了全台练兵的战场,也让多年来的谋划加速推进。

电台班子成员多次组织协调会,调动全台各部门集中力量办大事。新闻中心是全台的新闻眼,承担着时政和民生消息的采访任务,对相关责任单位包干到底,并把第一手素材及时共享到内部平台,便于其他部门使用。文艺中心、专题节目中心组织人员进行补充,增强摄像、后期制作的力量,把新闻素材拓展为深度报道,把新闻故事变身为文艺节目。广播电台告别了传统的音频制作思路,向短视频创作靠齐,为新媒体中心补充了有效力量。而技术制作中心、大型活动部则围绕主题宣传片、公益广告等展开联动,增强了传播的多样性。60 多天的实战,让庆阳广播电视台的采编队伍得到了锻炼,经受了考验,特殊时期的特殊思路和特殊行动,为全台今后更好的发展开了个好头。

随着国内疫情持续好转,疫情防控特别报道暂时告一段落,但从中总结的经验被完整保留了下来。2020 年 5 月开始,新媒体中心便和全台各部室展开了持续联动,所有的优质资源通过短视频形式重新编辑上传,在互联网持续传播,台里还将此项工作纳入了绩效考核,保证稿源充足。全台 10 个业务部室转变了节目制作思路,积极投身互联网产品的设计与开发。文艺中心申请的抖音号把 2008 年的获奖纪录片《三十年故事庆阳》拆分成短视频,分集播出。那些珍贵的庆阳老照片和历史资料迅速引发了网友们的关注和转发,账号开通短短几天的时间,就吸粉 5000 多人,总阅读量达到了 50 万以上。新闻中心、新闻综合广播也开通了抖音号,记者外采时会用手机同步拍摄短视频,以记者的视角让新闻变得更加鲜活、更接地气。技术制作中心研发的直播带货平台,助力脱贫攻坚,把庆阳的优质农产品推销到全国。

通过这次疫情防控期间的实战,庆阳广播电视台从上到下都在积极转型。全媒体记者成为一线工作人员的全新称谓,大家不仅保留了传统媒体人的严谨和专业,还通过互联网产品的设计和生产有了全新的思维,庆阳广播电视台全媒体矩阵的打造正在逐步完善。

五、创新发展源自多年的积累

作为一家身处西北内陆省份的地级台,庆阳广播电视台从 2013 年开始进行全方位改革,实现了快速发展:成为全省首家也是目前唯一实现电视新闻高清直播的地级台;成为全省首家开发 APP 的地级台;首次在山区复杂条件下实现了乡村马拉松赛的全国直播;首次与央视联手拍摄纪录片《中国影像方志》庆城篇、环县篇;首次在全省地级台中成立大型活动部,直播上百场,拍摄城市宣传片、精准扶贫公益片等上百条;首次在全台公开选拔制片人和主编,实行双向选择,让年轻人拥有更多话语权,引进奖励机制,实现绩效考核,职工收入成倍增加;连续两年打造原创大型选秀节目《我也上春晚》,实现了收视口碑与创收的双赢。

这些硬核改革,让全台保持着源源不断的创新力和凝聚力,创作了一批有思想、有温度、有情怀的"精品节目",培养了一支政治强、业务精、作风正的专业队伍。仅 2017 年就有多部作品获全省大奖。这一年,《西峰苹果丰收》获央视 2017 年"大美中国·喜看金秋"全国微视频展播第一名,"甘肃西峰"获 2017"最美收获地"荣誉称号,庆阳广播电视台获优秀组织奖。27 件作品获省级奖,其中:《庆阳固沟保塬构筑黄土高原生态安全屏障》《老郑家的日子》《长征路上新故事》《让黄土大塬不再萎缩》4 件作品获甘肃新闻奖一等奖,《长庆油田成为我国陆上油气产量最高的油气田》《让黄土大塬不再萎缩》《雅言经典》《百鸟朝凤——马自刚的匠心传承》《庆阳市 2016 电视春晚——走进春天》5 件作品获甘肃广播影视奖一等奖,一等奖达到历史性的 9 件,位列全省市州台第一,也被当年的评委会专家称为"庆阳现象"。甘肃省委宣传部转发了《关于庆阳市、临夏州广播电视台的变化给我们的启示》调研报告,充分肯定了庆阳广播电视台的改革发展经验。

2020 年上半年,庆阳广播电视台获得全省新闻通联工作先进单位称号,获列建国 70 周年 2019 年中国广播电视守正创新发展综合创新力城市广播电视台 TOP10,在全省市级台互联网传播综合影响力评比中排名第四。尤其在互联网思维方面的转型升级,为全台创新发展持续造血。

成绩的背后,是一代代庆阳广电人奋斗的缩影。尽管前路充满挑战,但庆阳广播电视台依旧在不断的坚守和改革中寻求突破,为地级媒体的转型发展寻找思路。通过疫情防控期间的有益尝试,为全媒体矩阵的打造积累了宝贵的经验,也在报道中传递着庆阳广电人不变的奋斗精神和媒体关怀。

挖掘融媒矩阵新优势 提升精准服务新功能

——新冠疫情中永康广电融媒发展的思考和探索

浙江省永康市广播电视台 曹向阳 赵文河 楼 洁

2020年年初，突如其来的新冠疫情对全社会来说都是一场考验，对于媒体来说，同样是一场大考，不仅考验了主流媒体在防疫抗疫信息传播与舆论导向上的主导能力，而且也是对媒体融合实施以来如何更好彰显融合传播力量的考验。在这场大考中，永康广电台在如何用好主流权威发布平台，及时传递党委政府权威声音，普及防疫知识，深化主线宣传上，摸索融媒平台新的用途，挖掘融媒矩阵的新优势等方面都做了极为努力的探索。同时尝试推出了电台可视直播、空中课堂、空中招聘会、“广电优选，直播带货”等融媒发展举措，在疫情防控与经济社会发展“两手都要硬，两战都要赢”中进行着媒体融合担当和躬身实践，并为今后融媒传播发展积累一定的经验。

一、用活融媒新技术新平台，协同配合，提升精准服务功能

协同机制的建立一直是主流媒体在新媒体实践中的改革要点，它可以解决“单兵作战”面对的技术资源链条断裂、信息传播能力不足等问题。在应对本次疫情防控报道中，永康广电台各端口通过协同联动，结合融媒特点，发挥各自优势，在引导舆论的同时，加强疫情防控的定向服务，积极提升自身的精准服务功能，赋能复工复产，聚力形成更好的融合发展模式。

1. 线上融媒传播，线下联动服务，彰显主流媒体责任与担当

新冠疫情防控警报拉响后，永康广电第一时间响应，以主流媒体的担当和责任，一改原定的《春节特别节目》方案，打通整档《永康新闻》，设置《打赢疫情防控战》专栏，在每天近30分钟的新闻中，实时公布当天疫情发生情况，加强防疫抗疫宣传，增强公众战胜疫情的信心。

近年来，短视频由于其直观生动的表达、碎片化传播等优势，深受受众欢迎。防疫期间，多种短视频成为永康广电融媒体矩阵中的重要组成部分。从

大年三十开始，永康广电台每天都会在新媒体发布精心制作的15秒短视频，告知大家如何做好疫情防护工作和辟谣小贴士，这一次次的“暖心告知”，在微信朋友圈和微博里得到大量转载，累计点击量达到200多万次。

疫情发生后，不少外地菜农无法回返，留在蔬菜大棚里的蔬菜如果不及时采摘，损失极大。而在城区，因小区实行封闭管理，蔬菜供应也存在问题。了解情况后，永康广电台通过微信公众号“永康人”发布供求信息，电视新闻频道联合农业农村局等多部门开展“全民战役，便民助农”活动，联系志愿者帮助采收，再在市区各小区门口设立直销点。在大雨磅礴的寒冬里，广电记者穿梭于田间地头，奔波于各个社区，用新闻的力量解决了外地菜农的后顾之忧，也方便了城区居民。此项活动最终帮助菜农销售蔬菜8万多斤，总价值40多万元人民币。

铁肩担道义，铁军战疫情。在疫情防控阻击战中，永康广电各频道和新媒体记者直面险情，加班加点，奔赴在发热门诊、医学留观点、各个交通卡点和村落社区。他们手持摄像机、话筒和录音笔，用一个个感人的故事来传递正能量，用一组组真实的数据来澄清谬误，用一次次鲜活的现场报道来传递好声音。

从2月15日开始，永康开行“返岗直通车”帮助企业复工复产，第一批为云南镇雄籍员工返岗。永康台组织精干力量，兵分三路，一路联系相关部门、单位采访工作方案，一路前往高速服务区彻夜蹲点守候返岗大巴，一路深入企业调查复工对接准备，先后形成长消息、新闻特写、专栏报道、短视频等形式多样的新闻报道，大小屏齐发。一系列永康好声音为党和政府“两手硬、两战赢”传递信心、决心，为企业健康有序复工制造“舆论引擎”，为推动经济社会持续健康发展凝聚社会力量。上送到新华社、中央电视台、中国之声等国家级媒体后获得连连点赞和播发，央视新闻频道对此先后推出了4篇报道。新华社融媒体为此题材推送了5个短片，其中3个为《新华视点》调查短片，《情暖返“乡”路——浙滇两地通力协作确保企业安全复工》长达9分多钟，使永康市这一做法在全国产生了正面的积极的影响。

首次网上广交会举行期间，电台和电视记者线索共享，采访资源共享。最终反映企业通过网上广交会拓展国际市场的新闻《开放展新姿、云上新商机》先后在中国之声报摘、新闻纵横、联播、进行时、晚高峰、夜新闻六档新闻类栏目播出，同时在中央广播电视总台的公众微信号进一步推出。一条新闻稿登上了中央广播电视全套新闻！

截至目前，永康广电台已经累计播出900多条相关报道，其中200多条报道被央视、央广、新华社、浙江卫视、浙江之声等国家级、省级媒体采用播出,永康人、永康电台微信公众号累计推送防疫相关信息300多条,累计阅读量超过500万。

2. 可视直播间开设空中招聘会,屏里屏外助力复工复产

疫情影响下,企业复工复产遇到的最大难题是用工不足,如何有效传递企业用工信息,为企业和劳动者之间搭建有效的平台?永康广电台除了在传统招聘频道和新媒体平台免费、高频次发布招聘信息外,还积极探索电台可视直播间的作用,推出了跨越时空的电台可视直播节目《空中招聘会》。节目以"屏对屏"代替"面对面",通过在线安全招聘的形式,满足企业用工、劳动者求职需求。

在融媒体中心建设过程中,永康广电台设置了可视直播间,满足了人们远距离但面对面实时交流的需求。这种可视直播技术打破了传统的电台单一声音传播模式,全新的网络视频传播方式大大拉近了广播与受众之间的距离,发挥了传统广播不具备的作用。《空中招聘会》在此情况下应运而生。

该档节目每周一至周五通过永康电台(FM106.6)、蜻蜓FM手机APP、微信公众号网络视频等三个渠道进行音视频直播,供全国各地的求职者了解永康的经济社会概况和就业机会。节目利用全省领先的可视电台直播技术,企业负责人与求职者实时线上互动,向求职者讲解公司背景、福利及岗位等相关信息。同时,节目还邀请职能部门人员解读永康人才政策,解答如何做好新永康人安全返永复工等疑问。短短十天,节目仅网络观看人次就达3.25万,留言400多条。共邀请全市20多家骨干企业,通过电波和画面免费发布1万多个岗位,涉及管理层、财务、业务员、销售员、普通工人等诸多岗位。

3. 整合技术资源,发挥大小屏协同作用,开设空中希望课堂、"永康云课"点播栏目

2020年的疫情为很多社会生产方式的转型带来了一次前所未有的机遇,如在线教育、远程办公等等,对于媒体也是如此。在应对疫情公共事件中,永康广电台在融合传播基础上,通过各端口协同联动,解决技术端的实现问题、资源对接问题,聚力形成更好的模式。

龙润东是浙江永康市堰头小学的学生,3月1日上午9时,他准时坐在电视机前,在父母的陪伴下观看《开学第一课》。龙润东说:"我们春节在老家湖南省湘西土家族苗族自治州凤凰县腊尔山镇板拉村,网络信号不稳定,用不了平板电脑、智能手机等学习设备,知道同学们都已经开始上课了,心里很着急。"龙润东的父母也担心孩子赶不上学习进度,打算把龙润东留在老家上学。

"后来老师给我打电话，说专门针对我们这种情况，特意开设了'空中希望课堂'，让我觉得很惊喜，我们第一时间赶回了永康。"

据了解，永康务工人员众多，全市 14 多万学生中外来务工的新永康人子女占比超过 1/4，其中 2020 年返乡过年的有 31545 人，如果不能解决这批学生的学习问题，家长一旦决定留在老家务工，会严重影响永康企业复工复产的进度。

为此，永康广电台联合市教育局，通过顶层设计，加速对大小屏技术资源的整合，一方面在数字电视上开设直播"空中课堂"节目和"永康云课"点播栏目，一方面统筹融媒体中心，在"永康人"和"永康电台"微信公众号上，开设随时随地可以点播浏览的"空中希望课堂"，将优质教育资源链接到这一平台，免费为全市中小学生特别是外来务工人员子女提供一个学习的平台。这两方面的协同作用，有效促进了当地停课不停学工作的开展。期间，共上载 800 多节视频课程，为全市中小学生特别是外来务工人员子女提供学习平台，在方便教育教学的同时，增强了外来务工人员返永复工的信心。迄今，网络点击量达 300 万+。

二、深度触网，建构融媒主场优势，谋求"云"转型

2020 年受疫情影响，大小屏广告呈断崖式下降，如何走出一条适合融媒发展的转型之路？永康广电台在实践探索上，充分聚焦新媒体这一主战场，发挥融媒主场优势，谋求转型。

1. 创新搭建线上营销矩阵平台，打通优质企业线下、线上融合经营新渠道

在"网红经济"和"带货直播"持续升温形势下，云上直播、线上营销已成为新常态。特别是在疫情过后复工复产热潮中，"主播带货"已然成为推进不少地方经济持续稳健发展的必要"新出口"。风口下，永康广电台主动求变，积极探索主播带货、线上营销新渠道，率先推出"直播带货 广电优选"品牌。并在 4 月初率先对接、争取浙江省广电局、浙江广电集团、浙江省电视艺术家协会等单位优势资源，并与浙江广电集团"好易购"签署战略合作协议，合力开拓县融电商模型，开拓县域融媒体发展新局面。同时，深入搭建广电云、微赞、看点直播、抖音等直播平台矩阵，以"大小屏互动、大小屏相互引流"创意呈现形式，推动"直播带货"模式转型升级，致力打通企业线下、线上融合经营，无接触直播营销新渠道，助力企业疫情过后实现更快更好的发展。

在精准对接，探索开展线上营销直播活动过程中，永康广电聚焦全市优质

工业、农业特色产品销售，开展日用五金、家电、家装、建材、房产、夏季用品等直播带货活动10多场。在“团团带你逛五金”直播带货中，90分钟内创造了近20万元销售额；在家纺直播中，两小时卖出了40多万元的夏季用品，为此商家专程送锦旗致谢。

此外，“直播带货 广电优选”线上营销相关活动陆续吸引了农业银行、工商银行、农商行等单位主动加盟，累计为企业、商家以及金融单位直接带来1200多万元的销售额与合作意向。

2. 突出品牌性、专业性、服务性，实现平台、企业、消费者三方共赢

媒体融合转型升级要以市场化效果为坐标，在坐稳主流传统媒体的引导力和公信力外，更要利用好这一平台，以“互联网”为主力引擎，让主流声音在自有APP、公众号平台以及商业平台形成同频共振，主导“直播带货”，实现广电融媒平台、企业、消费者三方共赢，形成良好的融媒发展生态。在这一过程中，永康广电台借融媒东风，趁势而上，组建智慧型、全能型工作团队。汇集广电优秀团队力量，培育孵化网红、完善互动直播营销机制，以实用性和服务性吸引、聚合社会力量，助力经济复苏。永康广电台从广播、电视、新媒体等宣传平台选派兼备新闻工作者素质、网红主播颜值、接地气、深受群众喜爱的主持人组建“直播带货天团”，走出录制棚，走进直播间，借助知名主持人“光环”加持，确保直播流量。在“云购五金优品，畅享永康品质”稳消费、促增长启动仪式上，广电多名主播走进展会现场，对活动和产品进行全程带货直播，短短20分钟浏览量达到20多万。

互联网平台流量是王，而好的内容又是增加流量的不二之选，融媒体触网直播带货，既要发挥其技术、平台等要素作用，同时更要兼顾“内容”，实现“带货”突围。在跨界直播带货中，永康广电深谙其理，坚持立足自身，挖掘潜力，发挥广电融媒品牌的倍增效应，同时借力广泛的社会资源，联手互动。通过走进总部中心、城西新区等地以及有主播带货需求的企业，建立主播带货基地与直播间，为开展直播带货提供主播、技术与宣传保障。

同时发挥广电策划优势，加强与企业、商家对接服务，对保温杯、锅具、刀具、滑板车、拖把、健身器材等五金产品进行分类组合与策划包装，结合实际开展线上营销工作。

推进公益直播。加强与机关各部门、各镇(街、区)以及社会各界联系，合作开展好云上房交会、门博会、消费券发放等系列活动。开展农业节庆、农副产品、全民健身、文明创建等系列主播带货、主播代言直播公益活动。

麦克卢汉曾指出：“任何新媒介都是一个进化的过程，一个生物裂变的过

程。它为人类打开了通向感知和新兴活动领域的大门。”无论是用活融媒新技术新平台，提升精准服务功能，还是深度触网，建构融媒主场优势，谋求“云”转型，永康广电台都在不断求新求变，努力对接新形势、新要求、新挑战，通过媒体融合，开拓新思路，谋求新发展，寻求更广阔的发展之路。

立足融媒显成效　创新理念求突破

——县级融媒体中心战“疫”宣传启示

江西省分宜县融媒体中心　袁建兵
江西省分宜县委宣传部　陈智明

在推进融媒体改革融合发展进程中，分宜县注重发挥融媒体中心的职责功能，加速改版升级，特别是在新冠疫情防控期间，把疫情防控作为最大的政治、最大的民生、最重要的宣传任务，在主责主业、舆情管控、社会治理、服务群众方面打出一套组合拳，精准发声，快速发布信息、积极稳妥引导舆论，服务群众打通宣传“最后一公里”，发挥了重要作用，赢得了群众称赞。

一强新闻宣传。突出主责主业，充分发挥人才技术平台优势，实施“精品工程”，完成了2.0版升级打造，不断提升引导力。一是改革新闻生产方式。自办节目更加丰富，延长了电视节目《分宜新闻》播出时长，条数由日均4～5条增加到6条，时长由12分钟增加到15分钟；增加社会民生类新闻占比，民生新闻占比增加到70%。新冠肺炎疫情急发期间，编辑记者全员取消春节休假，发挥好“乡村宣传员”和全县通信员队伍，按照“1人1乡镇”（一名中心记者派驻一个乡镇担任乡村宣传员）的基本思路，派出16名乡村宣传员连线挂点乡镇的宣传干事，实行“每日一报”新闻素材，官方微信推送每日3次以上。及时报道全县各级各部门防控疫情的做法成效，《3天抢建口罩厂见证与疫情赛跑》的新闻在《经济日报》版面头条和央视网总网报道，在《人民日报》、《光明日报》、人民网、新华网、央广网、学习强国等中央级媒体，重点稿件《五个小时劝“隔离”》《乡镇干部抗疫：琐琐碎碎见格局》《新闻特写：全隔离后的三天》《千名村民共享菜摊》《妥善处置医疗废弃物》《抓防控促生产，解决用工难技术难》《心定步稳，聚力攻坚》等相继推出，生动讲述一线动人故事，充分展示县委、县政府坚决打赢防控疫情阻击战的科学决策和广大群众万众一心、众志成城抗击疫情的信心决心。围绕疫情不同阶段，策划发表《宅家战“疫”，坚持必胜》《越是态势出现积极变化，越要保持清醒头脑》等评论员文章，获得近百万人次浏览量，营造了“坚定信心、同舟共济、众志成城、科学防治”的浓厚氛围。二是增设了自办联办栏目。开设《万众一心抗击疫情》《党员在行动》《医护在一线》

《呵护天使行动》《复工复产复学》《决战决胜脱贫攻坚》等10个专栏。三是优化了内容生产。以“融创中心”为主力，加快融创产品创作生产，推出现象级和爆款产品，2020年抗击疫情期间，“分宜发布”抖音号累积发布疫情作品200余个，“众志成城 抗击疫情”合集浏览量有3.5亿；1月28日《辟谣：网传十万人被感染》单条浏览量突破1亿；累积千万级浏览量作品8个，100万级浏览量作品22个。“分宜发布”微信公众号涌现出10万+作品3件，累计10万+作品10余件。

二强舆情管控。与大江集团合作，以大数据为支撑，建成并运用一套舆情监控系统，集成在“中央厨房”功能内。通过对全国范围内的新闻、微博、微信以及APP等涉及分宜的媒体信息进行实时采集；实施24小时值班制，及时准确了解分宜县在网络上的舆情情况，发现和第一时间处置负面舆情，指导新闻生产。新冠肺炎疫情初期，县融媒体中心融创团队结合分宜实际，以简短、直观的视频类信息，在尽量短的时间内进入故事核心、突出信息关键，以短视频语言传播疫情信息，走上了科普与辟谣的前沿。制作发布的抖音作品《卫健委官方辟谣来了！网传10万人感染？》简短、直观，浏览量达到1.6亿次。

利用抖音、短视频、H5、直播、无人机等呈现形式，先后制作《分宜加油》《中国答卷》《“疫”去春来》《这里是分宜》《抗击疫情，我在一线》等融媒体产品全网推送，产生了真正的现象级产品和爆款效益。在“分宜发布”抖音公众号上开设“众志成城 抗击疫情”专集，共发布独立制作的短视频170多个，总播放量达3.5亿，粉丝数增长50倍；《天气逐渐放晴，疫情威胁依然不能懈怠》播放量超过7400万次，点赞数达84万，转发21.5万次；播放量超千万的作品有近20个。另有微信10万+作品《分宜首例确诊病例出院》《口罩厂3天建成投产》3条，“画屏分宜”APP单条新闻点击量26万人次，问政栏目服务和移动端后台留言共回复群众诉求185条。

三强社会治理。按照中宣部、省委宣传部要求，对融媒体中心进行赋能，率先实现“融媒体中心、文明实践中心、志愿服务中心”“三中心”融合，把县融媒体中心逐步打造成推进社会治理的重要职能部门。一是合署办公。将县新时代文明实践中心、县志愿服务中心办公场所合并建进县融媒体大厦，配齐办公设施，并通过购买服务等方式招聘2名专职工作人员，与融媒体中心相关人员一起负责“三中心”日常工作。县融媒体中心增挂县新时代文明实践中心、县志愿服务中心两块牌子。二是搭建平台。以融媒体中心“画屏分宜”客户端为主平台，研发“三中心”融合模块，设立开放式独立频道，开辟《需求点单》《实践中心》《民声》等专栏，打造服务群众供需对接线上调度平台，成立总指挥调度中心。三是整合队伍。整合全县 256 支志愿服务队,成立新时代文明实践志愿服务总队;将全县 58 个县直单位、5 个社会组织和 28 支红色文艺团队统一集中纳入平台。四是健全机制。建立“群众掌上点单、平台精准派单、志愿者即时接单”线上反映反馈和线下对接协调处置机制,形成县、乡、村三级统一调度制度,推进文明实践活动、志愿服务活动与新闻无缝对接、有机融合。五是开展运行。“三中心”直接联动 2856 名志愿者、带动全县万名志愿者,奔赴各小区、超市门口和各个隔离点、道路关口,当起体温检测员、进出守门员、疫情防控宣传员、生活物资配送员;开展医疗健身、科学普及、法律服务、卫生环保、扶贫帮困等各项服务,已累计开展志愿活动 2949 场。同时,与江西省融媒体中心共同上线“疫情实时大数据”,为群众了解全国和身边疫情提供便捷通道;先后举办三期“分宜县新冠肺炎疫情防控知识有奖竞答”活动,参与人数 2 万人次;通过微信公众号征集“防疫宅家”金点子 40 多条,精选其中 10 条向全县推广。正是这些接地气、鲜活的新闻素材,通过县融媒体中心编辑记者将全县疫情资讯、防控措施、防疫知识、先进人物、感人事迹等及时传递给广大基层群众,打通了当地疫情防控宣传引导“最后一公里”。

随着疫情进入常态化管理,分宜县融媒体中心坚定地朝着做优做强的目标奋勇前进,全面确立互联网思维、全媒体思维,创新发展理念、工作理念,不断补短板、强弱项,努力在做优做强融媒体中心上取得新的更大突破。

一要坚持移动优先。移动优先是各级新闻媒体顺应互联网时代要求的战略抉择,也是县级融媒体做优做强的根本策略。坚持移动优先,当务之急是要把打造移动客户端摆在首要位置来抓。打造移动客户端,提高其下载量、日活率,当前要从三方面狠下功夫,一是内部倾斜。调整完善融媒体中心管理考核和薪酬制度,推动融媒体中心自身资源、人员更多向客户端倾斜,切实提高客户端栏目、节目和整体运营水平;二是外部赋能。以融媒体客户端为主平台,按照应融尽融原则,加大政民服务、公共传播、社会治理等信息化平台整合力度,不断增强社会服务和社会治理功能;三是全民共建。建设全民通信员队伍,举办可供全民参与或展示自我的活动和栏目,构建共建共享大众化平台。

二要坚持服务先行。引导群众、服务群众是县级融媒体中心的根本职责使命。只有真心为群众谋利益,融媒体才有生命力;只有服务先行,做好做足服务文章,才能更好地凝聚群众、引导群众。分宜县融媒体中心从 1.0 初级版到 2.0 升级版,再到融媒体与文明实践、志愿服务“三中心”融合,技术支撑、赋能整合不断优化强化,“新闻+政务+服务”持续纵深推进,综合服务能力显著增强提升。现在,关键是要把融媒体中心拥有的这种综合服务能力尽快转化成实实在在的服务效能，让改革发展成果更多地惠及广大群众。为此，一要树牢精准服务理念。坚持问计于民、问需于民、问效于民，及时了解民之所需所求所急，找准切口突破口，提高服务群众的精准性、实效性；二要抓紧全面运行“三中心”融合平台。总结应用试运行成果，健全统筹调度机制，加强文明实践志愿队伍建设，全面启动运行“三中心”平台，多层次、宽领域地满足群众服务需求；三要开展免费广告公益行动。抓住当前常态化防疫形势下复商复市、脱贫攻坚中的痛点、堵点，尽快组织开展免费广告公益行动。

三要坚持创意为王。在信息爆炸、信息找人的全媒体时代，“酒香也怕巷子深”，“内容为王”正悄然让位于“创意为王”。宣传作品要形成爆款，服务活动要有吸引力，不仅要有好的内容，更要有好的创意。分宜县融媒体中心创作生产的防疫宣传抖音小视频中，阅览数上亿级 1 个、千万级 8 个、百万级 20 余个，累计获点赞 500 余万，粉丝量猛增 5 倍。究其成为爆款缘由，根子在创意。

坚持创意为王，做大做强主流舆论阵地，是全媒体时代做优做强县级融媒体中心的必由之路。相对中央、省、市媒体和大型商业媒体，县级融媒体中心无论资源实力、队伍素质还是传播平台大多处于劣势和低端位置。要想在日趋激烈的发展竞争中站稳脚跟、赢得一席之地，强化创意意识、坚持创意为王是大势使然，也是最优选择。事实上，创意竞争的门槛并没有想象中的那么高，好的创意不一定非要高大上，也可以是大众化、低成本、小制作，关键在于下好先手棋，抢占制高点。坚持创意为王，要着力把握三方面，一要坚守正能量。毋庸讳言，重创意强创意主要目标就是吸睛吸粉，但必须守底线、走正道，坚持真善美，传播正能量；二要善用短小微。按照高效管用原则，树立“一图几秒也是稿子”理念，多采写小事短文，多制作生产短视频、小视频，多记录瞬间美丽、瞬间感动，切实提高传播实效；三要立足本土化。深挖本土新闻资源、人文资源、自然资源，按照系列化宣传、多角度呈现、品牌化打造思路，深耕本土内容，讲好本土故事，传播本土声音。

重构与转型：
在融合传播中提升战“疫”力

杭州市临安区融媒体中心　李　震　蒋永华

随着移动技术的快速更新迭代，众多商业媒体以及自媒体依托技术、资本的优势快速崛起，带来了传播格局的转变。县级媒体处于四级办媒体的最基层，受技术、人才、资金、市场等各方面的制约，在这场变革中更是处于劣势，受到巨大冲击。2018 年 8 月 21 日，习近平总书记在讲话中指出“要扎实抓好县级融媒体中心建设，更好引导群众、服务群众”。在中央的统一部署下，县级媒体融合改革发展开始迈出坚定步伐，从传统媒体向“四全”媒体迈进，在融合改革发展中积极抢占主流舆论主阵地。这次抗疫的世纪大考也成为了各县级融媒体检验融合改革发展的试金石、练兵场和推进剂。

临安区融媒体中心 2019 年 6 月挂牌成立以来，按照移动优先的原则大力推进原有两家新闻单位在办公场地、人员科室、采编流程、考核管理、媒体平台等各方面的融合改革，着力架构全媒体矩阵，在融合传播中构建新的传播格局。新冠疫情警报拉响后，临安区融媒体中心立即全体动员，全媒联动，全力以赴开展抗疫宣传，切实承担起党媒在重大公共事件中应有的职责和担当，努力打通抗疫宣传的“最后一公里”。

一、构建权威发布传播新体系，提升核心竞争力

媒体竞争力是由媒体的一系列特殊资源组合而成的占领市场从而获得长期社会效益和经济效益的能力，简言之，是媒体竞争的能力。在传统的传播格局中，各级党媒凭借其独特的政治、资源和人才优势在媒体竞争中处于优势地位，公信力和权威性是党媒长期以来凭借其特性打造的一个核心竞争力。但是随着传播技术和方式的变化，这一核心竞争力却在不断被弱化，这一方面是由于新媒体的冲击，另一方面党媒自身在社会热点、焦点问题以及事关民生关切问题上的滞后甚至失声，造成受众对其公信力、权威性认同的下降也是很重要的一个因素。

面对新冠疫情这一重大突发公共卫生事件，临安区融媒体中心发挥新型主流媒体的权威发布作用，第一时间从信息、时效、平台、网络互动等各个层面着力构建起地方主流媒体权威发布的新体系，成为了当地抗疫工作中的“定海神针”。

1. 建立应急指挥体系，做到权威声音有序发声

第一时间启动应急报道机制，迅速建立临安疫情防控指挥部宣传导控组、融媒体指挥中心、一线采编人员的三级指挥体系。其中疫情防控指挥部导控组由中心领导以及“临安发布”和“最临安”新闻客户端的编辑人员组成，在全区启动三级应急响应后就一直进驻区疫情防控指挥部，在第一线第一时间获取第一手的疫情防控信息，并在现场对接、核对、编发，这些来自一线的权威最新信息发布后，都迅速引起了网友们的关注和转发。在抗疫最为紧张的 2 月份，“临安发布”微信公众号破万信息 80 多条，其中 2 条 10 万＋，破万条数是平常月度的四倍多。正是这些来自抗疫一线的最新权威信息让广大市民第一时间获悉疫情形势，第一时间了解防疫行动，第一时间服从指挥配合防疫，确保党委政府声音始终引领舆论方向。

2. 主动设置议题，做到权威声音有力发声

疫情伊始，就整合媒体矩阵，统一开设“众志成城 抗击疫情”总专栏，在此总揽下，根据疫情发展的不同阶段，在广播电视、报、网、端、微各平台先后开设“坚决遏制新冠肺炎疫情”“坚守就是贡献”“复工进行时”“战‘疫’·暖城”等近 10 个栏目，从不同定位、多种角度发出正面声音。同时通过推出评论员文章、网络辟谣等方式，有力引导社会舆论，阻止社会杂音传播。

3. 重构融合传播矩阵，做到权威声音全域发声

疫情期间，针对报纸停止纸质发行，广播电视由于移动新媒体的影响传播力下降的情况，建立以“临安发布”为龙头，镇街部门二级的政务发布为补充的政务发布矩阵，做到内容共享、联动传播、全域覆盖。在融媒体中心内部确立以“临安发布”为第一传播平台，建立中心下辖的报、台、网、端、微新闻发布矩阵，做到采编协作、产品互推、融媒传播。在疫情发生后的近两个月时间里临安发布微信累计阅读量达到 618＋，粉丝数从 20 万左右增加到 25 万左右。临安抖音号制作并发布《机器人抗疫》《衣锦学子为武汉加油》《致敬逆行者》等作品 100 余个，阅读总量 441.84 万次，单条播放量最高 31.1 万，使得主流舆论信息形成了铺天盖地的密集轰炸效应，为当地疫情防控工作发挥了“定海神针”的作用。

二、构建地域特色话语体系,凝聚抗疫强大力量

习近平总书记在部署抗疫工作时指出,要"充分报道各地区各部门联防联控的措施成效,生动讲述防疫抗疫一线的感人事迹,讲好中国抗击疫情故事,展现中国人民团结一心、同舟共济的精神风貌,凝聚众志成城抗疫情的强大力量"。县级融媒体作为最基层的新闻媒体,具有其他媒体无可比拟的地域性和贴近性优势。做好地方抗疫宣传,也就是要以具有浓郁地方特色的人物、故事、语言,充分运用受众喜闻乐见的表现形式来报道抗疫举措,讲述抗疫故事,传播防疫知识,构建起独特地域特色的抗疫宣传话语体系。

1. 大力挖掘身边抗疫典型,讲好地方故事

"援鄂日记""战'疫'·暖城""党旗在抗疫一线飘扬"等一个个表现抗疫典型的栏目,围绕临安援助武汉13名医疗队员、临安人民医院隔离病区党支部、最美抗疫夫妻档、最美抗疫志愿者、义务献血的天目山西游村百余村民等一个个群体和个人,深入采写报道,这些报道用温情的视角,通过一个个顾大局、讲奉献、勇担当的感人故事,展现出广大基层干部群众无畏、坚韧、奉献的精神,更折射出全社会众志成城抗击疫情的守望相助。

随着疫情防控形势的好转,抗击疫情和复工复产成为宣传重点,为此又开设"精密治控 阻击疫情"栏目,重点挖掘报道各地如何运用健康码开展"码"上租、"码"上复工,守好厂房门、出租房门两道门的做法和经验,通过"复工进行时"和"部门伴你行"栏目,采访20位部门主要负责人和60位企业家,向全社会传递复工复产发展经济的信心和决心。其中,由融媒体中心上报的中国银行临安支行帮助鸿雁电器复工复产、机器人为集中隔离人员送餐的做法,两次被中央电视台《新闻联播》报道。

2. 创新形式,讲好"方言"版科普知识

新的传播格局下需要适应受众需求的新的话语方式。防控疫情是全民战争,需要用科学防疫知识筑牢全民抗疫防线。为了避免科普落入灌输式、说教式的俗套模式,临安融媒体中心深入挖掘整合当地资源,紧贴基层百姓的特点和需求,千方百计丰富抗疫产品内容和形态,让当地受众喜闻乐见,"阅"有所得。联手本地文艺家制作原创歌曲《为爱在这里》MV和微视频《舞暖人间·律动花开》,网络总点击量达310余万次;联合区文联,拍摄制作情景微剧、诗词朗诵、宣传短片、快板等传播作品,从提高意识、日常防护、科学认识、亲情陪伴等多个角度加强防疫科普宣传,累计播出200多条次,总时长近500分钟,点

击量1.7亿余次、点赞评论互动431.15万次。以“抗击疫情 我们在行动”为主题，推出系列电子海报、漫画产品150多期，推送“这个春节我承诺”H5微信接力程序，并及时与镇街、部门政务发布二级平台进行信息互动，加强二次传播，形成全媒传播矩阵。围绕“学习强国”平台，策划制作漫画、音频、视频稿100多篇。这些贴近地气、传播形态丰富的鲜活作品，打造了一个主题鲜明的地方版防疫科普系列，以更加易读、易看、易听的方式，为广大市民所接受，汇聚起社会强大正能量，筑起了全民抗疫的坚强防线。

三、拓展新闻＋，在服务提升中探寻转型发展

近些年来，不论是上天入地抢市场的省级媒体还是偏安一隅的市县级媒体，传统广告业务都呈现出急剧下滑的态势，众多市场影响力最为薄弱的县级媒体更是在夹缝中艰难前行。按照县级融媒体中心建设要大力拓展“新闻＋政务”“新闻＋服务”的要求，各地纷纷开始积极探索新的发展模式，通过进军智慧产业、文创产业、电商领域等，探寻新的发展空间，开辟新的蓝海。

1. 增强服务理念，提升助农助企服务力

疫情之下，农产品卖难、实体销售受困甚至停摆、企业复工后用工需求脱节等事关群众切身利益的问题引起了党委政府的高度重视。“民有所呼，我有所应；民有所求，我有所为。”一边是需求与市场，一边是职责所在和改革所需。疫情下的民生诉求，对县级融媒体提出了“新闻＋服务”的新要求。为此临安区融媒体中心整合报、台、网、端、微各个平台开辟融媒互动渠道，倾听基层声音，及时反映群众对于交通、物资保障等民生问题的诉求，通过搭桥引线，用服务群众温暖人心，全力服务“两战”皆赢。指派骨干记者进驻“企业有困难 我来帮你想办法”企业服务热线，一方面，编发“我和企业来约定”“政府专员领衔包保”“助企政策兑现”等主题报道，宣传党委政府政策，一方面收集当地企业困难信息，助力民生服务，推动复工复产。为更好地帮助企业复工，融媒体中心开设“临安企业复工招聘平台”，通过“临安发布”、“最临安”APP、临安新闻网、今日临安、临安电视台等多个平台，持续免费发布复工企业紧缺用工名单，发布各类紧缺岗位近万个。针对当地农产品销售难问题，主动策划融媒体产品，牵线搭建物产云商“全球热选”与临安无公害农产品基地合作平台，帮助推荐农特产品，沟通供销两端，线上线下一起发力服务当地菜农。通过网上渠道帮助销售农特产品3800多万元，其中仅春笋就达300多万斤，完成生鲜产品配送15万单。

2. 拓展发展空间,探寻媒体触"电"模式

拓展发展空间,探寻媒体触"电"模式。进入"互联网 +"时代,随着科技的发展,亟待转型的传统媒体、新兴崛起的新媒体呈现出媒体电商化的发展趋势。作为一种紧贴时代需求的发展模式,电商平台的经营开拓了媒体内容生产的固有模式,将流量有效变现,因此成为媒体获取经济效益的重要方式。疫情催发的电商热、直播带货热,一夜之间红遍大江南北。临安区融媒体中心在做好助农助企产品宣传和推介的基础上,开始把眼光转向自身培育的新媒体平台的触"电"模式。经过几年精心运营,"临安 TV"抖音号已经拥有 76 万粉丝,"临安发布"微信、微博粉丝达到 30 万左右,这些具有较大流量和影响力的新媒体平台为媒体融合传播、流量变现触"电"发展打下了基础。

在学习强国云助团直播赛商品征集的过程中,临安区融媒体中心发现基层农户卖难问题突出,要求带货直播帮助宣传的呼声强烈,于是顺势而动,通过征集精选了湍口雪山大米、湍泉蜜、天目笋干等 10 件(系列)产品,并邀请本地直播网红和单位自身的带货主持人一起,结合抖音号、淘宝直播进行带货直播。为了解决一些农户没有开设淘宝店的问题,又通过协调对接,从产品设计、拍照美编,到上架,再到走进直播间带货,中心一个个地为农户提供最周到的服务。直播两个小时,临安直播间下单 261 件农旅产品。这一活动在"学习强国"学习平台"云助团直播赛"中荣获公益助农奖。

如何让商家和员工们度过线下消费"寒冬",临安区融媒体中心经过一个多月的筹备,在 6 月 16 日到 7 月 18 日期间推出了政府助企行动"临安首届云购物节——主播带你去砍价"活动,开展 17 场次的抖音直播购物,开展云逛街、云购物。每次活动,都利用抖音号短视频预热,同时在"临安发布""最临安"APP 等新媒体平台进行推广,进行联动融合传播导流,提升关注度。17 场活动,涉及了珠宝、家纺、家电、电子产品、汽车等 150 多种类产品,在前六场直播活动中,据商务部门统计实现带动销售 330 多万元。

触"电"发展,为媒体融合改革发展拓宽了视野和市场,也为下一步媒体电商转型发现了不足和问题。比如受限于单位身份性质,开淘宝小店、抖音小店、抖音橱窗的企业营业执照仍未能办理,因此直播带货只能以宣传推广或者与社会商家合作的方式开展,熟悉电商、直播带货的技术、运营人才严重不足,这些体制机制以及人才上的制约仍有待破题。

纵观这次抗疫宣传,临安区融媒体中心由于媒体融合带来新闻采编力量、媒体平台的整合以及生产流程的再造,使得采编之间的协同更加紧密,力量调

配更加精准,平台间的融合传播也更为高效,经过这次疫情大考的锤炼,媒体融合改革迈出了从相加到相融更为坚实的一步,通过理念和模式的创新,也为媒体发展的华丽转身注入了新动能。

发挥“三主”作用　奏响战“疫”主旋律
——孝昌县融媒体中心打响抗疫宣传战的实践和思考

湖北省孝昌县融媒体中心　彭宏伟　李健初　高玉峰　曾凡军

引言：面对未知时诚实、谦逊的态度，团结协作、各展所长的劲头，终将帮助我们赢得这场与病毒的竞赛。——《人民日报》(2020 年 02 月 07 日 11 版)

新冠肺炎疫情发生以来，孝昌县融媒体中心积极发挥主力军、主渠道、主阵地的“三主”作用，强化县级融媒的使命担当，全面深入做好舆论引导，努力为打赢疫情防控的人民战争营造万众一心阻击疫情的舆论氛围，凝聚起众志成城、共克时艰的磅礴力量。

一、全力以赴打响抗疫宣传战

面对来势汹汹的新冠肺炎疫情，义无反顾“逆行”冲上前线的既有无数白衣天使、党员干部群众，还有向险而行的新闻宣传战士。强信心、聚民心、暖人心、筑同心……一声令下，迅速集结，他们扛起抗击疫情的媒体担当。定点医院、交通卡点、乡镇村组、社区院落……主动请战，坚守一线，他们用有高度、有温度、有力度的抗疫故事传播正能量。

(一)未雨绸缪，吹响抗疫宣传集结号

孝昌离武汉百里之遥，与武汉交通、经济、医疗、教育等各个方面深度融合。当新冠肺炎疫情苗头在武汉初现时，孝昌融媒领导班子马上“嗅”到了其中的凶险，从元月中旬就一直盯着疫情的最新进展，并有意识地组建宣传报道梯队，对骨干记者编辑进行抗疫知识培训。1 月 23 日，武汉封城，离武汉最近的孝感市和孝昌县也纷纷采取相应措施封城、封路、封市。疫情就是命令，报道即是使命。疫情来临，孝昌融媒人迅速进入“战时”状态，吹响战疫宣传集结号，全力融入疫情防控主战场。

“我们知道即将面临着一场硬仗，所以提前集结优势‘兵力’、优势资源，在宣传'战场'上，打一场有计划、有准备的'阻击战'。"孝昌县融媒体中心主任彭宏伟透露。

孝昌县融媒体中心按照习近平总书记的重要指示精神和省委、市委、县委以及各级疫情防控指挥部的要求，第一时间部署谋划，召开专题会议，研究制订新冠肺炎疫情防控新闻应急处置和舆论引导工作预案，组建宣传报道领导小组，部署疫情防控宣传报道工作。召集全体员工大年初一全部返岗，启动24小时应急广播、电视播出和新媒体紧急发稿制度。66名编辑记者纷纷放弃休假，有的甚至千里迢迢赶回工作岗位。中心组建新闻报道、宣传协调、新媒体分发、公益广告发布、后勤保障等5个重点专班，投入疫情防控宣传战役。

（二）精准策划，吹响疫情防控出征号

疫情期间，广大人民群众以居家隔离的方式，配合国家打好防控阻击战。人员不能流动，全部居家应战，人民群众此时最为需要的是获取及时、准确、权威的新闻信息，收到丰富多彩的广播电视节目。

为了给广大受众提供及时、准确、权威的新闻信息，充分调动广大人民群众参与配合防控工作的积极性、主动性，县融媒体中心在第一时间启动应急新闻宣传预案，开通24小时应急广播、村村响；紧急调整电视播出流程，全天候重点播出新闻信息、各级指挥部通告、指令、工作通报、疫情科普知识等；充分发挥孝昌门户网站、"看孝昌"APP、"云上孝昌"APP、微信公众号、微博、头条号、抖音号等新媒体平台发布灵活、精准达到等优势，增加每天的发布频次，提高资讯发布传播时效。

多维度触摸战"疫"的孝昌力量，有"人民的生命和健康高于一切"的高度，有"争分夺秒、跑赢疫情"的速度，有"全民皆兵、人人参战"的力度，有"横向到边、竖向到底"的广度，有"隔离不隔心、抱团暖人心"的温度。如何全面深入报道好、宣传好孝昌战"疫"阻击战？县融媒体中心加强指挥策划、应急反应、内容创新力度，突出时、度、效，矢志出精品。每天早上召开碰头会、策划会、诸葛亮会，及时传达县防控指挥部会议精神，第一时间积极响应；每天晚上坚守平台、应急播报……及时策划、及时创作出品，成为记者编辑自觉遵循的战时命令；夜半催征、以台为家、昼夜连轴，已成为县融媒体中心的工作常态。

中心开辟了"众志成城抗疫情""一线抗疫群英谱""战疫日记""孟宗故里、最美'渝'见""有序开展复工复产""贯彻落实习总书记在湖北考察疫情防控工作重要讲话精神"等6个专栏，准确、及时、权威发布各级指令。创新宣传动员，创新疫病科普，针对不同人群，制定不同传播接收途径，做到了精准施策、精准传播、精准达到。融媒体作品MV《相约孝昌的广场》《听我说谢谢你》《人间星河》,纪录片《孝昌“渝”见——重庆医疗队抗疫风采录》和同名网络专题,楚剧《疫后天天好时光》《数来顺快板》,新闻《全国人大代表胡五清的“无疫村”守卫战》《最美“渝”见!勇敢逆行的援孝医疗队女队长》《三人三省逆行千里回村战疫只为一声召唤》《孝昌一家20口四代同堂返乡40余天上演“教科书式隔离”》,抖音短视频等,有针对性、接地气、易传播的优秀作品层出不穷。同时,我们还穷尽十八般武艺,以视频、音频、微文、H5、抖音等不同的方法手段,将作品全部推送到各大平台,让宣传、引导、科普等内容家喻户晓,人人皆知,实现了战时传播效果最大化。一批新闻作品在央视网、学习强国、省市媒体播发,在中央级媒体发稿52篇,在学习强国发稿33篇,在省级媒体发稿526篇,在市级媒体发稿469篇,全媒体平台共发布各级各类抗疫新闻信息2400多条次,新媒体矩阵总浏览量8200万+,全方位、多角度讲述了孝昌抗疫好故事,传播了孝昌抗疫好声音。

(三)融合宣传,吹响疫后重振冲锋号

——打造“看孝昌”APP“惠农商城”公益平台,开展网络扶贫行动。急农民之急,解农业之困,为了帮助农民群众解决疫期、疫后农产品销售困难,县融媒体中心充分发挥融合传播优势,打造“看孝昌”APP线上公益助农平台——惠农商城,围绕公益助农主题,开展现场发布、网络直播、平台合作等系列活动,探索产品销售、品牌传播、形象打造等融媒体服务,真正将“看孝昌”APP惠农商城建设成为一个解决农产品滞销难题、加快农产品流通的网络营销平台,一个开展爱心消费扶贫、帮助父老乡亲脱贫增收的公益服务平台。组织摄制专班和新媒体技术团队,深入乡村田间地头,运用5G直播、航拍摄影、短视频、海报图集、H5产品等融媒体传播手段,推介当地农产品、美食、美景资源,做好活动预热,提高相关产业知名度。开展融媒体各平台网络直播和网红带货活动,通过农作物生产全流程展示、主持人现场体验、记者场外连线、全媒体平台转发、限时限量秒杀等营销方式,引流促销,扩大产品销量。“看孝昌”APP惠农商城运行3个月来,已开展直播带货活动35期,涉及禽蛋、茶叶、蘑菇、土豆、太子米、菜籽油、蓝莓、桃子等40多个品类,销售订单10.2万余份,销售额860万元。

——开启“云春耕”“云复产”“云就业”“云金融”“云赏景”等融媒体直播模式,继续加强关于医疗救治、市场保供、环境整治、人员有序安全流动、春夏农业生产、企业复工复产、脱贫攻坚等方面的主题宣传。

——积极开拓本地服务市场,加强与房地产、金融、餐饮等行业沟通联系,推动二三产业有序安全开市,拓展市场空间,助推市场疫后升温。

——深入策划项目争取项目。积极与国家广电总局、省发改委、省广电局加强沟通对接，谋划争取"5G 直播""云服务器"，县级融媒体基础设施建设，"智慧党建""智慧社区"等智慧化公共服务平台等项目。

大疫就是大考，大疫面前看担当显作为。在孝昌融媒人的心目中，经过多年磨合、有默契、能并肩打硬仗的团队"最值钱"。这个团队有多个层面，大至领导班子，小到各个部室，乃至个人。在这场宣传战"疫"中，正是因为有中心多个层面的大小团队互相支持、团结包容、齐心抗疫，才有了宣传"战场"的捷报频传。在抗疫宣传最紧要关头，骨干进了"红区"，年轻记者迅速"补位"。中心主任彭宏伟多次重新"排兵布阵"，从采访到编辑到审片，全部大胆起用年轻记者编辑。抗疫阻击战打响 70 天来，县融媒体中心全员上岗战斗，愈战愈勇，不胜不休。有带病不下战场的一线记者王虹、丁露，有勇闯红区的 964 团队和张添、康洪洲、董维文、丁潇潇等记者编辑，还有带病驻村防疫的扶贫队员刘福元，争当社区楼栋长的刘立恒、丁爽等一大批无畏守护者。抗疫战斗把平时默默坚守在平凡岗位的普通员工、党员干部的真善美，都毫无修饰地晾晒出来，质朴的情怀赢得了大考的检阅，充分体现了大疫面前"党媒姓党、绝对忠诚"的政治自觉和责任担当。

哪有什么岁月静好，只是因为有他们在负重前行！孝昌融媒人用实际行动和宣传成效，践行了"引导群众、服务群众"的初心和使命，他们以崇高的职业精神和忘我的责任担当，全力以赴投身战"疫"第一线，也在媒体融合的"大考"中，完成了一张漂亮答卷！

二、启示与体会

孝昌县融媒体中心在这次抗击疫情过程中，充分利用融媒优势，提升舆论引导效能，为打赢疫情防控阻击战提供了强大的精神力量和舆论支持。通过这场战"疫"，我们有以下几点启示与体会。

（一）把握一个基本判断：传统广电难以适应现实需求

在疫情防控中，融媒体中心坚持以移动优先为原则，电视屏、电脑屏、手机屏和广播一同发力，网站、客户端、微信公号、微博、抖音等新媒体平台广为传播，多平台联动，宣传报道及时快速，传播范围广泛，信息服务延伸，构建起立体式、全覆盖的疫情防控宣传网络。在全媒体时代，人们主要靠移动端获取信息，而且时间要快、信息量要大、形式要丰富。相比之下，广播、电视等传统媒体在传播中有时间和空间的局限性，信息的时效性和传播途径等已远远不能满足受众的需求,已经不能在这场疫情防控阻击战中发挥更大作用。

(二)发挥一个独特优势:全媒体生态链日益成熟完善

在抗击疫情中,县级融媒体中心作为新媒体的互动性、便捷性和精准性等优势得到发挥。媒体深度融合,引导社会主流舆论,多平台联动,形成立体传播网络,让疫情防控宣传全方位覆盖、全天候延伸、多终端呈现。疫情消息动态、各类信息服务,一键直抵基层,及时满足基层群众多元需求。歌曲、动画、短视频等丰富多样的内容,吸引了大量用户观看、互动,鼓舞群众战“疫”斗志。疫情之下,对农民和中小企业影响巨大,融媒体中心充分发挥“最后一公里”的作用,利用大数据、人工智能、云服务等技术,将服务延伸到基层,开展的“云春耕”“云招聘”“云金融”等,推动跨界融合,服务当地经济社会发展。

(三)抢抓一个大好机遇:线上经济蓬勃发展大有可为

为防控疫情,多地采取“封城”、封路、居家防疫等措施,传统消费和产业受到较大冲击。很多消费者将购物重心转移至网络平台,通过线上下单、无接触服务的“线上经济”,在战“疫”和保障民生等方面发挥了积极作用。县融媒体中心推进创建网上商城、直播平台,主持人、编辑、记者、工程师、技术人员等多种专业人才形成合力,发挥其各自特长优势,它的传播力、影响力、公信力是其他平台远不可及的。目前,各地官方主流媒体做电商带货,发挥权威媒体的公信力和号召力作用,把直播带货作为引导群众、服务群众的一个服务手段,让特色农产品搭上了网络经济快车,从而更好地扶农助农,助力经济发展,社会影响和经济效益初见成效。互联网的快速发展叠加此次疫情的冲击,进一步促进了人们思想观念、消费模式的转变,令越来越多的人加入网络消费,加速了线上经济的发展,线上产品也进一步多元化,融媒体中心发展线上经济将大有作为。

(四)珍惜一个重要平台:参与基层社会治理不可替代

中宣部在县级融媒体中心建设现场推进会上强调,“要突出县级融媒体中心的舆论引导功能和服务功能,努力把县级融媒体中心建成主流舆论阵地、综合服务平台、社区信息枢纽和精神文化家园”。这次疫情是对我国治理体系和能力的一次大考。加强疫情常态化防控,重要的是破解社区治理难题,这与融媒体中心的功能和作用不谋而合。全媒体时代,县域用户已成为移动应用最大的增量群体,县级融媒体中心距离群众最近,理应让百姓的声音借助融媒体中心的产品第一时间实现“下情上达”。县级融媒体中心不仅要成为县域新闻报道和舆论引导的主导力量,更应该成为向本地人民群众提供以政务服务为核心的各种本土性服务，如公用事业服务和生活服务的平台，为社区成员提供信息交互的空间。通过疫情期间的实践检验，融媒体中心在重大疫情中的舆论引导、信息发布、大数据应用、舆情风险监测、社会服务等方面发挥了重要作用，我们更有信心将县级融媒体中心打造成为新时代基层治理新平台以及党和政府的重要执政工具。

三、疫情下县级融媒存在的问题与对策

（一）问题与不足

习近平总书记指出：“这次抗击新冠肺炎疫情，是对国家治理体系和治理能力的一次大考。”惊心动魄的抗疫斗争对县级融媒体来讲也是一次“大考”和“大检”，同时也对县级融媒体中心的下一步发展提出了新的更高的要求。这次抗击新冠肺炎疫情，暴露出来的短板和不足主要有以下几个方面。

1. 用人环境有待进一步优化

融媒体时代，新闻的竞争归根到底是人才的竞争。当前，我们县级融媒体单位的人才引进主要是通过有组织的统一招考招聘来实现，这样普遍存在着指标少、周期长、落实慢的弊端。急需的基于融合创新业务的策划创意、新闻采编、播音主持、设计包装、营销推介等优秀高端专业人才因此难以引进和留住。而原来传统电视转型人员，思维僵化、思想守旧、思路狭窄，融合意识、融合技能不强，一些较为优秀的聘用人员在岗位上经过几年的历练提升后，由于人才编制解决缓慢滞后以及待遇不高选择了另择“高枝”，县级融媒单位成了人才培训和培养的“摇篮”。急待探索和改进优秀专业融合人才引进、培养、使用、晋升体制机制，以加快提升媒体的核心竞争力。

2. 产品质量有待进一步加强

融媒体时代，仍然是“内容为王”的时代，但媒体融合发展现阶段，内容同质、功能重叠现象客观存在。从业人员惯性思维，传统媒体与新媒体各环节没有融合，“两微”账号分散、媒介资源整合不够，融合生产程度不高。创新能力明显不足，自身节目容量小，节目内容单一，深度不够，导致融合和传播不到位；而投入不足、设备老化致使节目生产包装制作档次不够，节目形式和内容老化，对观众缺乏吸引力，从而导致收视率下降，平台影响力日益萎缩。

3. 经营效益有待进一步提升

县级融媒体中心初建，本身融合内容的生产能力尚未完全形成，创新能力

更是捉襟见肘,很多创意不能实现,更不能变现。近几年来,由于受互联网和自媒体的影响,受车载、移动广告、户外大屏、微信、小报、各种形式的宣传品等广告媒介的影响,特别是受2020年新冠疫情影响,县级的融媒单位广告“雪崩式”下滑,创收能力大大降低,经营业绩持续下滑,如何突围已经成为一些地方媒体的首要任务。

4. 体制机制有待进一步激活

融媒体中心属特殊行业,新闻舆论工作具有“四两拨千斤”的精神激励倍增效应,其改革发展也必然不同于一般部门。虽然县委、县政府高层领导非常重视支持媒体融合发展工作,但在顶层设计上没有具体化,缺乏如绩效系数设计、人才合理流动晋升、“媒体+”等方面的制度设计,不能提供政策依据,缺乏务实管用的体制机制,导致改革进程推进缓慢。

(二)对策与建议

针对现阶段县级融媒体中心运行过程中普遍存在的问题,建议下一步从以下几个方面加以重视和研究。

1. 创新机制,打造新型融合团队

实施“人才强媒”战略。新时代,新媒体发展壮大,急需既精通数字互联网通信技术、大数据技术,又懂内容生产和市场运营的复合型人才,弥补基层融合媒体人才团队中的“弱项和短板”。(1)加快建立人才引进机制。争取开辟人才引进的政策“绿色通道”,引进新媒体融合发展所需的高层次人才、紧缺人才、领军人才,要加快优化队伍结构,加快融合的专业引领。(2)加快建立人才培养机制。以打造一支复合型、创新型全媒体人才队伍为抓手,狠抓内部挖潜,多渠道、多方式培训优秀编辑、记者骨干,全面提升媒体融合队伍的整体素质和水平,打造媒体融合的“尖刀班”。(3)加快建立人才激励机制。制定面向基层融媒体机构工作特点的岗位工资和绩效考核体系,充分运用考核激励机制,最大限度地调动专业骨干的积极性,鼓励他们创新创优。探索媒体融合发展业态下“人尽其才、才尽其用”的有效办法,形成干事创业的良好环境。通过主流媒体的建设壮大,给予基层融媒体机构一定的职称评聘自主权限,出台适用于基层融媒体单位人才引进、管理、考核和职称晋升的行业管理制度。

2. 聚力融合,打造县域主流媒体

第一,推进思想观念与时俱进,营造融媒体发展的良好社会环境。网络时代产生的“融媒体”,不仅仅是宣传舆论的新阵地,也是便民服务的好平台,更是治国理政的重要工具和手段。推动全县各级充分利用各种形式,广泛宣传介绍融媒体知识，使全县广大干部群众充分认识、支持、使用融媒体，努力提高县域治理体系建设和治理能力建设的水准，加快孝昌现代文明建设步伐。其二，建设新型的县域主流媒体，是县级融媒体建设“建设主流舆论阵地”的首要目标。按照“移动优先”构筑“中央厨房”式的全媒体构架，改革采编方式，实行一体化采集，分媒体编辑，分通道、分平台传播的运行方式。加快功能融合、思想融合、技能融合、业务融合。聚力融合，在唱响主旋律中实现内容精品化，在注重原创性时实现节目本土化，在汇集新闻源的同时加强全平台推发。第三，积极推进人才培养机制，打造全媒体人才队伍。以优秀编辑、记者、主持人为骨干的全媒体人才是实施媒体融合发展战略的核心。推行事业单位企业化管理模式，造就一大批满足新媒体、新业态发展需要的具有原创能力、善用创新成果、懂经营善管理的复合型全媒体人才队伍，为媒体融合发展、创新发展提供全方位的人才保障。第四，实行网络媒介资源整合，建好融媒体综合技术平台。根据全省统一部署和技术要求，依托先进的科学信息技术和媒体融合发展理念，加快建成融媒体中心技术平台。集中精力，集中资源，建设先进性、引领性与独特性的新媒体平台——“看孝昌”APP。力争在一年内，“看孝昌”APP 下载安装激活量 10 万，远期目标超 20 万，全平台日活量 2 万，在互联网上再造一个孝昌台。第五，拓展“新闻＋”业务，探索多元经营。加强顶层设计和规划指导，避免重复建设，融合全县广播、电视、纸媒、网站、论坛、新媒体、社会自媒体、政务服务平台、电子商务、户外宣传等媒介资源，引领传统媒体与新兴媒体融合发展，拓展业务范围。探索推行“新闻＋政务”“新闻＋文化”“新闻＋服务”“新闻＋电商”模式。

3. 加强保障，提供融合发展支撑

加快深化体制机制改革。构建新的组织构架和商业模式，用互联网方法、市场化原则、资本化运作，真正实现传统媒体与新媒体的一体化经营。改造各平台的市场化、互联网化基因，打造一支熟悉市场、熟悉规则、熟悉专业的职业化团队。按照事业和产业的功能定位，让电台、电视台回归到公共服务本位，以内容为纽带进行业务整合，让从业人员的主要精力回归媒体主业。另外，以资本为纽带进行产权整合，实现跨地区、跨行业、跨所有制、跨媒体兼并重组，在融合发展中做大、做强、做优广电传媒产业。以孝昌广电传媒公司为载体，经营好“车载广告、云品茂、旅游专列”等优势产业，大力拓展市场，为全台市场化改革深入推进夯实基础。利用好广电传媒公司的市场化金字招牌，将一些不适应事业单位属性的业务划转公司经营，让国有资产保值增值，更大限度地反哺公益宣传事业。孝昌县级融媒体融合发展虽已起步，但建设仍然在路上，媒体融合发展的“瓶颈”仍需要破题。特别是由于受疫情影响,广告收入剧减,创收形势严峻,依靠自身融合发展的资金严重不足。为此,我们要积极争取县财政部门进一步加大对融媒体机构基础设施和技术设备的投入,同时,补短板,强弱项,强实效,促进媒体融合向纵深推进。要支持孝昌主流融合媒体做大做优做强。积极推动县发改、县编办、县财政等相关部门完善扶持政策,争取县级文化产业专项资金对媒体融合发展项目给予倾斜支持。要实施针对基层融媒体机构业务培训和实践以及外宣奖励激励的长效机制,政府从财政上给予相应的保障。

战"疫"一线，江油新闻"逆行"者的感人群像

——记新冠疫情防控中的江油市融媒体中心记者们

四川省江油市融媒体中心　陈爱民　罗凤林　关　霞

历史为2020年初春的中国留下了让人不可忘却的痕迹。一波让人猝不及防的新型冠状病毒感染的肺炎疫情向欢度新春佳节的神州大地突袭而来。各地各级党委政府疫情防控指挥部迅疾成立，一场没有硝烟的战争悄然打响！

江油，这个拥有88万总人口和近500亿GDP、工商企业众多、人员流动频繁、仅外出务工人员就达20多万人的县级工业城市，迅速成为疫情防控任务特别繁重（全市确诊病例最多时达6例，为绵阳各区市县之最）、需要特别重视、采取特别严密措施的重点"战场"。

新冠肺炎疫情，让团聚选择了等待，让坚守成为了常态。在全市一个个党员干部冲锋在防控一线的同时，一则则来自一线的新闻报道，带给广大群众无限的力量和希望。这些新闻报道的背后，是一群同样勇敢奋战在一线的新闻人。他们作为江油新闻宣传主力军，内宣、外宣工作创造了受领导肯定、受市民好评的"双满意"宣传效果。市融媒体中心数十名新闻工作者们，有在团圆饭桌上接到召集令，匆匆挥别亲人立即返回者；有大病初愈却主动请战，不顾个人安危深入一线采访者；有顾不上照顾年幼的孩子，毫不犹豫直接到岗者；有在回家途中接到返岗通知，还没来得及见到家人就匆匆折返者……他们或肩抗摄像机、或手握照相机、或怀揣采访笔记本，紧紧跟随医生、护士、民警、村组干部、社区工作者、抗疫志愿者们的脚步，深入到了城市农村、医疗院所、社区街道、厂矿学校、路口车站等无所不在、不留死角的防控战场最前线。

——他们，无疑是这场"战争"中的又一群最美"逆行者"。

退伍不褪色，患癌不退缩的"军人"记者——蒋杰

蒋杰，市融媒体中心记者，一名退伍后加入新闻战线的90后小伙。2019年9月，母亲的突然病倒让27岁的蒋杰感受到了生活的苦涩，但退伍不褪色的他一直坚守在融媒体一线，咬牙坚持，埋头苦干。同年12月，生活的考验再

次迎面而来,蒋杰被查出了甲状腺癌,刚做完甲状腺癌手术出院的他被医生一再叮嘱要求至少休息半年后才能扛摄像机。然而,这位在平常工作中勇挑重担的退役军人、共产党员,关键时刻更体现出过人的政治素质和过硬的职业责任感,一听疫情紧迫,第一时间就要求承担采访任务,投入了战斗。

在传染病医院,在病例隔离小区,在路口防疫卡点,在偏远乡村,在复工复产企业,整个疫情期间,他的脚印遍布江油城乡;防疫医生、社区干部、捐赠者、志愿者,他接触的人各色各样;熬夜写稿、传稿上送,他极尽新闻职责,用自己的行动证明了自己,也诠释了记者的含义。同时,作为一名党员,他更是事事冲在前头,伤口的疼痛没有打倒他,他始终在记者队伍中发光发热。春节前从1月23日至2月中旬,他已采写电视新闻稿件25条、新媒体稿件40余条。

除夕团聚再次不在家的"坏爸爸"——叶勇

叶勇,市融媒体中心记者,长期在一线采访,2020年已经是他连续6年因工作未能与家人在除夕团聚了,"爸爸是坏爸爸,又不回来吃团圆饭",面对女儿嘟起的小嘴,叶勇只能心怀愧疚地对女儿说:"爸爸忙完了工作很快就回来。"疫情发生以来,他扛着摄像机奔忙在疫情前线,在非常时期、特殊时段,始终把新闻记者的职责和使命放在首位,几乎跑遍了全市所有乡镇和大部分村(社区)以及主要预备、观察、隔离、治疗等的一线医院,重点留观医院去了不下5次,连续工作25天时间,有时一天多则10余个乡镇,少则五六个乡镇,每天工作长达9、10个小时,尽管身躯疲惫,也从无怨言,第一时间把市领导指导、检查一线防疫工作、解决一线防疫困难等工作全面报道出来。在这期间,时刻坚守岗位随时待命,接到通知即刻出发,几乎每天都是连轴转。市领导和中心领导曾多次关心他让他调休,他说:"非常时期,我能克服就克服一下,能坚持再坚持一下,想到参与一线防疫工作的医务人员、警察、军人以及志愿者们,他们身处最危险的地方,依然奋战在第一线,自己这点苦与累根本不算什么!"

抗疫、脱贫两不误的"高产记者"——梁柱生

他是一名作家。铁肩担道义,成风亦化人。笔耕不辍、著述丰硕。

他是一名记者。妙手作文章,镜头录时代。一个个抗疫镜头、一篇篇脱贫稿件从彝区布拖飞往江油、绵阳、成都,一条条帮扶专稿传向市级、省级、全国媒体平台。

他是一名对口帮扶布拖的编外工作队员。双脚走布拖,步步含深情。不

惧酷暑夏日,不畏霜雪严寒,既帮扶脱贫,又帮扶抗疫,与布拖人民建立了鱼水深情。

他,就是梁柱生。一个年已53岁,却以工作勇挑重担为乐、以稿件"多产高产"为趣、以为布拖脱贫事业多作贡献为荣的江油市融媒体中心资深记者。

疫情发生后,梁柱生的采访了解报道工作比在江油的同志更难而且更危险。因为彝区群众接受抗疫知识和了解自我防护手段更不容易,以记者身份"服务群众、教育群众"难上加难。但在江油对口帮扶布拖前线指挥部的领导和帮助下,梁柱生同志满腔热情地展开工作,克服海拔高(最高海拔3891米)、缺氧(呼吸困难)、奇寒(最冷达-11℃)、风大(八九级大风是常事)、紫外线强(曾被晒脱头皮)、因海拔高水烧不开(水沸腾只有91℃)而常拉肚子、饮食不适、下乡道路崎岖险要、语言不通(彝族占97.2%)等困难,与当地记者、干部、群众打成一片,跑遍全县30个乡镇,采访发表江油对口帮扶布拖及布拖"抗疫+脱贫"的新闻报道456篇共45万字,其中200多篇优秀稿子被《中国报道》《学习强国》《封面新闻》《四川日报》《川报观察》《四川经济日报》《四川工人日报》《绵阳日报》《凉山日报》《凉山广播电视报》《西昌都市报》等上级媒体采用。视频新闻在四川电视台、凉山电视台等多家电视台播出,为鼓舞、教育布拖干部群众树立战胜疫情信心、夺取脱贫发展的最终胜利作出了一名资深党媒记者应有的贡献。

巾帼不让须眉,勇闯"雷区"的女记者——何琪琪、刘元芳

江油市骨科医院离江油市城区40多公里,承担着与华坪留观医院一道实施市防控指挥部下达的、对已确诊首例患者的密切接触者进行医学隔离的艰巨任务,工作繁重而有很大的染病风险。2月12日,不顾旅途与工作的双重劳累,何琪琪和刘元芳一下车,就紧锣密鼓地在医院带班领导引领下,对近20天来医院按照上级党委安排部署,在医疗救治、院感消杀、卫生防疫、高速高铁卡点筛查、宣传信息统计、物质后勤保障等六个方面所开展的工作进行了详细采访记录。为报道医院介绍的一线先进典型事例,两位记者又临时自添采访任务,赶到10多公里外的华坪留观医院,对骨科医院派出的志愿者李洪进行了拍摄采访;在高速路口,对刚结束行政值班又开始筛查发热患者的卢国双进行了专访报道;中午时分,恰逢医院安排工作人员到残疾人家庭去开展防疫及"残托服务"项目工作,两位记者又主动请缨一同前往进行了跟踪拍摄。

危难之时,方显"逆行者"的勇敢与可贵。白天,她们冒着被感染的危险采访摄制,夜晚则加班加点编辑制作,工作量达到平常的3倍之多,因采访耽误

“饭点”是家常便饭,泡面、饼干成了工作期间的主食。

在她们向医务工作者们提问“零距离接触病患,是否担心过被感染,至亲是否理解”这样的问题的时候,医务工作者们也反问了她们这个同样的问题。她们回答:“人性皆有柔弱和怯懦,但当我们选择记者这一行的那天起,就知道我们会面临质疑、抵触、各种风险甚至生命危险。但人这一生的经历短短数十年,作为记者的意义不是我们活过多少日子,而是记住了哪些日子、记录了哪些精彩!”

这是何琪琪和刘元芳一天的采访记录,这更是江油市融媒体中心无数新闻人的鲜明缩影,为此,为她们勇战一线的精神所鼓舞和感动,市《防控简报》以“江油电视台采访给一线医护人员带来鼓舞”一文专期记录和表达了对新闻工作者的崇敬和谢意。

轻伤不下火线的“独行侠”——向星宇

向星宇,市融媒体中心资深记者,大学毕业即从事新闻采访已近 15 年。在疫情防控一线,无论城市、农村、高速公路收费站,到处都能看到他瘦高帅气的身影、专注敬业的眼神,听到他标准纯正的普通话。

在一次疫情采访中,他意外被擦伤头部。执着的他没有退却。他缠着纱布、轻伤不下火线依然带伤采访。作为独生子,父亲因肝癌住院他无法随身照顾。因外出采访需避免与家人接触,他独自居住,每天采访结束拖着疲惫的身躯回家还要自己解决伙食,但他却总是用自嘲回答同事的关心:“老记者老习惯了,当年 8 级地震采访都没怕,还怕这点点苦不成?”

“大义灭亲”的战“疫”女主播——杜治玫

防控初期,母亲不听劝告,趁她上班不在家偷偷溜出门去打麻将,获知情况后,经电话劝告未果后,杜治玫果断报警,协助警方及时批评教育了母亲及一众牌友,其母亲还作为反面典型上了《绵阳晚报》,成了教育全市爱打麻将中老年人的活例子,母亲为此还跟她生了好几天的闷气。杜治玫却这样说:“作为新闻工作者,自己家人的疫情防控宣传都不到位,又如何做好新闻宣传工作?为了不给一线奋战的同志们添麻烦,我们就是要大义灭亲。”

在女儿家长群发现来源不明口罩,杜治玫立马跟踪追击,并拿着“证物”直接去了公安局,配合食药工质局展开了惊醒动魄的追查“黑心商贩”行动,成功将流出的 450 个假口罩全部回收销毁。她说这是一个媒体人应有的执着和良知。当听说转售假口罩的当事人也属于被蒙蔽对象，家中有小孩，妻子身患尿毒症，所有口罩上缴销毁后，没有口罩可以使用，杜治玫满含热泪地把自己珍藏的十几个 N95 口罩免费赠送给了售假人。当听说记者们缺少防护物资时，她积极联系，帮助单位采购酒精、口罩等紧缺用品，还为一线记者赠送防护手套、小喷瓶等。她跟随记者们每天穿梭于小区一家一采访点，没有一丝犹豫和退缩，像一名战士一样，在工作需要的第一时间就带上“刺刀”冲上了战场。

临危不乱的“抗疫宣传宅男”——廖志勇

“江油没地震吧？我家里，刚才正在编辑新闻，结果持续不断的炸裂声就开始了。”2 月 6 日，13:47 分，一条“我家地板瓷砖炸了”的信息在融媒体中心的群里发出来，家里地面七八块地板砖同时崩裂翘起的视频、图片瞬间引起了群内同事们的高度关注。

会不会是地陷？会不会是房屋结构承重导致下沉？会不会……

面对同事们的关心和支招，廖志勇处变不惊：“算了，暂先不管，还有几条新闻没有做完，工作做完再说。”

作为融媒体中心的技术部副主任、融媒平台技术骨干人员，自疫情防控宣传工作开展以来，凭借着对新闻工作的热爱，廖志勇专注于幕后技术编辑工作，每天从早到晚不停上传各种疫情防控信息，开发研制疫情动态系统的“笨笨”，为了让江油群众第一时间了解疫情信息，使大家安心放心，主动承担了“江油头条”大量繁重的工作。从春节前的 1 月中旬到现在的一个多月里，不仅没有休息过一天，还几乎每天熬更守夜。由于每日长时间专注于屏幕，一双眼睛两年前就已发生病变，医生建议他减少用眼，在这非常时期，他却因工作需要而将医嘱抛之了脑后。

愈战愈勇的“抗疫之声”战队——FM97.6 播音小组

在抗疫报道中，江油人民广播电台阳光调频 FM97.6 充分发挥了联合报道、资源整合、区域协作的特有优势，通过聚合联动的力量加强疫情报道，加强舆论引导，打赢抗疫信息战。江油广播人从春节大假第一天开始集体返岗，在不间断的江油电波中，疫情报道、信息公开、辟谣止谣、防疫科普、心理减压，用创新、鲜活的疫情报道发挥了巨大作用。通过正确的舆情引导、贴合的宣传方式有效降低了疫情影响，稳定了社情民心。

从接收汇总文稿、编辑文稿到早 8:30 至下午 6:00 不间断直播，让广播电台做到了及时发声。疫情期间,老百姓最关注什么?当然是疫情动态、抗疫、防疫的情况。广播要持续发声,为了减少部门主持人的聚集,直播人员调整为每天两人直播,每人直播半天,同时要求部门主持人每天上播之前对直播间和设备进行消毒,在保证工作环境安全的前提下,让电波不断,让老百姓能够通过调频及时收听到党委政府的声音,能及时了解到目前江油市战"疫"的具体情况。如此百姓自然心安,也会更积极主动配合防疫工作。

许莹,江油人民广播电台阳光调频 FM97.6 主持人,一个充满活力的 90 后广播节目主持人,也是地地道道的湖北人。春节放假前就已经计划好了带着男朋友回湖北老家见爸妈,爸妈也在湖北老家准备了年货期待着一年没有回家的女儿和准女婿。许莹说,她和男朋友采购了很多江油的特产,准备带着男朋友回家见家长,这次回家团圆的机会足足等了一年。可是就在准备动身回家的前一周,新冠肺炎疫情阻击战打响了。这家是回还是不回?是留在江油为抗疫作贡献,还是硬着头皮回家完成"人生中的大计划"呢?许莹犹豫了很久。电话那头,妈妈说:"莹儿,你爸给你和你男朋友买了好多好吃的,明天你爸要上街去给你割几斤上好的猪肉,等你们回来给你们包饺子。"在疫区还没有封城之前,回与不回的矛盾却让许莹彻夜难眠。

可是在抗疫的关键时期,回湖北不就是给党和政府添乱吗?经过和领导的谈心,许莹主动放弃一年一次难得的回家过年的机会,决定从自身做起,留在江油放弃归家,积极参与到广播电台的抗疫特别节目中,同时还承担起了电视新闻外景报道的工作,她说,她要为战"疫"尽一份力。

江油人民广播电台阳光调频 FM97.6 的大家庭中,有很多同事都是上有老、下有小,比如杜昀、王静、刘阳、赖明敏、费炫毓,他们在疫情期间,先保障自己的工作,再回家照顾自己的妻儿老小。这就是江油的广播电视人,疫情期间愿意舍小家、为大家。大家说,不是为了挣加班工资,没有加班工资大家照样上直播一线。正是因为有了小家的小牺牲,才成就了大家庭的温暖。疫情尚未结束,我们的抗疫报道仍将持续,我们仍将奋战在抗疫报道一线,通过翔实、创新的融媒体疫情报道,让防控更有力,让民众更暖心,让抗疫更有力量。

为了新闻工作者的使命,"逆行"队伍中还有他们……

从 1 月 23 日"江油发布"第一条抗疫公告和新闻稿开始,长达一个月没有真正休息的雷江天、罗见茂、何勇等领导,和采编播发一线人员,体现了作为党委政府喉舌的市融媒体中心干部职工高度的政治责任感、过硬的新闻专业素质、良好的职业道德精神。在江油市委市政府全力争取疫情防控和经济社会发展双胜利的一个多月的宣传采访过程中，还涌现出了一大批政治坚定、专业过硬、不计个人得失、勇敢战斗在采编发一线的新闻战士：身先士卒一直战斗在抗疫一线的采集部主任刘嘉，撰稿编发连续作战的编发部主任涂伟强，一直带病坚持值守政府门户网站的曾刚，为抗疫外宣无数次熬夜的吴勇、雷兴双，心系抗疫、不怕苦累的"省十佳主持人"杜昀、张炀苴(临近预产期还加班至深夜)，策划制作抗疫公益片的雍仕君、李欣，一直坚守岗位为记者提供技术和后勤保障的周斌、罗凤林、罗维，挺身而出勇担社区执勤任务的党员突击队成员尚将、张永兴、赖小平、皮光明等等……集万千力量战"疫"攻坚，铸就了江油新闻宣传工作者在疫情防控战场上的一道因勇敢而可敬、因敬业而亮丽的"逆行"风景线。

有辛勤耕耘，就有丰硕收获。最美"逆行"带来最佳宣传成果，截至2月18日，在不到一个月的时间里，江油融媒体中心台、报、网、微、端各平台自采(编)发稿量达5244篇，浏览量5828万(仅"江油发布"最高浏览量一条即达18万)；包括央视、人民日报、新华社和省市主流媒体及其网站在内的外宣稿件累计发稿达453篇。江油融媒体中心采访推出因抗疫劳累过度而在工作岗位献出生命的村支书刘永柏，稿件被央视播出，刘永柏被追授"四川省优秀共产党员"，并被千万网友、观众盛赞和惋惜。江油融媒体中心为江油疫情防控营造了良好的舆论环境和氛围，为绵阳、四川、全国听到江油疫情防控和复工复产的"正能量"声音，作出了重要贡献，也展示了江油新闻工作者勇闯抗疫一线的精神与奉献！受到市委市政府充分肯定，也受到广大市民群众的高度赞扬和好评。"江油发布"微信公众号、"直播江油"抖音号等新媒体粉丝量陡增3倍，体现传播力、引导力的媒体综合影响力指数排名从全省20多名升至第5名。

推动市级媒体融合 助力“两手硬 两战赢”

——对疫情发生以来湖州市级融媒体实践的思考

浙江省湖州市新闻传媒中心　　陆立　朱熙挺　姚佳丽

自新冠肺炎疫情暴发以来，湖州市新闻传媒中心与疫情相关的信息受到了公众的高度关注。这次疫情中，主流媒体承担着发布疫情信息、缓解大众焦虑、引领舆论导向和提振社会信心等方面的重要作用；同时在全媒体时代，公众对获取信息的实效性与透明度提出了更高的要求。因此，疫情也考验着各级新闻媒体的应急处置能力、传播引导能力、社会服务能力以及创新求变能力。

这种挑战，对于地市级新闻媒体而言更加明显。在传统的四级媒体机构格局中，地市级媒体处于央媒、省媒和县级媒体中间，身陷“内挤外压”的尴尬境地；近年来各级媒体融合实践全面铺开，但地方上的政策重点集中于省、县级媒体层面；疫情冲击下，互联网等新兴媒体又加速抢占信息传播渠道和舆论话语权，进一步挤压了地市级媒体的生存空间。

正是在这个背景下，早在 2019 年 6 月，浙江省湖州市正式启动了对原湖州日报报业集团（湖州日报社）、原湖州广播电视传媒集团（湖州市广播电视台）两家单位的整合迁建；同年 12 月 9 日，湖州市新闻传媒中心（以下简称：中心）正式挂牌成立，这是浙江省内第二家由“报台合并”而来的地市级融媒体。在推进媒体融合过程中适逢新冠肺炎疫情的暴发，如何捋清融合思路、发挥融合优势、加快融合发展，助力湖州“打赢防控阻击战，打好发展总体战”（以下简称“两战”），成为中心成立后面临的第一场硬仗。

一、做好“四篇文章” 以融合求突围

中心成立伊始，就立下了“奋战 100 天，实质性完成组建，融媒体全新上线”的军令状。围绕这一目标，中心积极组织开展百日攻坚专项行动。即使在疫情期间，仍然紧盯工作目标及进度，实现了“快融”“真融”“实融”，把疫情报道的舆论场视为媒体融合的战场，着力做好下面这“四篇文章”。

（一）整合资源 做好“盘活文章”

推动市级媒体融合发展，“形”的整合是基础。中心对原报业和广电两家传媒单位的整合，是媒介融合语境下“提升市级媒体传播质态、实现优化发展的现实路径”。中心下足力气推进组织架构的调整和管理体制的创新，优化新闻采编机制、人事管理机制、考核激励机制等制度设计；在渠道、平台、管理、经营、体制等方面进行了一次彻底的重构优化，充分盘活了原本分散的数据和资源；尤其是新的薪酬考核制度，打破了编制内外“同工不同酬”的分配方式，激发了新闻一线职工的积极性，进一步解放了新闻生产力。

基于资源整合而凝聚起的战斗力。中心在疫情暴发的第一时间就动员组织了 300 多名一线采编人员到岗待命，并组成骨干报道团队奔赴防控疫情与复工复产的第一线，及时采集、播发第一手的动态信息，织起了一张立体式、全覆盖的宣传网络。

（二）发挥所长 做好“个性文章”

疫情期间，中心发挥了“声、屏、报、网、端”的全媒体资源优势，所有平台全媒联动、同频发力，共同打造精准传播的全媒体矩阵，构建起了覆盖范围广、宣传力度强、传播效率高的信息传播体系。原报业集团所属的“湖州发布”微信公众号，与原广电集团所属的“爱湖州”新媒体平台率先联动，发挥新媒体传播优势，开设了《湖州在行动》专栏，24 小时不间断动态发布全市、全省乃至全国的最新疫情通报，以及全市疫情防控工作的新举措、新进展，成为此次“两战”宣传的主要阵地。从 1 月 23 日至 2 月 7 日，“湖州发布”微信号发稿 170 多条，“爱湖州”微信、客户端发稿 5800 多条，点击量和总阅读量近 6800 万。

中心还打破了广播、电视的常规时段，开设了《众志成城 防控疫情》特别节目，广播电视每天报道量达到 500 分钟。其中电视频道七个点位开设融媒体特别报道，每天新闻自办节目播发量达到 200 分钟；广播三套频率开设整点、半点疫情及防控信息通报，每天特别节目报道量达 300 分钟。

同时根据防疫形势发展的需要，《湖州日报》《湖州晚报》提前结束春节休刊，从 1 月 28 日起复刊，每天出版“众志成城 防控疫情”和“众志成城 坚决打赢疫情防控阻击战”特别版面，播发各类稿件 650 多篇。

（三）聚焦内容 做好“提质文章”

无论外在的传播形势怎么变化，或者内部的组织架构如何调整，优质的内容生产依然是新闻媒体的核心竞争力。本次疫情的暴发，是中国进入移动互联网时代后首次遭遇重大突发公共卫生事件。全媒体时代，每个人都可能成为信息源和传播点，但在缺少专业训练与内容审核的情况下，自媒体过低的发声门槛让各种信息毫无筛选地涌入了互联网与社交媒体当中；相比之下，权威、准确、深刻、专业的新闻内容就显得尤为珍贵了。

疫情发生以后，中心主动回应公众关切，创新策划和制作推出了一批形式多样、内容生动的公益宣传片和短视频、短音频产品，引导广大群众提高防护意识和自我保护能力。如在新媒体开设“预防新型冠状病毒感染的肺炎”专栏，首推 H5 产品《防控疫情 湖州在行动 爱湖州倡议》，发布《防感染 戴口罩》《如何预防呼吸道疾病？请记住这口诀》等 50 余张原创科普海报；广播电视部门也精心制作了《我们众志成城》MTV、《众志成城 防控疫情》30 秒短视频、《致敬英雄》宣传片等 30 多个疫情防控公益视频。

而随着防疫形势的发展，新闻报道的主题也逐渐向基层防疫、复工复产等方面拓展，报道视角也瞄准了医护人员、公安民警、加班工人、社区网格员和民间志愿者等群体，展现典型人物参与“两战”、确保“两手硬，两战赢”的感人事迹。在特别节目中先后开设了《来自战“疫”一线蹲点报道》《抗击疫情！湖州在行动》《我的战疫日记》《战疫先锋》等专栏，刊播了《疫情无情“红马甲”暖心》《防控物资大管家的一天》《10000 余名物业人筑起防控“护墙” 897 个物管小区全面消杀》等一批有感染力、有影响力的典型报道。

(四)共建平台 做好“增量文章”

推动媒体融合向纵深发展，必须从“相加”迈向“相融”，在盘活“存量”的同时做大“增量”。中心组建过程中，提出了“新闻＋政务＋服务＋文化”的融媒体建设思路，围绕市级融媒体中心功能拓展延伸，打造集新闻资讯、政务服务、生活应用、社交分享等功能为一体的综合信息服务平台，为构建以信息技术为依托的全媒体传播体系不断探索。

画龙点睛的一笔是，2020 年 4 月 15 日，湖州市委市政府唯一官方新闻客户端、由湖州市新闻传媒中心重点打造的“南太湖号”客户端正式上线。该 APP 下设“新闻”“知湖”“服务”“悦湖”和“我的”5 个一级栏目。其中“新闻”栏目将中心所有媒体平台统一接入，发布内容以湖州本地新闻为主，兼顾国内外重要新闻资讯；“知湖”栏目主要凸显湖州特色，展现城市名片，同时为本地县区、乡镇设立独立的展示区；“服务”栏目以服务市民为宗旨，实现网络问政、政务服务、民生服务、媒体服务一键式接入；“悦湖”栏目以用户生产内容为主，具有社交分享的功能；“我的”栏目为用户中心，囊括了积分商城、用户反馈、评论管理、邀请码等个性化功能。

值得一提的是，“南太湖号”客户端上线后，成为了湖州各级政府拉动社会消费的一个重要窗口，仅南太湖新区就通过这一平台投放了1000万元电子消费券，有力提振了消费市场的信心；此外“南太湖号”还联合携程旅行，参与了携程董事长梁建章在安吉的带货直播，1个小时的直播共吸引了超过115万位网友在线观看，13095单湖州酒店产品直接在线成交，单场销售额达到了2691万元；而作为湖州市委市政府唯一的官方新闻客户端，“南太湖号”也善于利用自身流量，围绕“打赢防控阻击战，打好发展总体战”这一主题征集优秀短视频与Vlog作品，将UGC模式纳入到新闻生产体系中来。

二、练就“三种能力” 因融合出实效

通过做好以上“四篇文章”，中心转疫情之“危”为融合之“机”，圆满完成了“奋战100天，实质性完成组建，融媒体全新上线”的既定目标，初步实现了“新闻＋政务＋服务＋文化”的全方位融合，这既体现了重大突发事件中主流媒体传播价值的延伸，也是推进市级融媒体建设结出的成果，突出表现在以下“三种能力”上。

（一）激发了“融合生产”的能力

新媒体技术的快速发展，推动新闻生产和舆论生态发生了剧烈而深刻的变革。此次疫情的暴发，更加剧了这一趋势。

正是在这个背景下，中心立足市级媒体融合的实际，围绕下辖各媒体平台本身的特色，全盘打通所有部门和岗位，优化组织架构与运行机制，改变了原先各媒体平台“多头并存、各自为战”的状态，实现了平台、部门、人员、资源的全方位整合；在此基础上充分发挥抱团优势，重建了新闻采编的“中央厨房”，逐步构建起“一体策划、一次采集、多种生成、多元发布、一端汇聚”的融合发展体系，最大限度地激发出新闻生产力，提高了信息的受众触达率与传播影响力。

（二）巩固了“舆论引导”的能力

本次新冠肺炎疫情，是中国进入移动互联网时代后首次遭遇的重大突发公共卫生事件；疫情的来势汹汹、民众对未知的恐惧、网络谣言的四起，都让舆论场空前复杂。

关键时刻中心在中共湖州市委的坚强领导下，以导向为魂，听党指挥、坚守阵地，以融合为钥，主动作为、守正创新；做到了发布权威信息、回应社会关切，畅联社情民意、加强舆情监测，把握舆情走向、及时因势利导，关注受众思维、展现媒体情怀；从而巩固了舆论阵地，凝聚起社会共识，为“打赢防控阻击

战,打好发展总体战"提供了强有力的舆论支持。

(三)提高了"服务大局"的能力

2020年是全面建成小康社会和"十三五"规划收官之年,站在"两个一百年"奋斗目标的历史交汇点上,主流媒体肩负着党和人民赋予的重要使命,即使遭遇疫情冲击,依然要牢固树立"四个意识",服务于疫情防控和经济社会发展的大局。

因此,中心立足于湖州高质量赶超发展的实际,积极参与到"防控阻击战"与"发展总体战"中,助推全市做好"六稳"工作、落实"六保"任务;特别是在疫情稳定之后,借助"南太湖号"客户端的上线以及"新闻＋政务＋服务＋文化"的融媒体布局,中心加快了线上、线下融合的脚步,让信息多跑路、群众少跑腿、政务更公开、消费更给力,真正打通了媒体与受众之间的"最后一公里",实现了主流媒体的社会价值与责任担当。

三、总结"三大经验" 让融合促发展

从"铅与火"到"光与电"再到"数与网",今天我们所处的既是一个传播技术迅速变革的时代,也是一个传播体系深刻调整的时代,还是一个社会生态不断重塑的时代;疫情,让这条时代的主线愈发清晰!"所当乘者势也,不可失者时也",湖州市新闻传媒中心紧扣时代脉搏,结合本土实际,打造融媒旗舰,加快融合创新,为地市级媒体推进融媒体改革、助力"两手硬,两战赢"树立了典范,其实践经验可以归纳为如下三个方面。

(一)不断推进体制、机制创新

媒体融合,不能光有"形"的"相加",关键要做到"神"的"相融"。这需要在改革过程中,逐步推进理念、技术、管理、人才、资源、平台等全方位的深度融合,使之适应新形势、解决新问题;改革的根本动力来自于"人",必须坚持以人为本,调整新闻采编机制、创新人事管理机制、优化考核激励机制,提高媒体融合的内生动力;从而形成一体化的组织结构和管理体系,这将成为媒体融合发展的力量源泉。

(二)持续激发内容生产活力

媒体融合必须坚持"内容为王",以党媒基因驱动内容生产,以内容优势赢得发展优势。这就要求主流媒体敏锐把握媒体融合的发展趋势和最新动向,加强传播手段与话语方式的创新,让技术与内容同频共振;新媒体技术带来了交互式、可视化的传播方式,地方媒体也要主动进场,贴近受众、服务受众、引

领受众，做强新闻、做精专题、做大活动，生产出优质高效的全媒体内容；从而发挥好舆论宣传的主阵地功能，提升主流媒体的引导力和影响力。

（三）始终坚持社会效益与经济效益相统一

公益属性是主流媒体的重要属性，投身提振经济主战场是融媒体发展的应有之义，要坚持把社会效益放在首位，实现社会效益和经济效益相统一。必须以人民为中心，把满足人民群众日益增长的精神文化需要作为媒体融合的出发点和落脚点，引导媒体从业者践行“四力”，从单一的内容生产向提供综合服务的方向发展；并通过“媒体＋”的方式，对平台、流程、业务等进行重组再造，在市场经济浪潮中学会“游泳”，拓展新业务，延伸产业链，进军新业态，获取新利润，从而克服外部环境的不利影响，为自身的转型升级奠定更加坚实的经济基础。

构建融合传播格局，打造新型主流媒体舆论阵地

——蓬莱市融媒体中心疫情防控融合传播探索与思考

商丘学院　吴禹霖

山东省蓬莱市广播电视台　吴鸿飞

2020年年初，新冠肺炎疫情暴发，各主流媒体集中自身优质资源，奋战疫情防控一线，切实履行媒体职责，书写媒体担当，凭借权威、公信、专业、深度的内容以及多年来在媒体融合实践中的创新积累，着力在强信心、暖人心、聚民心上下功夫，从而发挥强大的信息传播和舆论引导功能。面对这场重大疫情，作为已完成初步资源整合、正在通过媒体融合来建构现代主流媒体传播体系的县级融媒体中心，同时也在不断通过实践检验、探索和思考着自己的媒体融合升级转型之路。

一、实现平台再造，优化生产流程

2018年8月的全国宣传思想工作会议上，习近平总书记发表重要讲话，县级融媒体中心的概念首次在中央级会议上被提出；9月份中宣部在浙江长兴召开了县级融媒体中心建设现场推进会，提出2020年全国实现县级融媒体中心全覆盖，各地县级融媒体中心开始全面建设推进。2019年1月15日，中共中央宣传部、国家广播电视总局联合发布了《县级融媒体中心建设规范》和《县级融媒体中心省级技术平台规范要求》等相关标准，从总体架构、运营内容、技术平台、配套设施、验收标准等等各方面规范县级融媒体中心的建设及媒体的健康发展。

按照规范要求，蓬莱市以“突出核心职能、聚焦关键职能、合并重复职能”的思路，在党委、政府的统一规划协调下，打破部门壁垒，创新工作机制，重塑内容生产流程，于2019年9月成立融媒体中心，实现对广播、电视、报纸及新媒体发布平台的“统一指挥”，按照融媒体新的生产流程技术需要，以新技术、新应用为引领，与省级融媒体技术平台对接，通过流程优化、平台再造，对各种

媒介资源、生产要素进行整合，实现信息内容、技术应用、平台终端、管理手段共融互通，打通"台、报、网、微、端"等多端口，搭建移动端与传统媒体相结合的多层次、立体化新型传播平台，为构建新型全媒体主流媒体融合传播格局奠定了基础，也为疫情防控立体化宣传拓展了传播空间。

二、坚持正面引导，彰显主流媒体担当

新媒体的崛起，让内容生产与传播平台分离，在"人人都有麦克风"的时代，社交媒体的爆炸性增长，使过去完全由精英和专业人员主导的信息传播时代一去不复返，与之相对应的是舆论场域的信息飞沫化、去中心化，以及多元意见的激烈竞争。相对于非主流媒体，主流媒体的优势在于其独特的政治资源、政策资源、权威资源和核心圈的人脉资源等，新兴媒体虽然在时效性、互动性、多元化等方面展现了前所未有的作用和效果，但是在新闻的报道和评价上，主流媒体的权威性、传播力、引导力、影响力和公信力仍然显示出不可撼动的导向功能、不可替代的历史地位和依然强劲的传播效果。特别是突发性事件与公众利益休戚相关，信息密集、具有高度的不稳定性与不确定性，公共决策应对时间有限，容易发生戏剧性变化，这对社会价值体系产生威胁。这些特点对公共危机事件报道的及时性、准确性、权威性都提出了极高要求。

2020 年 1 月 20 日，钟南山教授提出新型冠状病毒感染的肺炎疫情存在人传人现象，疫情防控形势骤紧。而此时，蓬莱当地群众正沉浸在春节前夕的喜悦之中，对突如其来的疫情严重程度尚未有充分的认识，蓬莱市融媒体中心以敏锐的新闻敏感度，准确研判，及时掌控舆情，1 月 21 日开始在移动端陆续转发《冠状病毒 预防手册 请收藏！》《如何判断自己感染了新型冠状病毒？就医时应注意什么？》《国家卫健委就新型冠状病毒感染的肺炎发布 1 号公告！》等文章，通过新媒体端开始普及疫情防控知识，第一时间传播信息、占领舆论高地，保障受众知情权。1 月 24 日正值除夕，结合市里疫情防控响应，迅速启动宣传引导应急响应机制，快速成立疫情防控宣传工作组，统一调配，保障人员、内容、资源的共通共享，安排记者入驻市疫情指挥部办公，第一时间掌握权威信息，求证网传内容，最大限度地把传统媒体在信息采集核实、分析解读等方面优势发挥出来，及时提供更多真实客观、观点鲜明的信息内容，牢牢掌握舆论场主动权和主导权，慎重而缜密地对发展动态不间断地进行报道和追踪，及时消除社会和网络上的"杂音""噪音"，发挥主流媒体"压舱石"的作用。紧急对春节期间节目进行调整，并随着防控的形势发展打破编排，实施多时段有关疫情防控滚动信息播出。

打通权威信息传播的“最后一公里”，通过新媒体矩阵，24 小时实时动态发布最新权威信息，及时传递官方信息、普及疫情防控知识，有效引导了舆论宣传方向，为全市疫情防控扎实开展营造了浓厚舆论氛围。《今日蓬莱》报纸在疫情最为严峻时刻改为电子报，在各版面开设专栏进行全方位报道；广播电台利用直播优势，采取电话连线方式进行特别直播，实时介绍疫情情况，连线赴湖北支援医疗队队员，普及疫情防控知识，并及时发出倡议；电视专题围绕各自栏目特色，根据不同受众定位，制作播出涉及三农、纪实、文艺、少儿等方面防控节目；加大公益宣传力度，制作了《众志成城 防控疫情》《小主持人教你防控疫情》等 40 多条公益宣传片；打破传统晚会形式，采用跨空间方式，通过云视频以及无现场观众小型现场录制方式，先后举办了《战“疫”行动 蓬莱力量》《战“疫”行动 巾帼力量》等特别文艺演出活动，对战“疫”期间涌现的典型和当地各界创作的文艺作品进行展示。

融媒体中心一线记者以实际行动践行“四力”，主动定位，迅速进入情况，实行 24 小时工作机制，逆行一线，深入医院、社区、农村、企业、市场等地，就生活供应、防疫措施、市场流通、交通管理、心理疏导等实地采访，及时发声、正面发声、权威发声，深入挖掘防控工作举措、具体成效、先进经验、典型人物、感人故事，发挥了主流媒体“主心骨”的作用。隔离在家的记者居家办公，积极搜集科普知识、新闻线索、录制科普短视频，第一时间上传新媒体，用无畏奉献打动着每个人的心。住在融媒体中心附近的居民看到中心大楼办公室每天亮灯到通宵，深受感动。得知记者因疫情影响天天泡面当餐，有人送来了可口的饭菜，有人精心烘焙糕点前来慰问，热心市民和一些社会团体还自发送来了酒精、消毒液、口罩、水果、奶茶等慰问品。

三、突出移动优先，创新内容表达

当前，互联网正加速重构媒体格局和舆论生态，信息载体、传播渠道更新迭代越来越快，呈现传播形态多元化、传播网络化，据 CNNIC 第 45 次调查报告显示，截至 2020 年 3 月，中国网民规模为 9.04 亿，手机网民规模达 8.97 亿，网民使用手机上网的比例达 99.3%，媒介形态的迭代造成了原有平台的受众流失，越来越多的用户通过手机等移动终端接受信息、传播信息。“终端随人走、信息围人转”，已经成为信息传播的新态势。

如何顺应新的传播发展趋势，从传统媒体平台为主，升级到移动平台为主？表面看，这只是一个传播渠道和平台的增加，但深层次看，其实是传统媒体生产力与生产关系向全媒体生产力与生产关系的迭代。在这种深刻变化中，蓬莱市融媒体中心坚持守正创新，在多元的媒体格局中牢牢掌控话语权，把打造“仙境蓬莱”手机客户端作为重中之重，全员投入，深耕本地内容，在新闻内容、表现形式、制作流程和发布手段上谋划布局与互联网融合，让移动化、直播化和产品化成为融媒体报道新趋势。

立足内容生产优势，丰富融媒体资讯传播。疫情防控期间，对客户端栏目进行重新定位部署，除利用好原有“融媒”“此时此刻”“蓬莱新闻”等专栏外，首页开通了新型冠状病毒肺炎实时动态专页，进行各地疫情动态实时发布；设立“疫情防控”资讯专栏，适应分众化、差异化传播趋势，设置议题，分系列对资讯内容归类发布，先后开设了“防控一线”“重要提醒”“聚焦开复工”“权威发布”“滚动播报”“最美逆行者”等九个小系列专题，实时发布权威信息、普及防控知识、加大公益宣传、挖掘典型事迹、滚动播报防控信息；开设了“爱心榜”专栏，每天公布社会各界捐助红榜，对当地涌现出的热心企业和个人进行表彰。

丰富传播形式，增强互动交流。顺应新媒体技术逻辑，以用户需求为核心，及时转变内容呈现形态，增强内容传达的有效力。一是在准、新、微、快上下功夫，从受众特点和需求，寻找受众感兴趣的热点、焦点、痛点，力求产生情绪共鸣，摒弃传统的新闻叙事方式，对内容进行合理取舍，使用受众易于接受的语言语态，为彼此交流、有效传播创造条件，引导受众积极参与到新闻传播和评论互动之中，先后推出了《在蓬莱我承诺》《疫情防控 我们在一起》《乡村行疫情防控小剧场》等一大批 H5、图文、短视频作品，深受好评，其中多件作品点击量达到 10 万以上。二是利用媒体平台优势，广泛吸纳防控一线工作者、志愿者以及社会精英、社群领袖、文艺创作者入驻客户端平台，开设了镜头下 24 小时、微视频、文艺界在行动、志愿者在行动等系列专题，借助他们的一线体验和社交流量，打通与用户连接的“最后一公里”，实现精准传播、有效传播，提高舆论引导力。三是结合移动传播优势，实现直播常态化，除了对重大新闻事件进行直播之外，精心策划各类活动，以第一时间、第一现场、第一视觉，让受众成为新闻事件的直接目击者，从而产生交流的愿望。2 月 16 日，适逢蓬莱风雪降温天气，我们分派 20 路记者深入高速路口、村居、小区、党支部引领合作社进行现场采访报道，全天在客户端实行图文直播。当地群众在感受一线人员辛劳付出的同时，也纷纷拿起手机参与直播、提供身边的感人事迹。截至 2020 年 6 月底，先后进行了《春暖花开英雄凯旋 无畏天使平安归来》《艾山春天遇上雪》《开学第一天》等新闻事件直播 60 多场次，策划组织了《居家锻炼 增强体质 蓬莱战“疫”健康系列课堂》《味道蓬莱》《白衣执甲 今朝归来 独家访谈援鄂返蓬医疗队员》等系列直播 110 多场次。

强化服务功能,增强用户黏性。当前,我国的媒体格局中,传统媒体和新兴媒体、中央媒体和地方媒体、主流媒体和商业平台、大众化媒体和专业性媒体共存其中,各类海量信息铺天盖地,虽然地方融媒体中心大多开办了移动新平台,但往往以新闻资讯为主攻方向,平台用户聚合和资源聚合能力严重不足,导致媒体影响力、竞争力衰退。但地方媒体离用户更近,在文化认同、区域话题制造、共同兴趣、服务半径上都更具优势,可以通过不同的社群运营,通过内容的引领,通过深度的服务,利用好当地的政务资源,提供速度快、质量优和体验佳的新型媒体服务产品,搭建全媒体服务平台。蓬莱市融媒体中心充分利用党委和政府资源优势,发挥自身的公信力、影响力整合社会资源,发挥移动媒体云传播优势,通过开设特定社区的频道、版块、栏目等,强化服务功能,传递刚需信息与情感陪伴。在市委、市政府的支持下,吸纳全市各级各部门入驻客户端政务号,实现政务公开、工作动态发布、权威信息发布、办事流程公开、在线服务等,同步开通网络问政和阳光政务热线版块,要求各级各部门第一时间对用户提出的政策咨询、投诉举报等问题进行回复解答,为群众网上办事提供优质平台。随着疫情防控形势发展,危机事件对人们的正常生产生活产生了巨大影响,为减少人员出门,丰富宅家生活,中心在客户端开设了居家课堂栏目,邀请当地文化文艺界知名人士讲课,录制当地名家书法、摄影、美术、瑜伽等内容进行发布,上传烹饪、网上课堂等供大家学习互动,录制发布相关课程 500 多期;举办了宅家短视频大赛活动,号召大家分享宅家乐趣和生活经验,参与人数众多;随着开复工的有序进行,与山东省"闪电云"紧密沟通,对接市里开复工用工专组,在客户端开设"闪电云用工平台",吸引近 20 家企业入驻,为企业有效解决用工难题;开设了"慢视频"专页,对蓬莱海边海鸥翱翔海域进行全天候 24 小时直播,让市民足不出户便可欣赏到自然景致;为解决公众实际生活中的困惑、扶持开复工企业发展,组织策划了"味道蓬莱"公益活动,精心挑选在当地颇有影响力的餐饮企业,实行网上直播带货,令居民足不出户便可挑选到自己喜欢的菜品,深受商家与用户欢迎;同时,深入农产品生产一线,利用媒体传播优势,为百姓解决产品积压难题。

截至 6 月底,上线不足半年的蓬莱市融媒体中心"仙境蓬莱"移动客户端注册用户已近 7 万,在山东省一县一端后台数据统计每周排名中,发稿量、下载量、点击量、热稿量等指标位居前列。

四、构筑立体矩阵,壮大主流媒体传播力

当前,随着技术的革新不断推动,媒体传播已经面临着"万物互联、万物皆

媒、万物皆终端”的局面，传统媒体的平台优势已不复存在，随着5G、人工智能的优化，这一现象将继续加剧，所以在融媒体时代，传统主流媒体面临的不是区域竞争、同质竞争，而是面临一种开放性多元化媒体环境，只有发挥综合优势，有序打造媒体矩阵，以抢占渠道和平台为优先战略，才能重建传播市场强大主导力量，让舆论引导借力全程媒体、全息媒体、全员媒体、全效媒体的功能，突破时空、技术、地理等维度局限，更好地进行全方位的内容生产和传播。蓬莱市融媒体中心为进一步提高宣传实效，探索建立了立体传播矩阵，对自有平台的电视端、广播端、平面端栏目、专题、版面进行优化创新，用群众视角稳定受众；通过建立自己的微博、微信公众号、移动客户端等新媒体平台，将传播视野扩展至各个社交媒体平台，将传播触角伸至各大信息交流场，掌控各大舆论场的主动权和引导权；利用社会开放性新媒体平台，通过各平台的注册账号，实现全媒体传播，着力成为全媒体时代的主流内容供给中心。目前已注册第三方平台账号30多个，疫情防控期间，在今日头条、百度、抖音、快手、央视频等各平台发布各类内容6000多条次，许多作品被作为热点推荐，进一步扩大了主流媒体传播影响力。

从疫情防控舆论引导实践来看，蓬莱市级融媒体中心虽然在历练中渐渐成长，但同时也折射出在构建新型主流媒体建设方面仍存在许多有待提升的问题，比如体制机制运行改革、传统思维模式的转变、自有媒介平台与社会开放媒介平台的定位、群众在传播过程中的参与度、以用户为中心的理念以及大数据分析、自身造血功能、综合服务平台和社区信息枢纽功能方面的短板等等，这一切都需要在继续探索中前进，甚至还有很长的路要走。

生猛的后浪

——从长兴传媒服务基层治理答卷看县级融媒体中心的数字化隐形价值

浙江省长兴传媒集团　王晓伟

“推进国家治理体系和治理能力现代化，必须抓好城市治理体系和治理能力现代化”，这是习近平总书记在考察浙江期间的重要讲话。“要建立健全大数据辅助科学决策和社会治理的机制，推进政府管理和社会治理模式创新，实现政府决策科学化、社会治理精准化、公共服务高效化。”

数据信息资源是当前社会治理的重要细胞，在解决数据共享、资源配置、诉求表达、应急管理等方面有着重要作用，是推进社会治理现代化的有效切入口。

长兴传媒集团在争当基层治理现代化排头兵进程中，不断创新，坚定不移推动数字化转型，强化数据资源集约整合与运用，大力布局智慧产业，用互联网思维重构县级融媒体中心建设，加快提高系统治理的数字化、智能化和智慧化程度，让城乡更聪明、更智慧，打造区域数据融合应用、大数据产业繁荣发展的县级融媒体中心新高地。

一、打破信息壁垒，疏通治理数据“大血管”

1. 数据应用，升级平台

与中国航天科技集团公司旗下航天神舟智慧系统技术有限公司合力编制智慧长兴规划，建设“1个核心平台＋5个协同平台”，夯实了长兴智慧城市建设、信息化融合发展的基础。自主研发“掌心长兴”客户端(4.0版本)于2020年5月完成优化迭代，以“新闻＋政务＋服务”的内容模式，挖掘长兴本地最热最即时的资讯，提供最便民的政务、民生服务，自上线以来呈高度活跃状态，已注册用户达30万，累计推送至基层治理四平台事项12万余件，各类事项办结率100％。

2. 搭建平台,赋能治理

早在2012年,长兴传媒集团就开始布局大数据产业,介入县域数据服务配套项目。2015年筹建云数据中心。同时,通过与科研院所的合作,推出长兴县政府服务大数据中心,并建设运维云数据中心,构建“智慧枢纽”,为各类平台和应用提供弹性可伸缩、灵活易调用、安全有保障的基础云服务。2016年开始,全力研发、构建城乡一体化信息栅格平台(CIG),建立了人口、法人、自然资源和空间地理等三大基础数据库,以及经济指标、综合治理、综合执法、市场监管、便民服务5大专题数据库,构建了全县统一的数据规范,实现了49个委办局(部门)间数据实时交互、共建共享数据服务,并加强了与省、市公共数据平台的对接,实现了与省、市系统的互联互通和管理协同,提高社会治理能力智能化水平,为推进长兴县新型智慧城市建设奠定了坚实基础。“掌心长兴”客户端是浙江省大数据管理局唯一授权,打通“浙里办”客户端和“掌心长兴”客户端数据资源的县级融媒体中心。

3. 技术为引,激发活力

近年来,长兴传媒集团坚持引培并举方式助推集团技术人才发展,打破技术人才紧、人才荒现象,2013年,对技术人才和技术力量进行有效整合并充分利用,成立长兴传媒集团技术委员会,负责统筹、协调、管理集团所有技术人员。目前,集团拥有一支完整的研发技术团队,目前有高级工程师7人,PMP项目经理1人,一级建造师、二级建造师若干,同时拥有从大屏展示、PC端管理及手机应用(APP微信)全过程的软件研发团队,为集团向互联网信息服务提供商转型提供技术支撑和服务保障。同时与华为技术有限公司合作实施潜龙腾渊——传媒科技人才三年培训计划,通过不定期互访、培训学习等方式,加强人才交流,学习华为领先的技术与运维经验,提升长兴传媒集团技术服务团队的创新能力和研发水平。

二、研发技术产品,构建基层治理“脑神经”

1. 编织数字视网膜,告别治理“自闭症”

以治安监控网络为基础构建了传媒的第二张信息网络,拥有12000路治安监控、20000多路社会监控,覆盖全县所有乡镇及行政村,拥有健全的网络保障。同时以云数据中心为支撑,已成功构建县、乡两级协同的基层治理综合信息平台、长兴河长制智慧平台、工业企业亩均效益大数据平台、智慧档案平台、公安治安监控平台、“掌心长兴”APP服务平台、综合应急指挥平台、警保合作平台、智慧交通平台、智慧环卫平台等20多个综合性信息化服务平台,完成城乡协同治理、智慧政务服务、智慧民生服务、应急指挥决策、产业经济服务五大协同平台建设,为基层社会治理和智慧城市安装了一层新的“数字视网膜”。

2. 自主研发数字产品,抗疫“显身手”

疫情期间,借助科技手段,为社区、企业研发“慧管理”疫情防控出入登记系统,以防疫电子通行证替代纸质通行证,确保精准化防控。下属科技公司为乡镇紧急开通公安视频专网链路,安装高速路口智能球机7台、智能卡口2个、无线智能报警监控432台,帮助在线掌握各区域人员聚集和隔离人员情况,减少户外活动时间。自主研发云祭祀、口罩预定系统、口罩销售系统、茶园卫士等数字产品,助力疫情防控。

3. 突出移动端应用,优化智慧便民“生活圈”

移动端“掌心长兴”着眼于高频应用服务,开发指尖饭卡应用,引领消费。致力成为用户的“餐费小管家”,于2019年11月7日正式启动,目前共入驻单位215家,商户79家,人员8022人,资金沉淀6000多万元,成为使用率最高的应用项目。目前在对指尖饭卡进行全面的升级,让指尖饭卡在日常生活中能有更多的使用场景,满足不同用户的需求,进一步扩大指尖饭卡的适用面。同时与集团线上掌心商城的系统进行打通使用,相互引流,创造更大的利益。

三、增强输出联动,画出社会治理“同心圆”

1. 指尖民意,治理创新

大数据不只是技术运用,其核心价值在于服务社会、服务百姓。通过大数据建立平台,确立规范,只是第一步,许多后续工作都需要具体的人用心、用情、用力去完成。长兴传媒集团以产业平台优势、平台资源、平台力量促进互联网信息生态链建设,推动区域产业融合式发展,提升社会治理现代化水平。长兴传媒集团完成雉城街道社会治理创新实践平台项目、河长制智慧平台、政法委综合指挥中心等建设、龙之梦智慧交通管控平台研发、政法委社会治理综合指挥中心项目、长兴县人民医院病案数字化项目等34个信息项目服务,为民政局等15个部门提供云资源租赁服务,成功为天能集团、铁鹰电源完成监控建设等项目。

2. 借船出海,倒逼转型

传媒集团已经与国内数字化领域多家领跑企业在数字产业、智慧产业、智慧城市建设方面签订了战略合作协议。与大华企业达成战略合作协议，通过成立视频应用研发实验室，共同参与视频监控相关项目的研发和实验工作，共谋公安视频监控的发展道路，夯实传媒集团在长兴智慧警务方面的实战能力；与海康签订战略合作协议，就智慧交通、公安监控等方面达成战略合作。后期将把创新业务拓展到更多的领域，探索软硬件结合的新应用。

3. 抱团发展，联合研发

2020 年 5 月，长兴传媒集团和湖州得威科技有限公司共同打造的“得慧数字生活服务平台”正式上线。该平台通过可视化快递面单、北斗高精度定位、无人车智能配送等先进技术，构建数字生活新服务生态体系，打造长兴数字生活新范式。数字生活平台主要基于 5G 技术打造，借助该平台，市民可通过“数字新生活”微信小程序和“掌心长兴”APP 享受到本地农产品线上下单、智能配送的优质服务。后续平台还会利用大数据 AI 算法，通过对用户的年龄、性别、生活习惯等信息数据的分析，精准提供科学养生、饮食搭配、日用品购买等建议，最大限度地满足用户的期望和需求。7 月底前，将在主城区投入 200 个平安配送点，年底实现县域全覆盖。

四、抢抓新兴商机，锻造县域治理新引擎

1. 服务跃升，全域覆盖

2019 年 4 月“掌心长兴”APP 上线后，全面停更和注销各类部门、镇村级政务号共计 220 余个（占全县微信公众号数量的 80%），下设乡镇号、部门号、乡村号、企业号四个版块，已有 87 个掌心号正式开通。聚焦群众关注的重点领域和热点事项，借力技术杠杆打破信息隔离墙，通过一站导引、一网通办和一端服务，变“最多跑一次”为“一次都不用跑”。截至目前，掌心长兴开通了掌上政务服务 1200 余项，覆盖了社保、公积金查询、居住证办理及数字电视、水费、电费、天然气等缴费服务功能；自主研发民生类应用开发近 20 项。

2. 产业驱动，智慧逆袭

依托两平台（智慧信息产业运营平台、融媒体资源运营平台），2019 年，集团智慧信息产业实现创收 6590 万，较 2018 年增长 61.12%，2020 年集团整合慧源公司和科技公司两大主体，形成智慧信息产业运营平台，争取 2020 年平台创收突破 1 亿元，2022 年平台创收占集团总收入 1/2。融媒体资源运营平台，以平台为载体，聚焦资源信息服务，运用媒体资源优势发掘社会治理新范式。启动“传媒生活馆”服务项目，线下实体经营，线上主播带货，为本地中小

企业拓展销路。已为本地60多家企业开通了直播带货的平台,开展主播带货直播25场,乡镇每周五场连轴转。充分运用长兴传媒集团建设成功经验优势,创立融媒学院,2019年共接待来访团队650多批次,累计举办培训班27场次,培训人次近1700人,2020年已开设5场。

3. 产业布局,未来可期

集团全面启动数字发展计划,实现“一年建楼强基础,两年建园促成效,三年打造数字产业生态圈”的阶段性目标,在2020年挂牌成立数字产业大楼,利用两年时间建成数字产业园,提供数字企业转型咨询、信息对接、解决方案、项目路演、人才培训、技术输出、成果转化、协同创新等全链条服务,赋能传统企业转型发展。打造跨越物理边界的“虚拟产业园”和“虚拟产业集群”,促进产业链向更高层级跃升。以“数字长兴模式”为样板基础,打造数字产业研发基地、数字生活服务配套基地、数字技术交流培训基地,为“数字长兴”建设提供多角度、全方位的技术支撑。并在今后一段时间内全面提升数字产业建设引领力,率先整合长三角地区县级融媒体中心力量,牵头成立长三角地区县级融媒体中心联盟,共同做大做强数字产业。

习近平总书记指出,运用大数据、云计算、区块链、人工智能等前沿技术,推动城市管理手段、管理模式、管理理念创新,从数字化到智能化再到智慧化,让城市更聪明一些、更智慧一些,是推动城市治理体系和治理能力现代化的必由之路,前景广阔。

长兴传媒集团将紧紧围绕“全国县域数字化转型样板区”和“全国示范县级智慧城市”建设总目标,紧紧抓住国家广电总局广播电视基本公共服务标准化全国试点工作为契机,加快数字化治理建设,让数字化添翼,深度融入参与基层社会治理,推进智慧城乡建设,推动城乡治理更智慧,致力打造县域治理现代化的长兴传媒新样本,助力县级融媒体中心建设向纵深发展,更好地引导群众、服务群众、让基层治理现代化充满传媒元素,有力促进城乡更智能更智慧。

在战"疫"中检验"四力"

——兰溪市融媒体中心的融媒传播与服务实践

浙江省兰溪市融媒体中心　徐文相　丁嘉露　陈红光

新型冠状病毒疫情对新闻工作是一次重大考验。非常时期，新媒体产品的生产，多渠道的妥善发布，社群在持续时间较长的突发性事件宣传中的应用，是值得不断摸索不断总结的新课题，需要不断尝试新的应对措施。自疫情发生以来，兰溪市融媒体中心全面出击、全媒联动，充分发挥自身媒体融合优势，整合宣传平台，各展所长，各尽其力，实现全媒体发布路径重构，实现立体化"宣传大格局"，彰显出兰溪在打赢疫情防控阻击战中媒体融合的"新闻力量"。

与此同时，兰溪融媒体中心充分发挥媒体融合在加强和创新社会治理中的重要作用，积极参与社会治理，通过本地政务发布、信息传导、公益服务等形式，打通服务基层的"最后一公里"。

一、全媒体融合报道，做大做强主流舆论场

虽然疫情暴发时兰溪市融媒体中心成立还不到一年，但年轻的融媒体中心以抗疫为契机，加快资源整合、融合发展的步伐，把全媒体融合报道摆在疫情防控新闻传播中的重要位置，集中优势资源，通过"策、采、编、发、转"一体化推动，"报、网、端、微"多渠道传播，"文字、图片、音频、视频、图表、H5"多形式呈现，实现了传统媒体和新媒体同频共振，形成了全媒体传播合力，搭建起了多平台、多渠道、多视角、多层次、多形态、多风格的全媒体传播架构。

(一)坚持"移动优先"，注重发力一端

在做好广播、电视、报纸等传统媒体传播的基础上，更加注重发挥新媒体的互动性、便捷性和精准性优势，坚持以"移动优先"加强疫情防控传播。利用"中国蓝云"平台的技术优势，通过传统媒体＋新媒体融合赋能，构建起立体化传播和矩阵式传播相结合的传播体系。

1. 以“兰溪发布”和“兰溪新闻”“微视兰溪”微信公众号为主阵地，尤其是在“兰精灵”APP上开通“防控疫情，兰溪在行动”24小时滚动直播，融媒体中心迅速形成了“新媒体首发”的移动传播矩阵

为确保信息及时推送，融媒体中心对接腾讯公司，开通微信公众号“兰溪发布”每天6次推送功能，“兰溪新闻”“微视兰溪”两个公众号保持正常推送，三个官方公众号以每天5～8次的发布频次，合理合力安排推送内容，着力形成全市“一盘棋”宣传格局。截至6月，所有抗击疫情报道全网浏览量超2600余万。

2. 快速发布、权威辟谣

重大突发事件的权威信息发布，不能落在舆情后面。疫情期间，公众对信息的需求不仅量大，而且求快。而新媒体的特性，决定了它正好能满足公众的这一需求。为此，中心各新媒体平台分秒必争，快速发布、传播抗疫有关的通知公告、新闻报道、科学知识等，力争做到又快又准、又好又全。《兰溪发布》特别推出了辟谣栏目《捉“谣”记》，针对“家畜家禽海鲜都不能吃了?”“吃益生菌能防治新冠病毒?”“非常时期，自来水最少静置两小时以上再用”等谣言，以科学的解释和权威的声音强化正面引导，最大限度地压缩谣言在本地的滋生空间，让公众吃下了“定心丸”。

3. 在战“疫”报道的融媒传播中，短视频自然不可缺席

3月5日至4月5日的一个月时间里，中心新媒体团队推出了49条与抗疫有关的原创短视频，其中《李兰娟院士寄语兰溪学子》在抖音平台发布后，浏览量超170万，点赞数达到了10万＋。原创推出的《这个春节，我承诺》《公筷公勺文明行动》《清明节“云”祭祀》等H5产品，也收获了网友的积极互动，引发了微信朋友圈的刷屏。

4. 新媒体环境下，用更符合新闻规律与传播规律的方法做好典型报道

疫情期间，中心在典型报道方面作了积极有益的探索，尤其是“典型报道＋疫情防控＋思政教育”相结合的模式，收到了意想不到的效果。3月17日晚，中心推出了以陈薇院士、李兰娟院士赴武汉医疗团队中护士长张园园、抗疫期间对接亿元海外物资的志愿者胡芳三位兰溪籍抗疫典型的事迹为主题的思政教育专题片《兰溪最亮的星》，时长33分钟，系统讲述了这些兰溪最有代表性的抗疫先锋的英雄事迹，期间还播放了李兰娟院士的深情寄语。思政教育课推出当天，“云”课堂视频点击量超30万人次，5万余人次通过华数云课堂观看，节目获143万次点赞，直播半小时内评论超万条，甚至出现了后台来

不及审核的情况。陈薇等抗疫先锋的英雄事迹深深刻进了兰溪青少年的心里，英雄们成为了他们追的最亮的星。

当晚，“浙江新闻”客户端第一时间推出新闻时评《夜空中最亮的星》，点赞兰溪思政教育。人民网、中新网、中国网、网易、搜狐、《国际日报》、《海峡都市报》、中华经济网、《消费日报》、《浙江日报》等27家国内外媒体，都刊播了这堂思政教育大课的新闻，相关新闻的点击量超3000万。

4月13日，是兰溪第一批学生复学的日子。开学第一课怎么上？中心继《兰溪最亮的星》后再一次成功策划中国工程院院士、兰溪籍女将军陈薇给兰溪学子写勉励信活动，并将陈薇的来信精心制作成声画并茂的视频，融入4月12日兰溪首批学生复课前一天的《开学第一课》网络思政教育活动中。4月13日《浙江日报》3版大篇幅进行了报道，4月16日，《浙江日报》再次以陈薇给兰溪学子写信为新闻点，对兰溪思政教育进行整版深读。中央电视台新闻频道《东方时空》，央视中文国际频道《今日环球》《中国新闻》，《中国教育报》，《中国妇女报》，新华社客户端，人民日报客户端，央视频，澎湃新闻，新浪网，凤凰网，腾讯新闻，中国网，光明网，红星新闻，大众网，中国视窗，学习强国，党建网等全国34家媒体纷纷刊播。据不完全统计，截至4月15日下午4时，相关新闻的点击量超6000万，两次活动获得近亿次总点击量。这也是近年来我市受到央媒关注度最高的一次报道，成功助推了兰溪思政教育走向全国。

（二）海量信息传递战“疫”实况，回应社会关切

疫情期间，社会对资讯的需求，比以往任何时候都更加集中、更加迫切。尤其是在这个时候，社会上各种信息真假难辨，部分谣言甚至漫天飞舞、无孔不入，一定程度上造成了社会的恐慌，动摇了民众的抗疫信心和决心。在这个关键时刻，作为权威传媒机构、主流舆论平台，必须当仁不让地站出来，用真实、理性、公信力，戳穿谎言，增强信心，凝聚力量。

传统媒体是战“疫”宣传的内容生产主力军。疫情期间，作为传统媒体，中心旗下的报纸、广播、电视，把新闻舆论工作的使命扛在肩上，牢牢坚持正确的政治方向、价值取向，充分发挥公信力和传播力方面的优势，及时传递党委、政府的战“疫”声音，起到了内容生产主力军的作用。

自1月23日以来，中心采编人员在做好防护的前提下，奔波在战“疫”一线，冒着危险采写了大量新闻稿件。据不完全统计，《兰江导报》、兰溪电视台、兰溪电台等传统媒体及兰溪新闻网、“兰溪发布”微信公众号、“兰溪新闻”微信公众号、“微视兰溪”微信公众号、“兰精灵”新闻客户端等新媒体平台共刊发稿件3万余篇，其中80%左右的本地稿由传统媒体生产。尽管由于疫情管控需

要,报纸的投递一度停滞,但疫情防控期间,承担着机关报功能的《兰江导报》把传递党委、政府的声音作为重中之重,及时策划推出了《众志成城 防控疫情》特别报道,以及《疫情不退 我们不退》《"我们不上,谁上!"》《越是艰险越向前》等兰溪党员干部奋战疫情一线系列报道,有效提升了抗疫的信心和决心。疫情防控进入精密型智控和迅速复工复产的新阶段后,又策划推出了《两手都要硬 两战都要赢》特别报道,权威展现党委政府积极开展疫情防控的决策部署,忠实记录各级党组织、广大党员干部和人民群众众志成城投身疫情防控阻击战、经济发展总体战的精彩瞬间,为打赢"两战"提供了强有力的舆论支撑。

在内容生产方面,中心各个宣传平台紧紧围绕中央、省委省政府、金华市委市政府的部署,及时传达习近平总书记的重要指示精神,充分报道兰溪市主要领导深入一线、靠前指挥,积极部署开展疫情防控和复工复产等工作情况。同时,中心还适时推出了《众志成城 共克时艰》《抗病毒没有特效药》《我们安静了,病毒也就"静"下来了》《两手都要硬 两战都要赢》《防控不松劲 发展不停步》等评论文章,及时发出了权威声音,回应了社会关切,有力引导广大干部群众更好地投身"两战"。

特定时期,传统传播矩阵中,原本处于相对次要地位的广播,在广大农村发挥了重要的作用。中心紧急启动了全市 1900 只应急广播,充分利用农村应急广播传播率高、覆盖面广的优势,广播节目主持人用普通话和方言两个版本录制新冠肺炎防护知识宣传音频 10 条,通过应急广播以每天 20 次以上的宣传频率滚动播放,科普各类防控知识到边到角。与此同时,FM908 每天 11 点到 16 点与浙江之声并机直播特别节目《爱在春天,守望同行》。

除此之外,中心还录制抗击疫情的诗朗诵《中国力量》,制做了抗疫歌曲《没有你的夜晚》《为爱隔离》等 MV,全天高频次滚动播出,展示兰溪人抗疫防疫的信心和决心,并充分利用滚屏字幕加强防疫知识普及,形成铺天盖地的报道态势,确保宣传无漏点、无盲点。

作为来自最基层一线的融媒体,面对基层宣传也使出"十八般武艺",各式"土味"又"硬核"的防控宣传"遍地开花",新闻主播、跳广场舞的大妈、志愿者、网格员齐齐上阵,云课堂、大喇叭、宣传车、方言顺口溜,不管阳春白雪还是下里巴人,有用就多用。紧贴基层老百姓的特点和需求,像《云课堂"机关事业单位返岗第一课》《接地气!"硬核"妈妈自编自导 55 秒"顺口溜"》《90 后村书记每天制作宣传画提醒村民做好防疫》《写给女儿的诗》《懂事的"小哪吒"》等一批宣传作品,通过特色形式宣传疫情防控知识和各项举措,让防疫宣传更加接地气、聚人气。与此同时,中心还发挥自身优势,制作了一批优秀的防疫抗疫产品，推出了战疫情系列广播剧《一个人的迎亲》，制作了MV《没有你的夜晚》，开展了《懂事的"小哪吒"》全民配音等广谱防疫抗疫知识，这些宣传作品纷纷登陆学习强国、新华社、人民日报客户端等。

二、全方位创新服务，延伸放大融媒服务端

2018年，习近平总书记在全国宣传思想工作会议上强调，要扎实抓好县级融媒体中心建设，更好引导群众、服务群众。贯彻落实这一重要指示要求，就是要加快媒体融合转型，打造服务型媒体。在此次战"疫"实践中，兰溪市融媒体中心对此做了有益探索，发挥了融媒功能优势。

(一)整合网络通道，传递权威信息

在兰溪，疫情综合服务有多个网络通道，政府、卫健、文旅、执法、公安等，各有各的公众号，兰溪融媒体中心在疫情期间，有效地将单一的部门发布转接到"兰精灵"APP上提供综合服务。在"兰精灵"APP开设抗疫专题，刊登专题近1000篇；开通24小时图文直播《防控疫情 兰溪在行动》，推出数千条信息，浏览量过百万人次。海量信息被"兰精灵"APP整合官宣发布，有效地避免了舆情的发生，体现出了政府和官方媒体的权威性。

(二)推出"融媒优品"，提供预购配送

以基层服务中心为主体，联合配送平台，经过市场监管部门的审批绿色通道，办理了食品经营许可证，拿到了配送的合法资质。疫情当前，在大多数人无法自由出行的时候，融媒优品推出了"你宅我送"的配送公益行动，对接各大超市，陆续上架上百种新鲜蔬菜、肉类、调味品、日用品等产品。同时对接了"乡下侬"生鲜配送，与几家大型餐饮企业对接，推出净菜套餐，并与农林局合作对接了农业大户，帮助解决农产品销售困难。疫情期间，平台成交共计2638单，为兰溪市民提供了优质的公益服务。

同时，按照市里要求，在线上开展了预购口罩的"你宅我送"公益配送业务，共线上预购口罩三十余万只，有效缓解了兰溪市民购买口罩的实际困难。短短二十几天，"融媒优品"就在当地成为一块市民熟悉的品牌。

在引导企业有序复工复产当中，"融媒优品"平台大有可为。推出全新版块——"兴兰助企"，利用互联网科技，帮助展示企业风采、发布企业招聘信息，现在入驻平台企业为18家，分别来自纺织产业、光电产业、生物医药产业、新能源汽配产业等。

（三）下沉街道社区，服务基层群众

疫情期间，为了保障市民居家生活，帮助农民销售农产品，中心《金色田野》栏目开展“战疫情 菜篮子”公益行动，不仅方便了居民出门购买物资，还架起了社区、小区物业与农业专业合作社沟通的桥梁。作为第三方平台，融媒体运用自身公信力、传播力优势，对接金报御园、四季澜庭、锦绣天城等多个社区，分多批次平价销售。中心记者还为优质、平价蔬菜代言，吆喝卖蔬菜、运送蔬菜。“战疫情 菜篮子”公益行动共惠及居民数万人次，销售蔬菜 10 万公斤以上。

（四）结合本地特色，推出公益行动

疫情期间，学校无法开学，但是“停课不停学”。中心与兰溪各中小学合作，邀请骨干教师录制自主学习课程。其中，首批兴趣课程于 2 月 11 日在“兰精灵”APP“掌上课堂”上线。之后，中心与教育部门一起，又录制了一批中小学校新课程，新课程内容做到德、智、体、美、劳五育并举，包含文化课、体育课、艺术课、心理课、劳动课等多种类型，陆续在“掌上课堂”频道上线，“掌上课堂”的所有课程都是免费。

随着兰溪企业陆续复工复产，招工用工难题也随之而来。如何既分散人群、确保安全，又保障好企业用工需求？中心主办推出《职等你来》大型电视招人才节目。在节目中，通过主持人和用工企业的对话，拉近企业和求职者的距离，同时中心的“微视兰溪”“兰溪新闻网”“兰精灵”同步推出就业信息，实现了“零接触”“不见面”沟通，破解了企业招人难问题，目前已经为数十家企业输送了上千名用工。

2020 年 3 月 10 日《人民日报》6 版，刊登了《浙江整合宣传平台，及时发布权威信息——媒体融合，汇聚战疫力量》一文，专门点赞了兰溪市融媒体中心在疫情防控期间发挥融合优势，打造现代传播体系，建设离群众更近的重要新闻宣传和社会治理平台，汇聚战“疫”力量。

疫情期间，兰溪市融媒体中心通过媒体融合的建构，在新闻宣传系统功能发生根本性变化的过程中，发挥融合优势，通过现代传播体系的打造，成为离互联网最近、离大数据最近、离人民群众最近的重要新闻宣传和社会治理平台，完成基层“最后一公里”的政治和公益触达。特殊时期，需要媒体人有所担当，勇于作为。兰溪市融媒体中心将继续在媒体融合的语境下更好发声，更强发声。

融合资源要素　聚焦用户需求

——景泰县融媒体中心建设实践与思考

甘肃省景泰县融媒体中心　杨家栋　李蒲科　郝　姝

景泰县是甘肃省 25 个县级融媒体中心建设国家重点任务建设县之一，自中央部署之后、试点工作开展以来，县委县政府高度重视，快速响应，积极谋划，把县融媒体中心建设作为县委“一把手”工程，作为县委全面深化改革的重点突破项目，抢抓机遇，全面展开，目前已取得阶段性成效。

一、建设思路

景泰县位于甘肃省中部，河西走廊东端，甘肃、宁夏、内蒙古三省（区）交会之地。全县辖 8 镇 3 乡，总面积 5483 平方公里，总人口 24 万。近年来，互联网技术的快速发展带来了媒体传播格局的重大变革，随着全县脱贫攻坚、扫黑除恶、生态环保等工作的深入开展和工业大县、农业强县、旅游名县“三位一体，融合发展”战略的深入实施，传统媒体宣传已无法满足县域经济社会发展的需要。景泰县把县级融媒体中心建设作为深化改革、加快发展的重大机遇和重要任务，积极谋划，科学设计，立足县情实际，确定了分步推进的建设思路。

第一步：把县级融媒体中心建设与县级机构改革同步推进，充分整合县委报道组、广播电视、政务信息网站等媒体机构和新媒体、户外广告等传播资源，同时依托云计算、大数据等互联网技术建设移动传播平台，形成渠道丰富、覆盖广泛、传播有效、可管可控的传播矩阵。

第二步：按照“统筹策划、一次采集、多种生成、多元传播、科学评价、有效应用”的中央厨房模式，开发建设采编发自动化管理系统，优化与再造业务流程，建立快速响应、协同高效、形式多样、精准评估，适应新时代传媒特征的业务运行机制。

第三步：按照“媒体＋”理念，将媒体与政务、服务等业务相结合，提供多样化综合服务，不断满足用户多样化、个性化需求。不断创新话语方式，充分发挥基层媒体贴近基层、贴近群众的优势,探索制作具有参与性、互动性、实用性的全媒体节目,将县融媒体中心最终建设成为县域内主流舆论阵地、综合服务平台和社区信息枢纽。

二、具体做法与成效

1. 落实主体责任,全力保障建设需求

景泰县委、县政府自觉承担县级融媒体中心建设的政治责任和领导责任,认真组织学习习近平总书记在全国宣传思想工作会议和中央政治局第十二次集体学习时的重要讲话精神,深刻领会中央、省委关于县级融媒体中心建设的指示要求,县委常委会会议专题研究制订了《景泰县融媒体中心建设实施方案》,确立了县融媒体中心建设领导小组,形成了由县委书记负总责、直接抓,县委宣传部部长具体抓,县委组织部、财政、人事、广电、工信等部门共同参与的建设工作机制,及时协调解决建设过程中遇到的困难和问题,保障了建设任务快速推进。2019 年县财政列出 260 万元专项资金支持县融媒体中心建设。

2. 建改同步推进,充分整合媒体机构

坚持把县融媒体中心建设纳入县级机构改革大盘子同步抓、重点推,整合县委报道组、广播电视台、调频转播台、政府信息网站成立县融媒体中心,确定为正科级政府直属事业单位,归口县委宣传部领导,并作为县机构改革第一批挂牌单位于 2019 年 2 月 1 日完成机构挂牌,按照“一正三副”标准优先配齐配强融媒体中心班子,全面完成融媒体中心机构三定工作,配置全额财政拨款事业编制 58 个。目前共整合广播 1 套,电视 1 套,微信公众平台 2 个,网络直播平台 1 个,政府信息网站 1 个,同时开通了“景泰融媒”今日头条号、微博号和抖音号。

3. 强化科技支撑,重构媒体宣传格局

充分利用云计算、大数据等互联网技术,开发建设移动客户端 APP、信息网站、内容生产协同管理系统。对接整合各方资源,积极与电信、移动运营商合作,完成地方台 IPTV 传输,实现了地方台无线、有线、网络传输全覆盖,逐步恢复城乡广播,整合户外广告资源,形成各终端分众传播、分类覆盖的传播格局。

4. 坚持破立并举,优化再造业务流程

在整合媒体机构的基础上,按照新的业务流程需要,融媒体中心内设办公室、调度中心、节目传输中心、商务运营中心四个机构，其中调度中心负责统一的新闻信息采集、编辑和新媒体发布，配置总编和中心主任各 1 名。将全媒体业务细分为策划、采集、编辑、审核、发布、存储、评价七个业务流程，初步完成了各流程岗位设置和人员分配，实现了“一次采集、多种生成、全媒传播”。与各乡镇部门、行业协会和自媒体等探索建立通联机制，共享内容生产、发布平台、政务服务、商务运营等各类资源，建立宣传部领导、融媒体中心主抓、社会各界广泛参与的大宣传格局。

5. 聚焦用户受众，积极开展综合服务

对接整合各方面资源，成功承接举办了景泰县 2019 年春节联欢晚会，同步完成电视和网络直播，群众反映良好，网络直播点击量达到 11 万。成功策划完成了 60 期扶贫访谈节目《在扶贫路上》摄制和现场直播，节目播出后反响热烈，为全县脱贫攻坚和整县脱贫提供了有力的舆论保障。在扫黑除恶工作中，主动整合广播电视、移动互联网、户外广告等传播资源，进行了多渠道、立体化、分众化的宣传，氛围营造浓厚，得到了上级督查的肯定。积极开展新中国成立 70 周年宣传活动，策划摄制的《魅力景泰唱响“我和我的祖国”》微视频被中宣部学习强国平台选用，网络点击量过万。积极主动为黄河石林马拉松比赛、万人徒步活动、梨花节、黄河石林自驾游等文化旅游活动提供宣传服务，其中万人徒步活动新闻选题在央视新闻联播播出。在 2020 年的新冠肺炎疫情防控工作中，中心开设专栏《景泰抗疫进行时》《众志成城战疫情》《防疫知识须知》《景泰疫情防控红黑榜》等，组织采编人员深入医院、乡镇、社区、交通要道、监测点等疫情第一线进行采访报道，24 小时全天候发布防控政策和科普知识，讲述防疫暖心故事，累计播发相关新闻稿件、通知公告、防控知识等 3500 余条，发布抖音、微博、短视频、图文集、H5 等各类新媒体产品 200 个，累计点击量突破 100 万，引导广大群众不信谣、不传谣、不造谣，理性应对和防控疫情，对外展示了景泰全民抗疫的良好形象。自融媒体中心成立以来，共组织实施直播 68 场次，其中 3 次电视网络同步直播，已具有成熟的大型活动策划、组织和实施能力及电视、网络直播技术、平台、设备和人员。2020 年以来，中心共推送各类融媒体产品 12000 余篇(条)，微信公众号累计阅读量突破 540 万，“掌上景泰”APP 单条最高推荐量达 15.87 万，累计总阅读量 200 万。积极开展“媒体＋”服务，在“掌上景泰”APP 开通了政务、曝光、问政、生活缴费、旅游资源推介等功能，服务全县经济社会发展、丰富群众文化生活的能力不断得到提高。

6. 严格遵照规范,主动融入全省一张网建设

积极主动与省新媒体对接融媒体线索汇聚、内容生产、数据分析、舆情监测、融合发布等模块部署工作,逐步完成与省级技术平台对接,实现与省级平台用户、技术、数据、传播平台的互联、互通,最终形成立体多样、融合发展的现代传播体系,目前已成功入驻“新甘肃”APP县融媒模块。同时积极衔接申请入驻新华社、视听甘肃等国家、省级客户端,不断丰富外宣传播渠道,提升对外宣传推介能力和服务县域经济社会发展水平。

7. 强化管理培训,打造全媒体采编队伍

以提升全媒体采编技能为重点,分级分层对采编播人员进行培训,组织参加全省宣传文化系统大讲堂和全省宣传文化战线“四力”教育实践培训80人次,组织开展采编播人员及通信员队伍培训70人次。以东西部扶贫协作为契机,积极与天津市西青区融媒体中心开展合作,通过联合拍摄景泰县形象宣传片、制作《打赢脱贫攻坚战》电视栏目和技术人才交流等形式,依托东部资源优势,不断提升全媒体采编水平。结合“四力”教育实践活动,通过个别谈话和集中学习,不断加强干部思想教育和实践锻炼,进一步转变工作作风,努力提升主动宣传服务意识和本领。

三、几点启示

一是因地制宜做好顶层设计。每个县区所处的区域、区域经济发展状况、人口数、城市化程度、媒体发展层次、当地媒体竞争格局,甚至包括地方政府的重视度,从业人员的认识程度和专业水平,都影响着媒体改革的方向与路径、具体做法。县级融媒体在建设初期,首先要正确领会中央意图,科学研判自身各方面资源要素的实际情况,重点在提升基层媒体传播力、引导力、影响力、公信力上突破,顶层设计要做到资金投入、平台建设、体制机制、队伍水平等资源要素相互匹配、相互支撑,切莫盲目跟风、虎头蛇尾,最终成为摆设,也不能一筹莫展,错过占领主流阵地的最佳机遇。

二是积极采用先进适用的技术。在县级融媒体中心建设中,必须打破旧有的思维模式,主动适应新媒体的要求,充分利用云计算、大数据等新技术,建设和互联网、社交媒体、自媒体等多样化媒体互联、互通、互动的技术支撑平台;建设提供各业态节目制作、播出和发布的融媒体采编服务系统;搭建支撑新媒体业务决策和运营的宣传效果监测与评价管理系统;建立融合媒体素材聚合、共享、发布、归档的综合管理系统,实现“中央厨房式”模式的节目制作方式。

三是始终坚持“内容为王”。县级融媒体中心是巩固壮大主流思想舆论的前哨和一线阵地，要始终坚持“内容为王”这一永恒不变的宣传规律，在内容生产上要做到三个必须：必须要注重内容生产方式创新。扎实抓好全域信息资源的连通汇聚，不断创新创造符合时代特征、群众喜闻乐见的传播手段和话语方式；必须要确保生产内容接地气。要深入基层、深入一线、深入百姓，在众多基层先进模范中发现好素材，找到能够引起广泛共鸣的人和事，通过广泛宣传形成全民参与接力；必须要让内容生产反映本土特色。充分发挥区域优势，结合本地资源，仅仅围绕精准扶贫、扫黑除恶、生态环保等当前重点工作，充分挖掘出受众与地方特色之间的共鸣点，加强人文关怀，推出受众喜欢的本土化内容。

四是树立用户导向的服务理念。当前的传播格局下，大多数人聚集在移动互联网上，移动互联网成为传播的主阵地。县级融媒体建设要更好地引导群众、服务群众，就要牢固树立以互联网用户习惯、特征、需求为导向的媒体服务理念，抓住移动互联网这一最大变量，做大移动互联网用户增量。新媒体内容生产要以用户为中心，把节目现场从演播厅、大舞台转移到老百姓的身边，变“高、大、上”为平民化，增强用户的参与感。要立足官方媒体“公信力”这一存量，依托移动互联网平台，通过提供政务、民生、商务、便民等服务，不断增强用户黏度，真正把县级融媒体打造成为“可看、可用、可信”的基层主流媒体。

五是积极推进体制机制创新。紧紧围绕夯实党在基层的宣传思想文化阵地这一核心任务，坚持以立为本、立破并举，着力破除不利于提升媒体传播力、引导力、影响力、公信力的机制障碍，加快构建积极向上、生动活泼的宣传工作机制。大胆进行采编发流程、组织管理体系、自我发展机制等多方面的重塑与再造，探索建立规范、高效、灵活的运行机制。特别是在新媒体运营方面，支持以全国资形式成立媒体运营公司，引进现代企业管理制度，打通专业技术人才引进渠道，激活县级融媒体造血机能，提升自我发展能力。

转型出战力　融合生活力

——金华广播电视总台开展疫情防控报道的做法和体会

浙江省金华广播电视总台　陈建飞

2019年下半年以来，金华广播电视总台按照“突出核心职能、聚焦关键职能、合并重复职能”融合思路，重新定位电视、广播等传统媒体与新媒体的关系，对体制机制进行重新优化，对顶层架构进行重新设计，新设立了指挥调度中心和融媒体评议中心，新组建了新媒体中心和云数据中心，以实现对广播、电视、报纸、“无限金华”客户端等平台宣传内容的统一指挥调度。可以说，这次调整是金华广电历史上力度最大的一次体制机制调整。

新冠肺炎疫情发生后，金华广电总台坚决贯彻习近平总书记重要指示精神和省、市相关会议要求，在市疫情防控指挥部和市委宣传部的统筹领导下，举全台之力，强融合调度，第一时间成立疫情防控宣传小组，迅速启动宣传引导最高级别应急响应机制，有序有力地开展疫情防控和复工复产宣传报道，有效有质地发挥了主流媒体的舆论导向作用，为我市奋力夺取疫情防控和经济社会发展双胜利营造了良好舆论氛围。金华广电的疫情宣传工作得到浙江省广播电视局局长张伟斌的批示肯定，金华广电采编人员深入一线报道疫情的事迹获得中国记协、浙江省记协、浙江省广电局官网和官微等新媒体推送。

一、从强信心入手，全力聚焦正面宣传

坚持以团结稳定鼓劲、正面宣传为主，是宣传思想工作必须遵循的重要方针。疫情发生以来，金华广电根据防控形势变化，积极为疫情防控工作鼓与呼，为推动复工复产鼓与呼，为实现全年经济社会发展目标鼓与呼，全方位、多形式、高频度地发布权威信息，让更多群众知晓党委政府在做什么、为什么这样做、与自身有何关系、自己又需要怎么做，引导群众在深化认识中不断增强必胜的信心。

1. 解读好党委政府方针政策

疫情就是命令。自2020年1月27日以来,金华广电总台先后召开20多次党委扩大会,及时传达学习中央、省、市相关精神,贯彻落实市委宣传部和市疫情防控指挥部舆论宣传组的要求和指令,对疫情防控等宣传工作做出部署。电视、广播、新媒体、广电报快速响应,开设了“战疫在行动”“战‘疫’战士”“众志成城防控疫情”“防控在一线”“复工复产进行时”等专栏。各栏目根据不同定位,以权威式发布、专业式解读、针对式报道,重点宣传好市委市政府的决策部署,宣传好各级政府出台的规定要求,宣传好市防指的指令信息。同时,组建了“金广时评”小组,全面加强时评、快评、网评,累计推出《居家隔离要硬管控》《居家隔离要讲科学》《居家隔离要强服务》《居家隔离要暖抚慰》等系列新闻评论20多篇,较好地发挥了舆论引导作用。

2. 提炼好疫情防控经验做法

在疫情防控中,金华全市上下自觉扛起责任担当,推动“防”的文章越做越细,“治”的效果越来越好,“复”的力度越来越大。2月13日以来,金华市就再未出现新增确诊本土病例。对我市统筹推进疫情防控的“硬核”举措创新做法,金华广电台积极做好提炼总结,做好央视卫视联通,强化对外宣传。其中仅2月7日,央视《朝闻天下》和浙江卫视《浙江新闻联播》就集中关注金华战“疫”好做法,共刊发四篇点赞报道。其中,点赞之一:从防控机制上,金华市“四色预警”取得良好成效;点赞之二:在疫情防控上,党员是先锋,金东区千名党员下沉一线;点赞之三:疫情防控一个也不能少,一个也不能落,需要干群一起发力;点赞之四:疫情当前,农村群众生产生活遇到困难,婺城区助销农户地里菜,配送市民放心餐。

截至6月底,金华广电采制的疫情相关新闻在央视播出36条,浙江卫视播出87条,其中央视联系2条;在央广中国之声播出3条,在浙江之声《浙广早新闻》等栏目播出73条。除了广播电视,我台还在各大主流网媒唱响金华好声音。其中,“学习强国”发布64条,“人民视频”发布35条,“央视频”发布254条。广播纪实作品《我们在一起》系列等300多部作品通过全网发布,累计收获超千万点击量。

3. 营造好经济社会发展氛围

疫情防控进入常态化阶段后,金华各地各部门都在抓紧快干,争取把疫情耽搁的时间抢回来。金华广电“火力全开”“摇旗呐喊”,全力宣传改革发展稳定取得的积极进展,全力营造风雨无阻向前闯关的进取氛围。

“无限金华”客户端、广众网及全台主要微信公众号及时编发复工复产相关报道,发布速度提升,产品形态鲜活,转发率和好评率较以往均明显增加。其中“闻着花香回婺城”——政府包高铁助力云贵务工人员返工活动直播点击量超过 50 万,永康包大巴接员工返工相关图文直播点击量突破 38 万。除了确保热点新闻在新媒体首发,我台各栏目还联合新媒体中心,着力加强短视频、H5、抖音、长图、创意音画等新媒体作品研发,其中运用“新华智云”先进技术制作的“金华疫情云图”和“金华复工云图”独树一帜。

2020 年是金华市创建全国文明城市的决胜之年。在突发疫情的特殊形势下,如何加大力度、创新角度为创建全国文明城市鼓与呼?金华广电创新性地推出“十路记者 直击一线”融媒体直播行动。采用“电视+客户端”直播模式,以“图文+视频”为主要形态,对创建进程中的盲点、重点、热点进行多层次多角度报道。2020 年以来,金华广电“十路记者 直击一线”融媒体直播行动已举办 13 场,参与记者达到 200 多人次,客户端与微信公众号点击量达 600 万+,发布电视广播新闻 100 多篇、相关专题近 20 个。

二、从暖人心入手,及时回应社会关切

金华广电致力于拓展媒体服务的时间和空间,提升报道内容的广度和深度,把触角深入到社会生活的微观层面。疫情期间,广大采编人员在做好自身防控保护的基础上,克服各种采访不便,更多地去一线听民声、汇民意、解民忧,采制了很多沾泥土、带露珠、冒热气的报道,以细节式呈现、故事式讲述、互动式播报,传递温暖人心的力量。

1. 加强健康知识科普

金华广电各宣传平台从自身的定位和特点出发,以群众喜闻乐见的形式,做好疫情防控相关科学知识的普及报道。电视各频道创作多版本的公益宣传片大小屏齐放送,让“戴口罩,勤洗手,不聚餐,多通风”的倡议深入人心。1 月 24 日开始,每天在 4 个电视频道滚动播出新型冠状病毒的相关科普和资讯字幕条。金华对农广播(应急广播)有针对性地创作了形式丰富的疫情防控提醒,通过 15000 只农村应急大喇叭点对点传送到 31 个乡镇街道、1069 个行政村。同时,发挥“婺州养生堂”“空中课堂”等服务类栏目的载体作用,以“云访谈”“云授课”等形式普及科学预防知识。新媒体中心不仅在“无限金华”客户端开设“防护指南”版块,给网民提供科学的防护知识,还联合市网信委开设“捉谣记”,粉碎疫情中的各类谣言。金华广电还出品了多首防疫励志歌曲

MV，在电视、广播、网络以及学习强国平台上播出，全方位服务受众。

2. 加强社情民意反馈

受新冠肺炎疫情影响，一方面农户的农产品大量滞销，另一方面市民出门采购又极不方便。面对农户、市民的两难问题，2020 年 2 月初以来，金华广电社会民情中心、新媒体产品中心和视听节目中心联合市农业农村局蔬菜办、邮政等部门，推出“家门口爱心农超”活动。通过“媒体报道＋社区传播”，征集了一批农产品卖难农户和有采购需求的小区。媒体架设了一座沟通桥梁，让供需双方在不见面的情况下实现有效对接。“基地直采＋无人售菜”模式得到了广大市民和种植户的认可。截至 2 月底，累计销售蔬果 15 万多公斤、鸡鸭蛋 2.1万多公斤，帮助数百农户和近 20 个社区的群众解决了卖难买难问题。“爱心农超”活动相关新闻被学习强国转载。

3. 加强舆论监督报道

疫情发生以来，各类矛盾纠纷明显反弹，各种杂音谣言也在搅动着舆论，舆情事件也随之增加。对此，金华广电牢固树立底线思维和忧患意识，第一时间成立舆论监督专班，统筹协调舆论监督报道。金华广电四档舆论监督类栏目（正风问效、市民问政、小马亮剑以及行风热线），持续深入地对疫情防控和复工复产中出现的问题开展建设性监督。如“防控到位了吗？”专栏，每天派出记者暗访各社区、商超及其他公共场所的疫情防控执行情况，对发现的典型问题进行公开曝光，为有效督促基层整改起到了积极的推动作用。

同时，我们还公布疫情防控举报电话，并依托“金华广电社会监督群”“行风热线联络员群”“机关部门发布员群”“县（市、区）通联群”等微信群、QQ 群，向热心市民和通信员征集监督线索，并以每天一报的内参形式，向市委、市政府主要领导反映疫情防控中党员干部存在的一些作风飘浮、懒政懈怠甚至违纪违法问题。

三、从聚民心入手，生动讲好金华故事

宣传思想工作说到底是做人的工作。凝心民心、汇聚民力是打赢疫情防控阻击战和经济社会发展战的思想保证和力量源泉。面对统筹推进疫情防控和经济社会发展的双重任务，金华广电以“快新闻”“短视频”“融直播”三件利器，千方百计讲好金华故事，进一步激励全市上下同心同德、拼搏实干。

1. 讲好医护人员“不畏风险、逆行而上”的故事

早在 2020 年正月初五，金华广电三位记者就穿上防护服进入金华市中心

医院隔离病区采访，成为金华地区首批进入新冠肺炎重症隔离病区采访医护人员的媒体人。这一天，原本住在金华婺城区罗店病区的新冠肺炎患者全体转移到了金华市中心医院隔离病区。记者从采访腊月二十九就进入隔离病房工作的医护人员开始，从早晨7点采访到下午6点，从留观病区采访到重症患者隔离病区。在市中心医院隔离病房的采访中，记者详细记录了一线医护人员的忙碌与艰辛，捕捉到了很多生动感人的细节：三天里只睡四五个小时的医生；防护服一穿就十来个小时的医生；不断消毒洗手把手洗得发白、掉皮、裂开的医生……这些平凡而又不平凡的故事，通过一个个短视频、一张张新媒体海报传播，让很多人感动落泪。

2. 讲好党员干部"不忘初心、挺身而出"的故事

东阳市巍山镇白坦村因为疫情实行整村隔离。为了详细记录这个有3800多常住人口的大村生活状态和党员干部战疫工作情况，金华广电派出两名中层干部组成二人战队，深入隔离村蹲点。13天的蹲点采访中，两人日均拍摄12个小时以上，日均步行23000多步，每天消毒不下20遍。他们不仅创作了《白坦日记》等一批新媒体产品，还留下了疫情防控一线的真实影像，时长超过50个小时。这为今后处置突发事件、提升基层治理提供了生动的解剖样本。

3. 讲好金华大地"一方有难、八方支援"的故事

疫情发生后，金华大地爱心涌动，各界干部群众有钱捐钱、有力出力，万众一心抗击疫情。正月十五，一场"元宵夜 战'疫'者"的融媒体新闻行动在金华广电总台党委的部署下展开。当天晚上6点至11点，金华广电的党员记者和入党积极分子共30多人分赴抗疫值守一线，发回40多条"视频＋图文"报道，真实展现了一线疫情防控工作人员冒着严寒履职尽责的感人瞬间。

对这些普通人的凡人壮举，金华广电不惜时段，不吝笔墨，全力传播正能量，弘扬真善美。金华广电新媒体中心策划推出《防疫一线 微光故事》专栏，介绍在战疫一线忘我工作的平凡个体和群体；社会民情中心特别策划推出"防控疫情最美夫妻档"系列报道，与县(市)广电台联动，将在疫情防控战中不同岗位上承担不同职责的夫妻"战友"进行集合报道。这些夫妻有的因为疫情推迟了婚礼，有的一方驰援武汉一方照顾家庭，有的双方都在一线值守，十分感人。

接下来，金华广电总台将继续承担起主流媒体的责任，发挥能打硬仗、拼搏实干的作风，做到大事大担当、大事有作为、大事善发声，为统筹推进疫情防控常态化和经济社会发展营造良好舆论氛围。

创新、融入、发展

——关于融媒时代开启广播全媒体报道的探索

浙江省温州市洞头区融媒体中心 庄海文 陈宣锟 张 莉 柯 瑜

现在的融媒体工作如何做好全媒体报道是基层融媒体中心亟需解决探索的问题。在遇到问题的过程中，洞头融媒体中心总结经验，提升记者以及编审人员的专业素质，通过多种平台融合，实现了洞头融媒体报道的多样化、全面性。

一、传统报道的全媒体转型

传统的报道方式采用的是单一线性的方式进行传播报道，借助广播、报纸以及电视对新闻内容等进行播报，报道过程较为独立，很少产生互动。在全媒体转型过程中就需要记者运用全媒体思想能力以及互动平台，延伸新闻的可看性，与受众产生良好的交流，打造全方位的全媒体格局。

（一）培育记者的全媒体报道思想

记者在报道的过程中，需要思考的不再是单一媒体传播，而是如何利用全媒体方式呈现新闻内容。在采访过程中，记者不仅要会写稿件，也要培育全媒体报道思想，进行图片、视频等方面素材的储备，通过全媒体方式采集新闻。在报道过程中，对新闻价值内涵、目的、意义等内容，进行了更加严格的要求。在进行采访以及报道时，严格把控报道方向，同时要对社会和自己的工作负责，学会客观地对新闻事件提出正确、公正的观点内容等。

（二）增强记者全媒体报道能力

全媒体有一个重要的内容就是整合各类媒体渠道进行传播，相同的新闻在不一样的传播载体上，呈现的形态也存在差异。这就要求记者具有全媒体报道的能力，能运用已有的设备，自主地进行新闻的采访与拍摄。以广播为例，作为一个传统的报道方式，通常是利用录音笔、手机等进行采写，通过声音给人以现场感，形成通信稿。而全媒体传播的现在，更需要记者会利用手机和其他摄录设备进行更多素材的采集和拍摄,以此促进广播新闻的内容丰富性。在一定程度上,广播的采访记者也具有了电视、新媒体、平面媒体等采访记者的一些能力,实现了采编播的一体化,以更加全方位展现新闻报道的真实性、现场感。对于全媒体报道而言,要会捕捉有价值的新闻点,与受众产生共鸣。首先记者要学会镜头的使用,学会构图以及景别等基本的摄影摄像专业知识。记者在采访的过程中,要善于去运用镜头语言以更直观的方式呈现新闻点与新闻事实,用镜头表达最动人的一瞬间,这也要求记者具备极强的专业能力。其次要充分利用声音。在视听过程中,利用现场声能够让受众有一种身临其境的感觉,更加生动地展现新闻报道的内容,加强新闻的生动性,给予受众一种不一样的视听体验,而必要的采访可以让受众了解事件的大概情况,增强新闻的完整性。最后对于后期编辑而言,则是理解新闻稿件并且将符合稿件内容的画面进行剪辑。遵循一定的视觉规律,以清晰的逻辑顺序完整呈现新闻内容,突出新闻主题。这些步骤相加,就增强了全媒体记者必须具备的报道能力。

(三)创新更多新闻形态,强化传播效果

在全媒体报道中,通过全新的形态进行传播,如微剧等短视频的作品表现形式,正在成为媒体碎片化传播时代的新宠儿。微广播剧的微、新、快,可以将不同介质的媒体融合在一起,使传播效果不断扩大。如之前我们推出的渔家"跑小二"彭福义相关新闻微剧作品,在完成创作后,通过微信、新闻客户端等渠道进行了作品推送,不仅使该剧内容得以全方位传播,同时在多媒体领域还树立和扩大了影响力。借助微信等社交媒体的朋友圈功能,作品得到了不断转发,持续拓展了宣传的空间。利用新媒体信息容量大、传播快、受众面广、不受时间地域限制等优势,打破了以往宣传中相对固定、覆盖有限、形式单一的局限,使信息得到了较大范围的覆盖,扩大了微剧的影响力。此外,微信平台的评论留言,也给了我们与受众之间更多的信息交流与互动空间,越来越多的人开始关注到新闻作品,作品点击数超过 10 万+,充分反映着融媒时代的媒体传播特点。从某种程度上讲,通过微信公众号、电视客户端、网站等播出平台也为微剧传播提供了无限的空间和可能性。通过延伸和拓宽广播这一传统媒体的传播渠道,迎合了当下媒体受众对于个性化、碎片化的需求,有声有色、有字有图的传播内容可以最快速度、最大限度地吸引到受众关注。

二、营建微信社区,拓宽全媒体视野

在现今媒体环境下,以什么样的方式传播是非常重要的一个方面。在一段时间的探索后，我们引入了微信社区概念，目的是拓宽全媒体报道视野，让群体接受广播、电视、报纸传播的内容，通过微信进行创建，通过群聊和朋友圈等方式进行传播。主要通过构建四“微”交流平台进行创建。

（一）构建个人传播“微”群组

众所周知，目前微信建群已成为一种现代交流的方式，通过发动本单位记者编辑积极建立媒体信息分享微信群组，在培养自身编审人员传播积极性的同时，也形成了更广泛的传播圈。通过信息的多维发布可以让更多人了解新闻内容。如由广播编辑建立的“庄庄一家亲广播通联群”等，将身边的朋友与日常接触的通信员都集中在一个平台中，通过在群内每天发布最新新闻信息和通信员投稿排名等方式活跃群氛围，也让身边更多的人及时了解本地新闻事件，更畅通了编辑与通信员的沟通渠道。在群组建立后，还要求编审人员要注重日常维护工作，如建立完善的群交流规则，保障群聊环境良好健康等。此外，还要及时发布受众关心的热点信息，并及时回应新闻诉求等，最大化发挥新闻媒体平台和纽带作用，扩大了媒体影响力和受众面，也推进了新闻传播的效率。

（二）构建公益组织“微”圈子

在全媒体采编的实际运作中，洞头融媒体中心还依托公益组织人员力量，通过合作共赢方式建立了媒体公益传播圈。如通过组织编辑记者入驻微动力志愿者服务队等公益组织微信群，从志愿者所发布活动中积极寻找新闻亮点，并主动协助策划相关内容，集中优势资源传递社会正能量。另一方面，依托公益组织自身特点和优势，深入挖掘典型事例和新闻事件，以及入驻公益群组的先天优势，第一时间获得最新信息和新闻资源，甚至是亲自参与其中，挖掘出更为鲜活的新闻案例和公益新闻，并通过这样的“血肉”联系，逐步形成了媒体与公益组织群体的良性互动。

（三）构建社会组织“微”团体

除了采编人员的“微”群组和公益组织的“微”圈子外，在媒体活动中，与其他社会组织也需要构建良好的“微”互动。我们以各类社团组织为基础，通过建立联系群，通过节目策划和栏目邀请等方式，努力发挥了社会组织参与新闻宣传的主动性。如通过《百姓茶坊》节目，除本身宣传途径外，还广泛发动受邀嘉宾参与传播，带动许多企业、商会和群团组织资源积极参与节目相关的访谈、公益性活动等内容，不仅达到了提升节目品质的目的，也促进了社会资源的有效共享。此外，在“兰小草”精神宣传中，我们通过创办《寻找兰小草》节目,并结合“乡村振兴”战略访谈节目“百姓茶坊渔村行”,融合节目内容,将节目从传统演播室直接搬到了基层村居现场,不仅得到了基层群众百姓的欢迎,也创造了良好的社会效果和传播效果,而这其中,更离不开各级社会团体对媒体平台的广泛支持。

(四)构建媒体组织“微”社区

在媒体传播过程中,最主要的还是媒体之间的互相交流和促进,如何与兄弟媒体和上级媒体构建良好的互动关系,是促进有效传播的重中之重。在日常工作中,更要与各级媒体建立良好沟通联系,我们通过各类外宣通联渠道以及参加国家、省、市组织的媒体培训的机会,积极加入各类群聊沟通平台,主动交流、强化沟通,在不断拓宽媒体视野的同时,获得更多的新闻方向。通过与各级媒体的探讨交流,持续吸纳好的经验做法和建议,也使自身的新闻素养得到一定程度的提高,并不断转化为我们在全媒体传播工作探索中的具体内容,努力提升新闻报道的专业性与权威性,在未来媒体发展中加快融入,明确发展方向。

三、依托活动提升全媒体报道力度

如何提升全媒体报道力度,我们认为在解决了转型思维和资源整合后,也离不开活动策划的跟进,通过“线上+线下”的持续影响,确保媒体报道的影响力。

(一)建立活动策划线上筹备

在这个方面,我们充分发挥线上平台交流功能,形成活动线上指挥机制,通过线上指挥,完成活动的策划、筹备、宣传工作。如不久前策划的东川长三角旅游节,通过线上交流获得前期筹备资金,持续与活动相关部门、企业、社团,以及广告的设计公司,通过线上召开协调会,以微信会议的形式,实时把握活动进展情况,随时了解筹备进度,对遇到的问题及时统筹安排,也充分调动了大家的积极性,并省下大量时间进行后续工作,而后,还通过微信群、微博推文等各种方式发布交通路线、时间地点等信息内容。因此,在最后现场正式开始时,我们顺利以全方位全媒体方式进行活动全包装,使活动内容的传播更加便利,也节约了不少活动成本。

(二)拓展线下活动,多元并进

以广播媒体活动为例,通过丰富的线下活动,才能持续提升广播媒体影响力,才能在融媒体时代里具有更加突出的战斗力。近年来,洞头融媒体中心组织了内容丰富、形式多样的公益活动。仅以“万朵鲜花送雷锋”活动为例，已经延伸出了走近道德模范、走近运管、走近劳模、走近慈善人士、走近环卫工、走近景区管理员、走近巾帼妇女、走近抗洪英雄、走近金融系统、走近企业和走近军营等11个“鲜花送雷锋”专场活动。自2015年洞头区开展“万朵鲜花送雷锋”活动以来，该活动已连续三年获得浙江省80家市县级广播电台送鲜花人数第一名的荣誉，共计为各行各业的458位“活雷锋”们送去了鲜花，成为目前洞头区最具公益影响力的活动。此外，洞头融媒体中心每年还会联合公益组织举办“爱心卡车暖百岛”的活动，积极到基层村居、社区送文化、送科技、送清凉，爱心卡车将社会各界的爱心和关怀真正传递到了困难群众手中，也得到社会各界的一致好评。此外，在活动宣传上，充分考虑到目前受众习惯，在保留广播传统传播方式的基础上，积极采用新媒体传播手段，图、文、声并茂，并广泛发动通信员进行转发，发挥广播媒体优势，以效果最大化形式在新媒体平台里展现出独特的风格，在强大如林的媒体竞争中获得一席之地。

四、拓宽外宣，深化全媒体报道广度

在全媒体报道中，对于媒体平台的编辑也提出了更高的要求，我们一直遵循的一句话就是：内宣是基础，外宣是门面。通过精选稿件、多维思考、建立平台和提前策划，提升外宣精准度和传播广度。

(一)以更多形式增强新闻作用

2020年疫情期间，在传统播音节目基础上，洞头融媒体编辑策划并发起温州主播联合“声”援战“疫”活动，联合乐清、永嘉、瓯海等6家媒体单位制作“声”援战”疫”“主播和你在一起”公益广告，获市委宣传部部长点赞；推出“融媒主播话疫情”16期；应急广播响彻战“疫”最前线，推出“三语”(温州话、普通话、闽南语)公益广告，及时播报疫情讯息，不断提升群众防控意识，增强自身预防能力，丰富了群众精神文化需求，发挥了心理疏导有效作用。同时，及时摘选出符合外宣方针的稿件内容，选取突出的新闻点，及时体现新闻传播价值，传递社会的正能量。

(二)以更高格局做好稿件处理

在对外宣传中，我们要求全媒体编辑有更高的格局观，要善于从稿件中寻找不同的角度，进行筛选，撷取精华。除了对新闻内容要具有创新性外，面对一个普通的新闻事件，还要善于挖掘更多的角度。例如疫情期间的稿件，更是必须站在各方的角度去看问题，在尊重新闻事实的基础上不断进行深挖创作，提炼新闻内容,基于我们已有的新闻信息层层进行深入,由点及面,全面地把握新闻事件。综合各方观点,正确把握新闻舆论导向,保证新闻报道客观、公正。

(三)以更高视野强化外宣通联

在融媒体时代下,建立合作交流的平台至关重要。如广播在对外宣传中主要的通联媒体是浙江人民广播电台,但在外宣稿件的上送选择上,要在省级新闻媒体选稿角度的思维上思考能否更高一个层面,站在国家级媒体的角度考虑我们应该上送什么样的新闻。那么,首先就必须了解全国新闻联播以及各类上级媒体的报道宣传方向,拓宽新闻编辑更高的新闻视野,再对稿子进行充分的修改和内容的补充,以国家台的要求来通联省级媒体,在新闻选题上进行强化。其次,要加强与通联平台编辑、记者的及时沟通,把握当下热点选题,精准进行基层新闻信息的收集和编辑,提升外宣报道采用率。

(四)以品牌节目推进新闻深度

在原有的基础上,借力发挥,形成一个良好的策划报道。如洞头原本作为一个海岛,通过与温州通车形成了半岛。当前随着蓝色海湾整治工作的推进,洞头更计划通过生态化破堤还海方式,推进海岛生态化建设进程,这也是海岛生态保护的一个重大案例。以此为中心,我们策划了三大广播系列报道节目:《从连堤到破堤》《从挖沙到造沙》《从污海到护海》。报道过程中,我们还将持续通过央广网等媒体平台持续跟踪报道。此外,我们策划的系列节目《你好,小岛》节目在播出后也获得了强烈的反响。在报道角度上,改变了传统的通过旧历史影像回顾模式,转变为通过我们身边发生的日新月异的变化,包括经济、精神文明建设等一些方面,由点到面开展叙述,深化了新闻报道的内涵。

五、结语

在媒体融合发展的实践探索中,洞头区融媒体中心也在蹒跚前行,在持续提高自身专业素养、推进平台建设、转化播出形态等方面下足功夫。可以说,媒体的融合发展是广播等传统媒体未来发展的必经之路。在融媒体时代,所有媒体都要以最快、最新、最妙的方式,去主动融合各种新的传播形态,在利用好自身条件优势的基础上,强化创新、融合优势,以更有质量、有深度、有影响的报道,讲好新闻故事。

智慧化建设保障防疫宣传工作

浙江省安吉广播电视台　杨巍峰　李　超

疫情发生以来，安吉广播电视台在开辟疫情防控阻击战新闻舆论战场的基础上，依托县域大数据和云平台系统，积极运用融媒体中心建设发展成果，第一时间投入研发力量，开发以融媒体移动终端为平台的智慧化服务，满足公共服务需求，开辟疫情防控阻击战的智慧战场。在这场疫情防控阻击战中，安吉广播电视台应时而动，充分利用自身资源，积极打造信息管理平台，提升智慧服务水平，以智慧战“疫”。其中“爱安吉”APP及“安吉发布”微信公众号、企业员工信息管理系统、安吉县白茶生产交易管理平台、数字乡村平台主导的智慧化凭条建设为全县防疫筑起一道坚实的防线。

一、县域融媒体平台发挥大作用

县级融媒体中心是集合全县多种媒体资源，开展宣传服务、政务公开以及群众服务等多种业务的融合性媒体平台。“爱安吉”APP作为“智慧美丽城市”的智慧窗口，全方位整合交通旅游、生活娱乐、医疗教育、安全监察、农业房产、政务金融、公共事业等十多项核心资源，统一智慧产业规划布局，节约行政成本，提高政府机关信息运用水平，贴近百姓生活，拥有全面的便民服务功能。根据手机APP的运行状况，可以做大数据分析，为当地政府做相关决策时提供数据支撑。

面对疫情时，“爱安吉”APP及“安吉发布”微信公众号新媒体平台率先发声，及时实时更新疫情动态，第一时间发布权威信息，做到在新媒体平台上首发疫情战况、无确诊病例等权威信息，首发市委县政府的工作举措，及时发布来自一线的动态消息和感人事迹。

面对疫情，融媒体平台能够突破行业限制，更好地引导和服务群众，满足基层人民了解外界信息的需求。县级融媒体平台结合本地疫情实际，将众多涉及防疫相关的事项纳入服务范围，让政府和人民群众紧密地联系在一起，给群众参与公共事务带来了极大的便利。安吉广电紧急自主研发率先应用于集疫情防控信息发布和便民应用为一体的“爱安吉”APP 和“安吉发布”微信公众号。疫情面前，安吉广电不等不靠，充分利用旗下文澜公司技术力量，连续工作 46 个小时，成功研发并将便民功能应用到融媒体移动终端和微信公众号(见图 1)，实现居家市民不用出门就能预定口罩。

图 1 安吉县口罩网络预购平台截图

二、智慧平台发挥作用，持续提升疫情防控智能化、数字化水平

在这场疫情防控阻击战中，安吉广播电视台应时而动，充分利用自身资源，积极打造信息管理平台，提升智慧服务水平，以智慧战“疫”。通过智慧平台、智慧服务，以小智慧集聚大智慧，最大限度地减少因人员接触和流动带来的二次或三次感染，减少群众在生产生活中产生的焦虑，提高生产生活的质量与效率。

企业员工信息管理系统通过员工自行申报的方式迅速采集基础信息。从被动收集到主动申报，采集时间大大缩短，审批效率实现提升，为防疫形势下的企业复工复产争取到了宝贵时间。截至 2020 年 6 月，全县已有 275 家企业开展了线上服务。

建设完成安吉县白茶生产交易管理平台。一是搭建线上交易和信息发布平台，实现茶农和茶企、茶商之间的线上交易和通联功能；二是通过健康码功能实现对外来采茶工、客商的入境（入场）登记管理；三是为乡镇、村提供发布交易时间、场地等信息，溯源二维码审核发放的平台。主要是为了避免人员过于聚集现象，同时掌握茶企、茶农购销需求，通过对外来客商的登记管理，分析白茶客商的来源地、需求量等，为安吉白茶精准营销提供大数据支撑。此外，通过接入安吉气象局数据，为茶企、茶农推送精准的本地气象服务；对接县农机公司，为茶企、茶农推介优秀机具、药剂、化肥，搭建线上指导服务平台。

运用数字乡村平台强化技防，掌握村口的车辆信息动态监控，一旦有外地车辆进入村里，平台就会自动预警，可及时通知村口志愿巡检员进行巡察；平台还可通过监控，对人员的面部特征进行比对分析，掌握村里人员流动情况。同时，村民、网格员可以通过“爱安吉”APP中数字乡村模块以图文形式实时上报村里事件。同时紧急启用应急平台，1月26日开始，覆盖全县187个行政村以及街道的1530个应急广播全部启动，每天7点到20点，以每半小时一次的频率向广大群众宣传疫情防控知识，提高群众的防控意识。

针对疫情大环境，根据疫情防控需求进行灵活快速的部署开发，解决群众与企业“痛点”。首先，依托本土微信号、APP及广电新闻媒体资源，向广大本土群众进行解决方案功能宣传；其次，与政府部门积极协同合作，根据政府政策下发实现解决方案的推广使用及普及；最后，与具有共同卓越追求的解决方案提供商合作，共同推进服务模式与管理模式的创新和进步，以用户获益为最终目标。

三、快速反应，践行使命担当

由于现代信息技术的飞速发展，传统新闻业面临巨大挑战，网络信息数量庞大，鱼龙混杂，真假难辨。要加强各种类型的媒体互融互通，主要是电视、广播、报纸、APP、微信公众号、抖音号、门户网站等媒体平台的业务互通；同时要加强各相关部门以及社区、乡村的密切联系，促进信息互融互通，达到资源共享，占领舆论阵地，促进县级融媒体中心实现宣传全覆盖。

融媒体中心平台的完善与多个防疫平台研发是一项综合性的工作，存在着大量需要跨部门协作的工作，几乎需要所有的职能部门都参与其中。由于疫情期间大部分项目均为应急处理平台，考虑到防疫需求的紧迫性，平台均需要尽快开发完成并给群众使用，可以说是时间紧、任务重。另外还碰到的难题是研发人员与相关工作人员因为疫情防控无法赶回单位,在各级部门与领导的支持下,单位领导靠前指挥与联系其他政府部门,单位能到岗的工作人员数月坚守岗位,无法到岗的则远程在家办公;宣传、项目管理、测试、质保等部门迅速建立有效的协同机制,连夜明确开发流程,任务下发到各个技术人员,单位所有同事一起加班加点,主动放弃休息时间,线上线下密切沟通,各部门各环节精诚合作,保证各级平台按时出色交付使用;同时也通过培训/线上培训、小视频教学等方式为群众提供操作方式与讲解;我们单位全体人员团结一心,个个都为防疫出一份力,与参加一线防疫医护人员一样充满使命感与荣誉感,与全县人民一起守护好安吉这一片净土。

四、坚守岗位,默默奉献

在抗击疫情这场没有硝烟的战斗中,安吉广播电视台全体记者与技术研发人员坚守岗位,冲锋在前,克服诸多危险和困难,全身心投入工作中。

把个人安危置之度外,把家庭困难放在一边,夜以继日协调统筹报道、研发、维护;无惧艰险,主动请战、舍小家顾大家、舍小我为大我,坚守岗位,默默奉献。

在重大突发性事件应急宣传中彰显主流媒体责任担当

——关于新冠肺炎疫情防控应急宣传报道的几点感悟

浙江省东阳市广播电视台　马红斌　朱兴民

抗击新冠肺炎疫情是一场看不见硝烟的非常态性战役，不仅考验着一个县市级政府的重大突发性事件应急处理能力，同时也检验着县域主流媒体的应急宣传报道和舆论引导的能力和水平。

一、广电新冠肺炎疫情防控应急宣传报道的主要举措及成效

新冠肺炎疫情是一起特别重大的突发公共卫生事件，极大地威胁着广大民众的生命健康安全。疫情防控形势严峻复杂，老百姓普遍存在着焦虑心理和恐慌情绪。在此次疫情突发事件中，广电依托多终端的发布平台优势，运用中央厨房机制，调动策、采、编、发、播的力量，全方位多层次地开展战"疫"应急宣传行动，充分彰显和发挥了一家主流媒体应有的责任与担当。

一是中心意识切实彰显。新冠肺炎疫情暴发后，广电围绕"一切服从于战'疫'"的理念，所有记者编辑全天候待岗待命，全面调整广播节目编排和电视栏目设置，广告时间段全部让位给疫情防控宣传，全力以赴做好疫情防控宣传报道。电视块调整全天的栏目设置，除《东阳新闻》外，其他栏目时段都安排战"疫"内容进行宣传。每天精选安排优质电视剧，多集数高密度连播，为居家的老百姓提供尽可能丰富的文化消费产品。安排密集滚动播放战"疫"宣传标语，屏幕滚动播出战"疫"的政策信息，积极转播相关疫情防控主题公益广告。城市广播推出"'守望同行，温暖相伴'战'疫'"特别节目，每天直播 12 小时、存播 6 小时，全天候进行疫情防控宣传和复工复产宣传报道。广电媒体快捷的信息传播和丰富的新闻报道，成为社会公众了解疫情、科学防护、增强信心的主要载体。

二是官媒作用全面发挥。广电充分利用权威性和专业性的优势，第一时间传递上级党委政府的声音，第一时间发布市委市政府的政策号令，第一时间

采集发布来自第一线的新闻报道，全天候持续传播疫情动态，占据了信息场和舆论场的“第一落点”，在疫情防控宣传报道中起到了关键性的作用。电视密集滚动播出市长《告全体市民书》，开设《战“疫”最前线》《战“疫”先锋》等栏目，持续传递战“疫”动态。城市广播和新农村频道充分发挥应急发布和宣传功能，以最大的容量、最灵活的方式进行宣传，直播连线奋战在一线的工作人员及群众，为市民播报最前沿、最鲜活的新闻消息。《东阳首例新冠肺炎康复者捐献血浆》等多件新闻作品被央视、省卫视播出，原创 MV《风雨中前行》、微广播剧《请战》等多件作品被“学习强国”采用。广电媒体的权威信息发布和正面引导，对打赢防控阻击战和发展总体战起到了积极的推进作用。

三是新媒体平台走上 C 位。广电新媒体依托中央厨房平台，在一线记者采集第一手现场素材的基础上，第一时间制作以推文、短视频、Vlog、抖音、海报图、H5 等多形式的新媒体产品，并在“歌画东阳”客户端以及广播、电视所属的微信公众号全面推送。推出《主播说防疫》《应争先谈防疫》，传播防疫知识和医疗专家声音；《胡秀才看东城》带领观众看“严管下的东阳”；《茶花姐防疫经》系列方言短视频在朋友圈传播，以方言结合村口大喇叭、动漫、图片等形式宣讲防控形势和相关政策，引导群众做好防控。共播放推送 42 个作品，每期作品点击量都在 4 万以上，多件作品点击量达“10 万＋”，很多乡镇村居制作移动大喇叭进行巡回宣传，在社会上形成了良好的宣传品牌；《闪闪捉谣记》及时主动地发声，有效遏制网络谣言的传播。短视频《风雨夜坚守》等多件作品被浙江卫视“蓝莓号”采用。截至目前，此次战“疫”宣传，新媒体作品点击量“10 万＋”的有 17 个，超百万的 1 个，累计点击量数以千万计。在疫情防控应急宣传报道的过程中，广电新媒体迅速成熟起来，真正走到了媒体前台的“C 位”，产生了相当大的影响力，达到了新闻宣传和舆论引导的积极效果。

四是矩阵效应强势显现。新冠疫情暴发，让老百姓足不出户，但不可避免地对外界及疫情动态非常关注。因此，此次疫情反而强化了传统媒体广播电视以及传统媒体所属的新媒体平台的权威性、公信力和影响力。广电以“移动媒体优先、传统媒体和新媒体互动”的思路进行融合传播，广播和电视及其所属的新媒体平台对疫情防控进行了及时、实时、全时的发布和报道。新媒体产品以“短平快”的优势，满足了老百姓对疫情信息的时效性要求，广播和电视分别以音频和声频的产品，或者现场连线，或者深度挖掘，将防疫指挥部的决策部署政策第一时间告知社会公众，将防控第一线的干部群众的声音和形象传递到市民的耳边、眼前，以权威的信息发布和充分的现场感回应了社会的关切和期待，同时也充分显现了“声频音频同发布，大屏小屏各开花”的矩阵效应。

广播推出微广播剧“战”字三部曲(《请战》《督战》《奋战》)、“客厅朗读大会”等，电视推出原创 MV《风雨中前行》等，通过创作文艺作品来激励和引导，在社会上形成了一定的正向舆论效应。

二、新冠肺炎疫情防控应急宣传报道中存在的困难和问题

新冠肺炎疫情事发突然，持续较久，我市主流媒体作为党和政府的“喉舌”，切实把握“既有利于社会稳定和人心安定，又能满足于人民群众知情权”这个度，起到了新闻事件传播和舆论引导的积极作用。在此次新冠肺炎应急宣传报道中，也出现了一些困难和问题。

一是宣传资源重复浪费。此次疫情防控应急宣传是媒体融合战略实施以来的第一次大考。我市融媒体中心是“建而未融”，在此次战“疫”应急宣传报道中，有优有劣，“优”的是广电、《东阳报》、“东阳发布”存有竞争攀比意识，激发了新闻宣传报道的创意和热情，各展身手，各出奇招，频出产品；“劣”的是因为缺乏统一策划、统一部署，广电、《东阳报》、“东阳发布”之间，特别是在新媒体领域，常常是你打一榔头、我敲一锤子，陷入“不做不行，做了重复，重复就没人看”的尴尬境地。同一素材资源重复制作推送，浪费了有限的人力精力，很多花力气制作的同内容同款作品“一出世”就被淹没在了茫茫的巨量信息大海中。

二是栏目品牌建设欠缺。在此次疫情防控应急宣传中，无论是纸媒作品，还是视听媒体作品，还是新媒体作品，都发挥着各自的优势和效能，从时效性和作品量来说，都达到了“竭尽所能”的境地，也确实呈现出了一些精品力作，“10 万+”作品出现了不少，爆款作品也出了好几个，点击量也呈爆发式增长。但从总体上来说，精品栏目还是偏少，能“喊得响、记得牢、推得出”的品牌栏目为数不多。有些栏目的定位没有找准，有些栏目做了一两期就搁置了，没有持续做成系列，栏目的品牌效应相应就缺失了，到疫情防控的后阶段，真正让受众记住、产生相当大影响力、让受众津津乐道的品牌栏目屈指可数。

三是人才瓶颈问题突出。在突发性事件应急宣传报道的关键时刻，媒体人才的作用便显现无疑。在此次疫情防控应急宣传媒体中，人才紧缺匮乏问题较为突出，主要是能适应融媒体宣传的复合型、综合型人才相对缺乏，比如策划类、统筹类人才，创意类、制作类新媒体人才，专题片、宣传片制作类人才，新技术类人才等。一方面，在应急宣传时人员安排和人才使用上“捉襟见肘”，另一方面，要制作富有创意的新媒体产品，或者提升新媒体产品的质量，却缺乏相应的创意人才和制作人才，这人才瓶颈问题极大地制约了疫情防控应急

宣传报道的时效性和作品质量。

三、加强和提升重大突发性事件应急宣传报道效果的几点感悟

重大突发性事件的应急宣传报道，这对媒体来说既是机遇也是挑战，需要主流媒体在突发事件发生、发展、演变的过程中，极大地调动媒体力量，整合媒体平台资源，构建协同分工机制，及时发布突发事件的权威信息，全面报道突发事件有效处置的进程，切实掌握舆论场的主导权，为党委政府对突发事件的应急处理营造积极良性的氛围。

第一，强化统筹，构建协同机制。在重大突发性事件中，人民群众最渴求的就是在第一时间了解突发事件真相，知晓党委政府的决策和处置过程，平息恐慌恐惧情绪。彼时，势必会出现信息爆炸式扩散，鱼龙混杂，真假难辨，往往会出现“真理还在穿鞋，谣言已跑遍天下”的现象。官方主流媒体必须扛起责任，既要第一时间发布权威消息，传达党委政府的决策部署；又要秉持新闻原则，尽可能地把更多的新闻信息准确及时地传递给民众；还要传播科学知识，消除民众的焦虑和恐慌情绪，增强辨识谣言、抵制谣言的能力。一是要建立重大突发性事件应急宣传报道预案，防患于未然，一旦发生重大突发性事件，可在第一时间启动预案，应急宣传报道便可有条不紊地展开；二是应急处置指挥部应在第一时间明确官媒为“法定发布机构”，建立应急发布宣传专班，高效发布权威消息，避免产生多头发布、渠道混乱的现象；三是加强宣传力量的统筹，充分调用现有新闻工作者的人力资源和平台资源，做到既系统作战，又各司其职，避免做无用功，耗费掉有限的新闻力量和宣传资源。

第二，强化策划，深挖宣传资源。在每一件重大突发性事件中，必然会形成N个“新闻眼”，新闻素材是相当丰富的。建成后的融媒体中心应充分发挥“统”的作用，统一策划，统一部署，通过前期的采集和挖掘，集聚大量的新闻素材，在中央厨房机制的运转下，制作出不同风格、不同口味、适合不同群体的新闻“产品”，让广大受众各取所需。纸媒可发挥深度调查、分析解读、评论、专访等优势，侧重于深度挖掘典型案例和现场背后的故事；电视可发挥鲜活的现场感和同步直播等优势，侧重于报道第一线的人物或事件，展现形象生动的可视画面；广播则发挥受众广、速度快、交互性强等优势，侧重于现场连线和及时播报；而新媒体则发挥“短平快”优势，以多元化、多角度的形式，推送出吸人眼球的短视频、H5、Vlog、抖音等新媒体作品。传统媒体和移动媒体的矩阵式融合传播，可深度挖掘宣传资源，从而获得很好的传播效果，起到积极的作用。

第三，强化包装，形成品牌效应。在重大突发性事件中，新闻产品肯定是

巨量的，如果没有意识地进行栏目“包装”，只是就事论事，打一枪换一窝，宣传效果肯定是要打折扣的。因此，应该注意品牌栏目的设计和打造。一是要取好一个栏目，紧扣主题，把相关的新闻归属到一起，形成集聚效应；二是做成一个系列，持续地报道推送，贯穿整个突发事件发生、发展、处置等过程中，让受众产生心理期待；三是产生一个效应，某个新闻栏目或某个新媒体产品完成，便组织进行全员推送，形成短暂性的轰炸态势，从而产生强大的新闻辐射力和影响力。一旦某个栏目或某个产品做成了品牌栏目，那栏目的后续影响力和辐射力便会与日俱增了。

第四，强化培养，鼓励人才拔尖。人才是生产新闻精品的第一要素。在重大突发性事件应急宣传中，主流媒体新闻工作者的素质和能力至关重要。一是要加大培训培养力度，围绕增强“四力（脚力、眼力、脑力、笔力）”，固本强基，锤炼队伍，让一线的策采编播发人员尽快提升素质，适应新时代融媒体新闻工作的要求；二是招聘或引进综合性、复合型的专业人才，充实融媒体中心新闻从业人员的素质和水平；三是出台人才倾向性政策，完善绩效考核体系，鼓励新闻拔尖人才成立专项工作室，让人才“引得进，留得住”，达到“待遇留人、编制留人、成就感留人”的效果。

第五，强化记录，固化突发事件。重大突发性事件往往事发突然，处置过程紧张忙碌，新闻素材稍纵即逝。如不及时记录留存，到日后需要时，文字资料好找，视听资料难寻，或将成为历史的遗憾。因此，应增强“记录历史”的责任感和使命感，把突发事件的过程乃至相关的第一现场的瞬间及时地记录下来。在重大突发事件发生后，要组织记者第一时间赶赴现场，抓紧一切时间，用照相机、摄像机记录下第一现场，既采集新闻宣传报道的素材，又要保留下珍贵的影像资料。待突发事件平息或结束后，再安排专人进行整理，制作成影像资料档案进行归档，从而使突发事件的发生、发展、处置及相关的故事、案例等都“凝固”在档案中，留存为历史记录。

破茧成蝶　融合媒体的四步"跨栏"

——江西宜春广电融媒体建设举措谈

江西省宜春广播电视台　张　敏　樊丽萍

有人说，银行不努力，成就了支付宝。通信不努力，成就了微信；商场不努力，成就了淘宝。前车之鉴，后事之师。传统媒体以前是一家独大，有着广泛的受众，事业、产业"两条腿"走得很轻松，进入新媒体、小众化时代，必须跳出思维定势，创新信息发布和管理、经营模式，更多地去关注市场需求，进行跨行业泛融合，不仅仅关注用户和流量数据，更要关注其背后的转化率，形成"多条腿"走路，并要走得踏实。

一、管理体制改革

各级广播电视台都有着共同的特点——单位有行政级别，人员有事业身份，部门各自为政，工资基本有保障。从总体上来看，行政不像行政，事业不像事业，企业不像企业。从人员结构上来看，有公务员身份的领导者，有事业身份的中层干部，有企业身份的员工，有全额拨款的事业编，有自收自支的事业编，有台聘，有部聘，有后勤临时人员，人员身份五花八门。

广播电视台是党媒，它姓党，承担着引领舆论导向的重任，又要打牢产业、广告等事业发展的经济基础。它既承担着政府媒介的职能，又承担着社会媒介的职能，职能相互交织，很难厘清。怎么办？江西省宜春市广播电视台（下称"宜春台"）在这方面做了一些有益的探索。

1. 组织架构扁平化

宜春台首先启动的是内部机制改革，宜春台打破了部门间长期以来各自为政、互不往来的管理模式。将原来各自运行的十余个部门划为五大片区，由五个片区长分管，迈出了去行政化的第一步。由新闻部、总编室、大型活动部、新媒体中心组成一片区；由社教部、经济中心、专题部组成二片区；由广告中心、影视制作部、产业协作部组成三片区；由广播电台、报社、播音部组成四片区；由后勤部、党务部、技术部组成五片区。第一片区重点打造宜春一套新闻综合频道，将新闻立台的内容做实；第二片区重点打造宜春法治频道，将舆论监督、法治宣传做到位；第三片区打造经济节目，将经济生活文化的内容做活；第四片区将电台和报纸融合发展做强；第五片区将服务保障的工作做细。

宜春台的这一举措彻底打破了身份的界限和铁饭碗的观念，同时彻底改变了部门间“老死不相往来”的窘境，将部门单打独斗的业务模式转变为综合生产制作的模式。这不仅成功节约了人力成本，也改变了忙闲不均的现象。五大片区相互配合、通力协作。全台一盘棋，品牌效应开始显现。

2. 人员管理集中化

在人员管理方面，宜春台实行片区长负责制。人员原有身份不变，全员定岗定责，分类绩效考核。人员管理由以前的一个萝卜一个坑变成一个萝卜多个坑，人浮于事的现象基本消失，工作效率大幅提升。比如，主持人统一管理以后，变栏目固定的主持人为全台节目的主持人。一方面挖掘了主持人的潜能，另一方面又使主持人的个人素质得到了全面的提升。

3. 媒介管理思路的三个转变

一是记者从单一型向全媒型转变。即从单一摄像记者、单一文字记者到文字、图片、音频、视频、VR 运用及制作的全能型记者转变。二是宜春台工作重心从以电视、广播、报纸为主向做精传统媒介、做活新兴媒介的转变。三是员工收入结构转变，向优质稿件和优秀创意策划倾斜，考核量化标准以新媒体点击率、点击量、关注度、粉丝量为准，用受众的关注度来决定稿件的优秀度和绩效，真正实现“内容为王”。

二、媒体全新融合

融合意即“几种不同的事物合成一体”。本文所讲的融合是指几种不同的媒介合为一体。比如将广播、电视合为一体成为广播电视总台，又如将报社、电视台、电台、网络等几个单位合为一个单位即融媒体中心，这是目前最时髦的做法。有些主管部门负责人认为合并即是融合，其实这只是媒介的简单相交，离相融还很远。

那么，市级广电媒体如何做到真正意义上相融？笔者认为要解决这样几个问题，并逐步在全台探索推行。

一是充分发挥总编室的功能，把不同媒介的编辑集合在一起，达到策划一体、主题多元、内容精准的目的。通过融媒体技术平台敏锐搜索本地相关的热词,对照当地党委政府的宣传要求,解决选题问题。让全体采编人员知晓本周或本日之选题,即编辑部需要什么样的稿件。

二是成立大新闻中心(或称大记者部)涵盖各媒介。虽然宜春台目前还没有在机构上这样设立,但要求不同媒介的记者适应融媒时代的要求,既能写广播、报纸稿,又能发电视、新媒体稿;既能写大稿、深稿,又能写短稿、快稿;既能拍又能写,还能编。允许一稿多用。以媒介用稿量、受众阅览量论英雄,实行绩效工资制。在2020年的战"疫"宣传中,宜春市广播电视台全媒出击,广播、电视、报纸、新媒体同频共振,原创节目出新出彩,有效发挥了本地主流媒体的舆论引导和服务民众作用。制作了10个广播防疫公益广告、11个原创电视防疫公益广告(含歌曲),有本台主持人防疫公益广告2个、短视频宣传片5个、歌曲MV3个,以及"宜码通"电子健康通行证使用指南等。其中《中国安好》《听,这是曙光的声音》在央视频播出,歌曲MV《曙光》被央视频、学习强国等十多家中央和省市媒体转载,点击量超过10万。H5作品《共同战"疫"!我是中国共产党员,我承诺!》,短短两天时间累计点击率就达35万次。反映宜春市援鄂医护人员奉献精神的新媒体作品《生日,在救护中升华》发布2小时内点击量达到6万+,由于全台全媒出击,媒体融合多维报道效果好,国家广电总局的公众号"国家广电智库"在3月4日以《江西宜春台:全力战"疫",媒体融合创新再上新台阶》为题发布了本台的宣传举措和工作成效。

三是后期编审人员集中编审。同样实行编审绩效工资制,并以点击率、收视率、收听率为考核标准,计量计分。如若编审人员自己搜集资料、外出采访编审出的稿件得到了社会的广泛关注,同样给予高分。主持人或聘用人员同样参与考核。新媒体的主编、责编与电视广播的编审一人多岗,既审广播、电视稿,也审微信、微博、抖音稿。

宜春台经过实践摸索,已开辟出融媒体的全新工作流程。其融媒体平台项目入选国家广电总局项目库,获评全国广电科技进步奖和"王选新闻科学技术奖"。媒体融合被国家广电总局评为经典案例。宜春台的采、编、播、融、传、发、存均在融媒体平台上进行。不少地方的融媒体显示大屏仅供参观展示,而宜春台的融媒体显示大屏除展示外,更是每天新闻节目制作的指挥中枢。宜春台的广播节目不仅仅可听,还是全天候直播,令打开手机看广播成为一种新时尚。宜春台自办的报纸《赣西周刊》,其方正排版系统也通过融媒体平台实现在大屏幕上数字播报,在手机端上数字阅览。不仅如此,宜春台融媒体中心还融入了政府服务功能,如交警指挥系统、12345热线系统、法治频道以及有关缴费、行业发布、回访等系统,在深入实践媒介融合的过程中,宜春台的影响力不断提升。

三、强化舆论监督

新媒体时代，传统媒体的“把关人”地位缘何越来越弱？一是新媒体发挥空间相对更大；二是传统媒体在及时回应群众关切上做得不到位，影响了公信力、传播力的发挥。

解放思想是媒体融合的关键，宜春台先后开展了“解放思想、整顿作风”“假如我是台长，我为兴台作贡献建言献策”等一系列解放思想大讨论。全台上下统一了思想，形成了合力，确立了必须改革的总思路。同时，确定了“新闻立台、经济活台”的发展目标，确定了“为百姓说话，为百姓办事，为百姓撑腰”等核心办台思路。

加大了民生新闻的报道力度和服务性信息的广播力度，相继开办了“砥砺奋进的五年”“精准扶贫共建小康”等10多个广播电视栏目，共发稿7500多条。围绕“群众利益无小事”的宗旨，宜春台发挥新闻媒体舆论监督作用，许多老百姓反映的难点、痛点、堵点问题得到解决。

据统计，2019年，全年监督曝光类稿件共播发1500条，同比增长一倍。尤其是督查各地各单位“怕、慢、假、慵、散”等问题的系列暗访稿件，在社会上引起强烈反响。如《记者暗访车管所 窗口工作人员“慢、慵、散”问题明显存在》《记者暗访行政服务中心 窗口工作人员“慢、慵、散”问题依然存在》《记者跟随督察组暗访高安建材厂 环保监管责任落实不到位》《脱贫攻坚干部作风不严不实》《建档立卡贫困户住院报销政策宣传、落实不到位》等，对监督改善干部作风、搭建党和政府与人民群众沟通桥梁起到了积极的促进作用。为进一步提升曝光监督类、调查报道类的稿件质量及威慑力，2019年与市纪委合作电视问政类专栏《民生问政》，与市政协开办了《协商议政》节目，实行电视“面对面”民主监督，10家行政单位被现场问政，达到“官员面红耳赤、问题高效解决”的效果，在全市上下形成了强烈反响。舆论监督是一项非常艰苦的工作，不是“泄私愤”“贪功利”，而是为了党和政府中心工作顺利开展，为了群众切身利益得到维护，为了推动相关工作的提升。2020年疫情紧张时期，针对一些不理解、不配合、不遵守抗疫措施的现象，宜春台及时组织暗访小组，深入全市各地基层“蹲坑守候”，曝光违反抗疫规定的典型问题，在社会上起到警示教育作用，维护了全市抗疫的良好秩序，稳定了民心，凝聚了力量。同时，在舆论监督过程中不仅仅捕捉问题、揭示问题，还加大了新闻追踪力度，一追到底，让问题得到彻底解决，大大提高了宜春台的影响力、公信力。

四、跨行业泛融合

5G时代,地球另一端发生的新闻能在几秒之内迅速传播到世界各地每一个人的手机上,以往地域新闻距离近的优势被消解。不少资源优势在各级媒体逐渐减弱,市级媒体优势自然也有限。这意味着,我们在坚持“移动优先、直播优先、短视频优先”策略的同时,要将眼光放得远些再远些,甚至跨行业进行泛融合。

各级广电媒体在保障好新闻宣传的同时,创新融合必须瞄准市场需求。要知道,以往传统的填鸭式获取信息的用户已经不存在了,他们跃升为传播的主体。从这个角度考虑,传统媒体还应跳出思维定势,从跨行业泛融合入手,开辟一番新天地。

宜春台在跨行业泛融合方面颇有一番心得。比如,其新设立的广电学校正是基于播音主持等优势资源而做出的跨教育行业的一项尝试。再如,宜春广播FM87.9推出的“跟着耳朵去旅行”项目,则在充分发挥媒介优势的同时涉足旅游行业,迈出了探索创新经营模式的步子,尝试“多条腿”走路。

对于广播电视台而言,跨行业泛融合并不是一句简单的口号,还意味着背后需要巨大的投入,跑项增资更新设备迫在眉睫。宜春台近几年争取到政府支持资金约3000万元,用于购置重达20吨的电视高清转播车、先进无人机、先进摄像设备、融媒体中心设备等。在有了专业优质的硬件后,宜春台跨行业泛融合发展得有声有色。

时代的发展和技术的进步,将会不断改变媒介传播手段,但无论怎么变,主流媒体都要是舆论引导的主阵地,更要是引领人们思想的主力军。宜春台在三年的融媒体建设中“四步跨栏”,带着“加速度”,一步一个脚印走来,不断开拓和巩固主流媒体阵地,宣传事业和产业经济屡创佳绩:2017年央视新闻联播发稿34条(比2016年的15条翻了一番),2018年47条,2019年52条,2020年上半年已经超过了2019年全年发稿量。近三年,在江西广播电视台用稿量上,宜春台始终保持在全省前三名。100多篇作品荣获中国新闻奖、江西新闻奖,江西广播电视奖、报刊奖,获奖等级与数量在全省11个设区市台名列前茅。且有两名主持人获全省“十佳”,一名获全省“十佳”提名,多名主持人获全省演讲比赛一等奖。2018年下半年由台自主经营产业实现广告收入850万元,2019年完成了1600多万元,2020年上半年达700多万元,在全行业广告收入断崖式下跌的大背景下,远超过去外包经营的数字,逆势上扬!

时移事易,踵事增华。传统媒体必须顺应时代变化要求,尽可能地掌握最新媒介手段，运用新媒体思维，做时代的追随者、引领者。紧紧把握媒体传播规律，不用广播取代报纸、电视取代广播、新媒体取代电视的旧模式，而是努力研判未来媒体传播的趋势及媒介发展动向，牢牢把握5G万物互联时代媒介传播的要求，用高瞻远瞩的思维，通过媒介融合发展“开疆拓土”，在新时代更好地发挥舆论引导的作用。

年轻的融媒体如何应对战“疫”大考

——鹤山市融媒体中心的探索与实践

广东省鹤山市融媒体中心　龚　拓　王　捷

疫情期间，县级融媒体中心如何打响宣传战“疫”，畅通基层宣传“最后一公里”？面对来势汹汹的疫情，鹤山市融媒体中心深入贯彻习近平总书记“导向为魂，移动优先，内容为王，创新为要”的重要指示，充分利用融媒优势，扩大主流媒体声音，构建正能量舆论场，提供多元信息服务，践行了“引导群众、服务群众”的初心和使命，把媒体融合实践深入到战“疫”斗争中，进一步畅通基层宣传“最后一公里”。

一、多媒协作，扩大主流媒体声音

抗疫期间，鹤山市融媒体中心充分运用全媒体平台，发挥“中央厨房”调配指挥作用，通过宣传重点任务统筹、重大选题策划、采访力量指挥、传播效果评估、新闻线索研判等“组合拳”，做出了权威发布、防控知识、最新疫情、专家解答、鹤山动态、辟谣平台等各式“菜品”，疫情防控宣传铺天盖地。

一是做好权威发布。鹤山市融媒体中心运营的“鹤山发布”“微观鹤山”微信公众号申请增发，推送次数增加至一天 6 次，保持每次 1～6 条信息的推送量，及时公布疫情最新信息，回应社会关切，把市委、市政府的决策部署和有力措施传播到千家万户，把各级各部门众志成城、共克时艰的行动传播到每一个角落，把一个个先进典型暖心故事讲述给大家。1 月 23 日，“最鹤山”APP 率先开辟《全力以赴做好疫情防控工作！鹤山在行动》专题，下设鹤山动态、最新疫情、官方发声、防控知识、辟谣平台等子栏目，涵盖了最新最全的疫情信息、中央到地方各级防控措施和政策以及各种实用的知识普及和及时辟谣等。截至目前，该专题发稿量近 3000 条，日均发稿量 30～50 篇，总浏览量近 970 万，密集程度、关注程度均创专题类历史新高。积极转发中央、省、市卫健委关于疫情的专业分析和权威指导意见，截至目前，通过“鹤山发布”微信公众号、“最鹤山”APP 转发转载《国家卫健委发布 1 号公告！春节出行如何防控？钟南山给出建议》《扩散周知！返程返工，国家卫健委给你9点防控提醒》《一图读懂：特殊人群与特定场所防控指南来了》《发热咳嗽怎么办？长沙疾控权威解答来了》等权威发布480余条，阅读量超800万人次。

二是聚焦疫情防控一线。集中报道一批讲奉献、顾大局、身先士卒的先进典型和感人事迹，用"本地话"讲好"鹤山故事"，用鹤山行动传递城市温度，鼓舞人心、振奋士气。截至6月，共发布《感人！鹤山这对夫妻并肩奋战抗疫一线》《让党旗飘扬在疫情防控每个角落！鹤山筑牢红色堡垒，党员干部逆行冲锋》《沙坪南山社区坚持群防群控，筑牢居民家门口的防疫"隔离墙"》《坚决打赢疫情防控硬仗！鹤山召开重要会议，强调下一步要这样做！》《亮了！鹤山文艺界用这种方式助力疫情防控！》《紧急通告！14天内入境人员来江门未报告须立即报》等原创报道1680篇。

三是发挥"汇聚联合"效应。鹤山市融媒体中心把"中央厨房"平台生成的"菜品"主动进行对外分发，让本地媒体与市外媒体深度融合、资源共享，达到了同一时间围绕同一主题集体发声，以点带面，全方位宣传了我市万众一心、共同抗疫的感人故事，短时间内迅速掀起疫情防控宣传热潮，形成舆论强势，汇聚集中宣传推介的合力。截至4月3日，各大主流媒体转发转载我市应对疫情相关报道1387篇，其中共推荐信息98篇到学习强国平台，上省平台84篇、全国平台6篇，"南方＋"APP转载73篇，《南方都市报》发39篇，"今日头条"APP发41篇。同时，还在网易新闻开辟专题《防控疫情 鹤山在行动》，对鹤山疫情防控工作进行持续报道。

二、融媒创造，在创新宣传上"多点开花"

鹤山市融媒体中心守正创新，充分发挥融媒体属性，根据群众喜好、百姓反响，创作出一批富有生命力和感召力的疫情防控宣传产品。

一是制作发布一批新媒体宣传品。推出新媒体界面H5《接力！防控疫情，共克时艰。我是第××位承诺的鹤山人》，超过15万市民进行网络接力；结合本地风土人情、地域方言，自行创作了《疫情严重，我们沉着应对！》等12部防疫宣传片，在"鹤山综合""鹤山资讯"频道每日分别插播10次，并通过新媒体平台广泛传播。

二是订制防疫宣传视频彩铃。联合中国移动公司免费为鹤山移动用户订制了防疫宣传视频彩铃。市民每次拨通电话，都会显示防疫宣传视频。手机成为市民身边最触手可及的防疫宣传助手。

三是自创防疫宣传文艺作品。联合市文联创作录制了一段粤语防疫宣传快板,既接地气又朗朗上口,提醒市民特殊时期不要串门,做好防疫措施;联合文艺界人士创编了《逆风前行》《百姓的心间》《你现在还好吗》等5首防疫宣传歌曲,并录制视频MV在各大媒体平台和户外LED屏刊播,用群众最喜闻乐见的方式,科普防疫知识,传递信心,为奋战在抗击疫情战线的工作者加油、打气。

三、全媒监测,构建正能量舆论场

辟谣是媒体的重要职责。充分运用全媒体矩阵监测平台,第一时间掌握群众关注热点和焦点,加强部门协调联动,凝聚"较真"合力,针对网络上出现的疑虑、谣言,及时核实、发声,向谣言集中"开火",融媒体平台成为捍卫真相的"谣言粉碎机"。

一是提前发声,正确引导舆论走向。鹤山市融媒体中心时刻关注百姓关切,与时间赛跑,抢在谣言发起前,积极转发中央、省、市卫健委关于疫情的专业分析解答和权威指导意见,给百姓注入疫情防控"强心针"。转载发布了《国家卫健委发布1号公告!春节出行如何防控?钟南山给出建议》《转扩!新冠病毒存在粪口传播?听听钟南山的最新回答!》《双黄连口服液一夜被抢断货!提醒:别自行服用!》等信息,通过朋友圈群得以广泛传播,用权威的声音引导广大群众在疫情面前保持冷静理性。同时在"鹤山发布"微信公众号开辟《特约评论》专栏,累计发布特约评论员文章14篇。根据疫情防控时间节点持续推出高质量的评论文章,积极引导市民群众做好疫情防控、复工复产等工作。在"最鹤山"APP开辟《我以我诗送祝福》专栏,累计发表诗篇48期,及时弘扬歌颂抗击新冠肺炎疫情工作中涌现出的先进典型事迹,以成风化雨之势引导和激励各条战线共同抗击疫情。

二是快速反应,用事实粉碎谣言。鹤山市融媒体中心第一时间响应,对网络谣言及时进行澄清,引导广大群众不信谣不传谣。1月23日至2月23日,共监测转发较大舆情信息26条,其中谣言信息6条,举报反映类信息18条,咨询类信息2条;回复处置20条。针对部分微信群内出现"网传我市已有病例""鹤山封城"等网络谣言,鹤山市融媒体中心及时通过"鹤山发布"微信公众号、"最鹤山"APP推送《辟谣!网传"鹤山市已有一例新型冠状病毒感染的肺炎病例",消息不实!》《官宣!鹤山加强入口管制!》等,加强辟谣和舆论引导,第一时间有效平息社会恐慌情绪。

三是建立机制,形成辟谣合力。建立了辟谣快速反应机制,由鹤山市委网信办牵头,整合重点部门、主流媒体、上级媒体和重点商业平台力量,形成网络舆情信息中心监测、新闻办协调分发、融媒体中心权威发布、上级媒体转发转载、相关部门跟进处置的工作机制，实现谣言追踪、冒头就打。经过鹤山市融媒体中心全体人员取消休假、日均工作 12 小时以上、连续奋战近一个月的努力，据不完全统计，“鹤山发布”“微观鹤山”微信公众号、“最鹤山”访问量、日活量、粉丝数均创历史新高，截至 4 月 3 日，新媒体 APP 手机客户端平台发布各类文图、音视频、H5 等作品超过 2943 条，总浏览量超过 1800 万次，其中，单条微信浏览量最高达 164658 人次。

四、融媒服务，拓展功能助力复工复产

疫情期间，鹤山市委市政府一手抓疫情防控，一手抓企业复工复产。鹤山市融媒体中心围绕鹤山市中心工作，创新服务，赋能新闻直播，以“新闻直播＋N”形式，发挥融媒体采、编、播等技术优势，结合电视直播和微信直播特点，在鹤山发布、“最鹤山”APP 开辟直播栏目，拓展融媒体服务功能。媒体自身影响力不断提升的同时，我中心更成为全省首个开辟融媒直播带货的县级融媒体单位。

一是“新闻直播＋网络招聘”。2 月底至 3 月初，为助力复工复产，减少聚集风险，鹤山市融媒体中心联合鹤山市人社局推出“鹤山电视网络招聘会”。利用“鹤山发布”“最鹤山”广大的粉丝基数优势，打造在线招聘直播平台，推动在线求职、在线招聘等项目，既能助力鹤山有序复产复工，也能满足疫情过后广大群众的求职需求，每场次在线收看人数达 14 万余人。

二是“新闻直播＋帮农带货”。3 月下旬以来，融媒体中心服务农业复工复产，策划举办“乡村振兴 · 帮农带货”新闻直播活动，每周组织两场次直播活动推广鹤山本地优质农产品，打通滞销农产品与群众日常需求供应链。直播平台突破时间、地域限制，随时、随地进行网络直播，用短平快的直播方式，建立产品购销平台，带动建立社区微信群、产品微店、小程序店铺等，拓展了网络销售渠道，助推广大农户拥抱“互联网＋农产品”。截至 5 月底，“乡村振兴 · 帮农带货”直播已线上助销双合辣椒、茶叶、共和瓜菜等产品 10 多万斤，架起了“战‘疫’助农”的连心桥。因购销双方反响良好，不少有需求的农户和农企纷纷联系，要求直播助力。直播还进一步扩大了本地优质农产品的品牌知名度，助推了瓜菜采摘生态游＋农旅研学拓展等农业产业新业态兴起。

三是“新闻直播＋帮企带货”。为减轻疫情对企业影响，助力企业产品转战国内市场，拉近本土优质企业与消费者之间距离，策划直播“帮企带货”，平均每场直播都有 3 万人在线观看。另外，还跟进宣传报道我市疫情防控期间

促进餐饮商贸外贸旅游(旅宿)复工复产情况,特别是做好市政府出台的助推复工复产、金融暖企等政策宣传,为全市稳定消费信心,保障全市经济平稳发展提供有力的舆论支持。

四是“融媒直播+政务工作”。不断尝试拓展直播的功能,以“直播”为媒体融合的切入点,深度融合新老媒体。例如,鹤山市融媒体中心融合广播节目直播特点和电视的可视化优势,加上新媒体的互动性,打造全省首款的“可视广播”,让电视观众、广播听众、手机网民集中在一起享受可听、可看、可谈的全媒体内容盛宴。现已推出的“听?见广播”之《鹤山市首届最美阳台评选活动》《创文面对面》《创文在路上》《曝光台》等“可视广播”节目,内容丰富生动,有力助推我市创文攻坚工作向群众覆盖、向纵深发展。

县级融媒体中心建设的五大抓手
——以新冠肺炎疫情防控宣传为例

广东省开平广播电视台　何铭游　杨　伟

突如其来的新冠肺炎疫情是对社会治理体系的一次严峻考验，社会治理的重心在基层，基层防控工作的落实是应对疫情的关键。作为社会治理体系的重要一环，全国各地刚刚组建不久的县级融媒体中心也迎来了一次“实战验收”。是否凸显了在基层社会治理中的作用与价值，是否实现了“引导群众、服务群众”的目标，可以作为县级融媒体中心建设成效的一个重要标准。

疫情就是命令，防控就是责任。新冠肺炎疫情发生后，开平市融媒体中心发挥主流舆论阵地、综合服务平台和社区信息枢纽三大功能优势，成为疫情防控工作中的一支强有力的生力军，彰显了媒体融合发展的成效。

一、做活内容，打通信息传递“最后一公里”

疫情防控宣传主题报道并不是刻板生硬的题材，而是有血有肉有温度的内容，要用生动形式表现深度。生动是新媒体的优势，深度报道是传统媒体的优势，把这两个优势结合起来用在主题报道上，就会产生强大的力量。

一是移动优先，疫情宣传全域覆盖。面对突然而来的汹涌疫情，为应对网上喧哗的舆情态势，开平市融媒体中心强化主流媒体责任担当，在除夕当晚启动应急宣传预案，确立了“移动优先、联动赋能”的战略，发挥移动端集聚、融合、指挥的强大功能，整合放大融合资源优势，第一时间积极呼应公众渴望权威疫情信息的急切需求，以看“开平”APP、“两微一端”、抖音号为第一舆论阵地，在各平台首屏首页开设了《众志成城，抗击疫情》的专栏专题，聚焦全国、全省以及江门疫情最新进展，充分报道开平市社会各界同舟共济抗击疫情的有力举措，形成强大宣传声势和多维立体传播格局。在时间上实现 24 小时发布，在空间上，实现网上网下全覆盖、城市乡镇全覆盖，真正打通了舆情宣传的“最后一公里”。在已发布的疫情防控有关新闻中，“两微一端一抖”平台稿件占比约 91.6％。

二是短视频唱主角,走心接地气、土味又硬核。我们发挥已建成的融媒体技术平台移动化、社交化、可视化、智能化、平台化优势,强化自身技术基因,在疫情报道中,以多种技术手段、最快捷的方式、最灵活多样的形式,更加直观地面向公众解释与分析疫情发展,传播防控疫情知识,最广泛地发动群众、引导群众。发挥短视频"短平快"优势,策划推出一系列疫情防控短视频报道。利用融媒体技术平台快捷高效的媒资管理系统和智能转稿、快编功能,快速进行短视频化的再加工、再传播。重点以生动鲜活的短视频语态反映开平防控疫情进展成效,唱好战"疫"中各条战线涌现出的感人故事。我们策划制作了《24小时全纪录,疫情影响下的开平人》《开平:爱她,就让她静静》等新媒体新闻产品,以文字+图片+视频等形式,展现开平抗击疫情的现状,凝聚开平人力量共同打赢疫情阻击战。以开平话制作了《开平话版硬核大喇叭:聂乃都毛去噜哇》,用开平话录制抗疫知识,教育群众"不出门、不聚会、戴口罩、勤洗手"等,全网点击量近20万人次,疫情防控期间发布短视频410多条,总点击(阅读)量近2亿人次。

三是信息互动多元,群众喜闻乐见。我们发挥融合报道优势,综合运用文字、图片、数据、H5、音频、直播、长图、短视频等融媒体手段,精心制作一批新闻产品,将防控专业知识转化为简约直观的防控知识清单,让普通老百姓喜闻乐见。所制作的《抗疫知识大闯关》H5,通过知识答题赠送电话流量的形式,吸引群众广泛参加,发布当晚点击量即达近4万人次,有效地宣传了疫情防控知识。新闻主播亲身示范的形式,录制"如何戴口罩""如何正确做好个人卫生防护""呼吁群众不出门"等短视频,还制作市委、市政府各项政策和部署,防疫权威解读视频等,通过"两微一端"、抖音号发布,取得较好宣传效果。

二、做大平台,牢牢占领舆论阵地

在新冠肺炎疫情防控过程中,各类乱象夹杂,搅动舆论。作为基层的主流媒体,县级融媒体中心作为引导群众、服务群众的重要宣传平台,在地方疫情防控阻击战中必须担负舆论宣传主力军作用。县级融媒体中心过去多以报刊、广播电视台为主体,后来随着政府网站、两微一端(微信、微博、客户端)等网络新媒体陆续开设,读者、观众、听众不断流失,主流媒体地位受到严重挑战。2016年2月19日在党的新闻舆论工作座谈会上,习近平总书记发表重要讲话时指出:"人在哪里,新闻舆论阵地就应该在哪里。"县级融媒体中心必须建好传播矩阵,巩固宣传阵地,才能担负起宣传主力军重担。

在疫情防控期间,开平市融媒体中心充分利用已建成的融媒体技术平台优势，坚持以移动优先为原则，构建立体式、全覆盖的宣传网络，提高防疫信息的覆盖面和到达率，为打赢疫情防控阻击战提供了强大的精神力量和舆论支持。

一是打造融媒体技术平台。开平市融媒体技术平台最早起步于2014年，经过几年的不断投入，于2017年12月建成运行，2019年又投入资金1600多万进行升级完善，打造了以“一中心五系统＋一个手机客户端＋一套机制”为核心的融媒体技术平台，“一中心”即融媒体指挥调度中心；“五系统”即内容汇聚系统、融合采编系统、媒资管理系统、多终端发布系统、任务考评系统，已实现“统一调度、一次采集、多种生成、多元传播”，基本形成“融媒体统筹、新媒体首发、全媒体跟进”的运行模式，一个优势互补、聚合共振的主流媒体初步成型，进一步提升了党的新闻舆论传播力、引导力、影响力、公信力。疫情防控期间，开平市融媒体技术平台发挥了重要作用，每天各路信息高效汇总到“中央厨房”，广播、电视、两微一端等各发布平台各取所需，工作人员摆脱了时间、空间限制，每天24小时随采、随编、随审、随发。

二是打造全媒体传播矩阵。开平市融媒体中心建成了以“看开平”APP为核心的全媒体传播矩阵，拥有全媒体传播平台12个，包括：1个手机客户端、2个电视频道、1个广播频率（FM95.6）、1个政府网、4个微信公众号、2个微博号、1个抖音号。内容可分发至新华社、人民日报、央视新闻＋、南方＋、触电新闻、江门邑网通以及今日头条、腾讯新闻、澎湃新闻等平台，有线电视用户16万多户，新媒体用户超过56.3万，新媒体用户覆盖开平本地人口80.4%，手机用户几乎实现全覆盖。其中“开平广播电视台”微信公众号用户26.6万，在“全国县级电视台微信号排行榜”中最高居第2，经常位居前10，常居广东省县级台第1名。

疫情防控期间，“看开平”APP实现24小时滚动发布，集纳了政府发布渠道、市各单位微信公众号等内容，形成以“开平广播电视台”“开平发布”为代表的政务新媒体矩阵，集政务信息发布、全媒体新闻资讯、音视频直播点播、便民利民服务于一体，便于人民群众及时、全面了解当地的信息资讯和查询办理政务民生事宜。

三、做实服务，打造综合服务平台

开平市融媒体中心按照“一地一端”的建设要求，以“看开平”APP为重点，致力于将融媒体中心打造成主流舆论阵地、综合服务平台和社区信息枢纽，为各项事业发展提供强有力的思想保证、舆论支持和精神动力。坚持“媒体+”理念,积极探索“媒体+政务”“媒体+服务”等运营模式,不仅重视新闻宣传,还要积极探索和拓展公共服务。整合开平各类信息资源和社会资源,实现市民群众“一网通晓”政务便民服务,“一网通办”政务民生事项。电视管理费、话费充值等生活缴费,民航、铁路、快递、天气、医疗等便民服务,以及市民中心各类行政审批查询和办理事项全部集纳到“看开平”手机客户端。

一是做好信息服务。借助全媒平台和应急广播等,及时发布防护常识,提高市民防护知识知晓率;主动收集疫情防控中口罩等物资供给不足等问题,及时反馈给相关部门,打通基层信息通道;与相关部门合作录制疫情防控相关融媒体产品,免费供各镇街道、单位和社会媒体使用;坚持正面报道为主,对防疫中不文明现象予以曝光;及时报道疫情防控工作进展,发布权威信息和辟谣信息,解答市民困惑,有效缓解群众恐慌情绪。

二是发挥“媒体+服务”功能,做好助农服务。随着疫情防控措施的不断加强,人们居家隔离、劳动力不足、市场商场防控加强、交通不便等因素,造成农产品滞销。开平市融媒体中心在了解到当地不少农户水果、蔬菜、家禽等有大量囤积的信息后,积极与农业部门联系,详细掌握第一手资料,汇总全市滞销农产品的品种、数量、产地、销售方式等,通过全媒体平台发布 17 个企业(基地或农户)的 27 个产品,获超 10 万人次阅读,大批市民自发前往企业、基地购买。发挥“新闻+电商”服务功能,与农业部门、配送物流、电商平台合作,为有需求的企业、农业基地提供线上销售服务,将滞销农产品上线电商平台,实现手机下单、次日送达,既解决了农产品滞销难题,也方便了市民购物,解决了市民响应号召居家的购物难题。完成线上交易 287 笔,各类产品共销售 4653 公斤。如线上销售珍珠番石榴 2550 公斤、芭乐番石榴 550 公斤、台湾蜜枣 650 公斤,结合线下销售,三个产品很快销售一空。同时发挥信息服务功能,为滞销农产品对接商城、超市,促进线下销售。通过融媒体直播,为受疫情影响的滞销农产品寻找买家。直播期间,买家可通过直播链接或“开平发布”“开平广播电视台”微信公众号下单认购,也可以直接联系农户订购。

三是做好技术支撑服务,支持基层抗疫工作。在疫情防控工作中,外来人员的信息登记,是一项工作量十分庞大的工作,需要大量的人力物力,且容易疏漏。开平市融媒体中心发挥融媒体技术优势,配置了“外来人员调查登记”,免费提供给有需要的镇(街道)、社区使用,对外来人员、返乡人员在线登记、在线排查。

四、做强产业，增强造血功能

当前，广电行业、传统媒体经营面临严峻形势，县级融媒体中心普遍以广播电视台为基础建成，一类事业单位财政兜底，人员经费、事业发展相对有保障，二类事业单位则面临巨大经营压力。做强产业、实现自我造血，是县级融媒体中心发展的必然之路。

一是鼓励市场化运作，加快产业步伐。由国资管理公司注资成立文旅传媒有限公司，负责运营“看开平”APP，加快构建融合状态下的经营管理模式；探索与公司的合作，以多元运营手段为引领，推动产业融合发展，解放新闻生产力，激发创造活力。2020年以来，公司承接了影院影前广告及广告位项目，开展“开平碉楼与村落景区古猫自助导游语音讲解”项目，与镇政府合作南粤古驿道大沙新兴路段历史文化调研项目，承接《开平地名故事》书稿编纂工作等，经营逐步走上轨道。

二是开展“融媒＋”跨界经营。如开展“融媒＋房展”活动，依托全媒体资源优势成功上线“旺旺拼房”购房平台项目，为开平市民提供更加便捷、优惠的网上购房一站式服务。不定期举办的“广电主持看房团”直播活动，得到广大市民和房企的一致好评。开展“融媒＋教育”项目，开办“开平广电小主持”“雏鹰成长动能营”“黑曼巴特训营”“小小主持人培训班”等，通过线上线下活动、网课、第二课堂等形式，为市民提供教育培训服务，目前，开设的5类课程得到了众多家长的认可，已成为本土知名的课余文化项目。举办“开平广电汽车展”团购销售活动，利用融媒体资源推介，采用线上团购、线下销售的方式，推动汽车行业发展，实现社会效益、经济效益双赢。

五、做精管理，推动媒体深化融合

开平把体制机制改革作为媒体融合发展的突破口，在“融”与“合”中理顺体制机制，形成了机构整合、业务一体、人员融合的局面，从政策、人才、资金等方面创新体制机制，推动媒体融合向纵深发展。为融媒体中心建设奠定了坚实基础。

一是完成机构重组，完善组织架构。开平市在2016年3月已组建融媒体中心的基础上，根据《全国县级融媒体中心建设规范》的新要求，出台了《开平市融媒体中心建设方案》，完善了《绩效考核方案》，以新的战略定位、运作调改、战略转型，对自身资源优势进行再挖掘、再放大、再增值。以“内容统一、功能区分”为原则,对融媒体中心组织架构进行重构,新的组织架构是根据融媒体的运营需要重新设计的,目的就是实现“移动优先”,保障融媒体更顺畅运行、更科学管理。强化党管媒体,以党组为统筹,形成12个部室的组织架构,进一步深化融合改革,以大媒体视野、大新闻理念、大平台格局,推进新闻传播内容、形式和传播手段的创新和改革。

二是建立健全体制机制,完善绩效考核。为确保媒体融合长效发展,开平市注重融媒体建设的体制机制的完善,通过制度约束人,用考核激励人,用绩效评判人。组织第三方机构,根据开平实际情况,研究制订了《开平市融媒体中心绩效管理方案》。新的绩效方案实行部门、岗位职责考核,推动融媒体业务更好地开展,绩效方案聚焦宣传主业,考核绩效向采编一线倾斜,让新闻宣传人员更专注于做好宣传工作。建立健全各项规章制度。逐步淡化编制、身份等界限,根据新业务的开展需要,不断健全新的规章制度,更好地做好科学长效管理,比如研究出台了融媒体中心新媒体平台信息审核发布、网络安全管理等方面的规定。

三是重塑融媒体工作流程。在建立运行机制,实现媒体平台彻底融合的基础上,向深处发力,不断优化、简化流程,持续激发内生动力和活力。坚持把“移动优先、内容为本”作为重要战略,把资源、技术、力量向移动端倾斜,突出强调了“移动优先”在推动媒体融合发展,提升媒体传播力、引导力、影响力等方面的重要作用。已建成的融媒体平台打通了指挥调度、线索汇聚、选题策划、采编联动、素材管理和信息发布等全流程融合。与传统的广播电视宣传相比,融媒体平台具有三个特点:即时采编、云端生产、多屏发布,打破了“时间”和“空间”的限制。由过去的以“电视新闻”为主转变为以“看开平”APP发布为主。过去,我们的编辑、审核、发布都要在台里的编辑室、办公室进行,现在通过融媒体平台,编辑、记者全部联通,从选题策划、现场采访、编辑以及后期包装制作、审核、发布,全部云端在线完成。

县级融媒体中心建设,是一次触及转型改革等深层次问题的重大变革,是一个长期性、系统性、专业性工程。目前开平市融媒体中心建设还有痛点、难点需要破解。县级融媒体中心建设只要牢牢抓住以上“五个抓手”,必能深化体制机制的改革,聚焦宣传主业,提升县级媒体传播竞争能力,把县级融媒体中心建成党的舆论宣传工作“基石”,有效实现“引导群众、服务群众”。

新冠疫情期间主流媒体的报道实践研究

浙江省湖州市新闻传媒中心　胡　霜

随着人工智能和5G技术的不断发展，媒体融合也在不断发展，在新冠疫情期间，各大主流媒体将一些传播理念运用于实际报道，服务于疫情报道，通过很多的平台以及渠道来发布新闻，通过这些主流媒体的积极影响，让人们充分了解了此次疫情的一些相关知识和防护措施，获得了良好的传播效果。接下来我们就主流媒体报道的实践情况进行相关的研究与分析。

一、利用创新提高效能

如今利用云平台进行新闻报道总结起来实际上就是三种形式，首先是主流媒体与其他平台联动起来进行新闻传播，这其中主要是与B站、微博、腾讯新闻等平台来进行联动传播。举个例子，比如说中央广播电视总台和湖北广播电台与一些短视频平台合作创作的武汉战“疫”日记，还有央视在一些其他平台发布的短视频征集活动等等，这就是内容协同的生产。至于传播方面，央视新闻通过很多平台进行24小时不间断直播抗击疫情的节目，利用云平台和社交网络传播这些新闻，这就使得主流媒体产生了更加广泛的影响力。

其次就是主流媒体本身是可以作为平台的，由主题媒体带头将下面的地方媒体接入进来，从而打造联动报道的环节。例如人民视频和人民网联动打造的直播，其中融合了70多家媒体以及大量的媒体中心记者，还包含了两百多个平台进行联动直播。另外再比如新华社的现场云在线系统等等，这些都是起到十分积极作用的联动传播方式。

最后还有一种慢直播方式，这是通过用户进行实时参与从而形成的传播现象。这种方式实际上就是成千上万的网友进行在线互动和讨论，例如在2020年1月底央视通过客户端直播的火神山、雷神山医院建设以及新华社提出的抗疫专车日记等等现象级直播产品，这些都是十分成功的案例。通过召集大量的网友共同实现了慢直播这一现象的产生，从一个简单的直播技术转变成了一个完美的作品。无论是平台的使用者还是平台提供的渠道，要想利用好这些技术和渠道就必须坚持合作开放和共享的理念。以上提到的这些传播方式在生产实践中都体现了媒体和平台互换角色的一种趋势,当然这种融合目前看来是一种十分积极有效的合作方式,媒体通过整合资源打造专属平台,而平台也积极汇聚优质内容提高自身的传播效能。

二、中央地方充分合作整合资源

在此次新冠疫情当中,中央的主流媒体不仅仅与其他平台展开积极合作,同时也加强了自身的服务功能。另外中央主流媒体也将地方媒体结合起来进行联动报道。比如说由新华社主导的现场云直播平台,这是一个在线生产新闻、在线审核的平台。利用这个系统只需要一部手机就可以进行资料和素材的搜索与审核,然后再进行播发,在很大程度上提高了新闻的实时性。通过具体了解我们发现这个服务平台实现了终端和客户端双向落地,这就表示地方媒体的资源可以通过这个平台直接进入国家资源的传播平台,在很大程度上提高了传播的力度和影响的力度。如今这个平台已经吸引了超过3000家的媒体和政府机构来进行合作,有效地促进了媒体的发展与融合。在此次疫情期间,湖北、浙江等多个省都用现场云的直播形式进行了新闻发布。

央视的智慧平台在满足内部需求的同时也满足了地方的需求,这个平台向地方媒体提供了合作的方式,在各个方面为县级的融媒体中心提供了服务和渠道以及相关的资源,提供了研发技术和内容分享等多个方面的支持,有效地帮助县级媒体形成了多渠道的移动传播平台。

此外云服务的提供商也是媒体的重要手段,这种上下联动的方式在最大程度上使得平台的资源一体化,让更多的媒体覆盖更广,加深了合作,对互利共赢有很大的作用。由于疫情防控出现了升级的情况,新闻发布会也从新闻现场变成了运发部,这对自建平台有很高的要求。当然也给官方发布新闻提供了很大的方便,发挥了十分积极的作用。

三、携手用户实现创新

由于疫情的特殊性和局限性,我们的新闻工作者没有办法深入一线现场进行深入工作,视频拍摄的内容也受到了很大的限制,这就要求主流媒体要利用好云平台将用户内容与专业内容结合起来做好新闻报道。以此为背景,不管是中央媒体还是地方媒体都开始跨平台合作,与一些具有社交功能的短视频APP一起合作,采用众多的组织方式生产和传播新闻实践内容。

将工作通过自由自愿的方式外包给网络大众的方式叫作众包。近几年以来，不管是国外还是国内的媒体都有成功运用众包的实践经历。例如前年梨视频聚集的300多位拍客，拍摄了“一带一路”上的60多个国家，进行了12个小时的不间断直播。在此次新冠疫情的报道中，越来越多的主流媒体结构与其他的平台合作推进生产，这主要是得益于近几年以来短视频的不断兴起。截至2019年9月份，这个行业的用户规模已经超过了8个亿，同比增速超过了32%，还有数据显示每位用户的月人均使用时间超过了22个小时，短视频用户以及其使用时间的指数形式的增长给主流媒体提供了大量的素材和内容，也给这些主流媒体进行云平台的融合奠定了基础。

主流媒体可以通过向一些视频作者进行邀约的方式来进行创新，这不仅仅是在技术层面上的创新，更是在理念上的创新，中央媒体主动与用户结合，与用户一起生产内容。在这些个人用户的作品里面既包含了媒体的镜头也有个人提供的视频画面，是一场完完全全的“众包”实践。

另外人民视频也在自己的客户端以及自己的抖音账号等内容发布了许多的征集活动，搜集通过各种各样的拍摄方式制作的短视频。要求作品的时长以及主题要与疫情抗击有关，选出一定量的最佳作品，在各大客户端以及其他渠道进行推送，并给予这些最佳作品的持有者以丰厚的报酬。足够优秀的作品还可以参与直播特别节目，获得各大优质媒体平台推送。

四、利用用户强化报道影响

在此次疫情当中，一种“慢直播”的产品引起了人们的兴趣，比较突出的就是两个医院的直播建设，相信大家都知道在2020年1月底央视直播的两个医院建设的项目，在这个直播中，没有主持人更没有解说员，有的只是成千上万的网友。据有关数据显示此次直播一共产生了上亿人次的在线观看量。

这种形式常被运用于重大事件的突发报道当中。在直播过程中，网友们积极评论和留言，与其他人展开实时互动，共同分享自己的感想和心得，这些互动留言也给媒体带来了关注，最终就形成了新闻报道。

通过用户的积极参与推动这种直播形式的产生，用户是这个形式中不可缺少的一部分。实际上这种方式在技术上要求并不高，不需要进行剪辑与内容的审核，也不需要后期的制作和音乐的添加，完全是原生态的画面，通过用户自身活动来完成这种直播。当然这样的方式肯定会有一定的问题，由于文化差异活动以及参差不齐的媒体素养，自发形成的舆论导向容易出现差错，这种方式的深度性显然是不够的。这其中比较典型的就是在两座医院的修建过程中,众多网友给各种型号的挖掘机或者其他型号的车辆起外号,这对新闻的专业性和严肃性显然有着不小的影响,因此为了避免这些情况的发生,主流媒体需要及时进行纠正。

这个产品的出现也给主流媒体提了醒,要求他们时刻谨记自己身上肩负的责任,媒体创新不光是要在技术上进行创新,更重要的是要在理念上进行创新,理念上的守正是更加重要的。媒体在进行直播的时候要考虑到我们需要什么样的用户来参与,要怎样引导用户进行正确的讨论。这是因为与“众包”相比,媒体在这种“慢直播”的形式中并没有主动权,不像“众包”那样掌握了主动权。面对大量的评论和留言,想要实现把关与审核并没有那么容易,但是并不能因此就置身事外,针对这样的情况,媒体更要以身作则来完善这种报道形式。

五、运用数据深入开发

如今是大数据时代,大数据的资源是非常重要的,也是传播的重要组成部分,但是在此次疫情当中,各大平台的数据并没有得到充分的利用,数据的分析整理还存在着不足。由于疫情的特殊性,主流媒体派出的记者开展采编变得比较困难,再加上技术的不断发展以及网民的不断增多,为媒体提供了大量的素材和资源。如何利用好这些资源,发现更广阔的报道空间,这成为了当前主流媒体面临的重要考验,从某种角度来说,这次疫情加速了媒体对这方面的考虑。

如何利用好数据的困难在于这些数据资源都不是结构化的数据,例如网友的图片和视频等等。这些是不能直接当作数据库来进行使用的。疫情期间的一些新闻数据实际上主要来源于国家部门或者世界卫生组织,而对于网友们提供的数据则还没有更好的处理办法,因为主流媒体还没有充分的思想准备和技术来针对性地处理这些非结构化的数据。

云传播时代,针对这些新闻数据如何利用先进的计算机技术进行处理,需要主流媒体与其他的互联网或者数据分析的公司进行合作,生产出更具有价值和满足公众需求的新闻。主流媒体可以负责选题引导,保证新闻的价值和专业性,然后数据公司提供分析技术,实现跨结构和平台的传播。

六、结语

随着媒体的不断转型以及融合的不断深化,主流媒体要充分意识到要想在网络平台上产生广泛的影响力，就必须将自己融入其中，包括基础设施的奠定，包括内容的生产以及新闻的传播。只有这样才能够正确地发挥主流媒体的作用。随着云平台用户的不断参与和增多，新闻消费者也开始改变自己的角色，主流媒体也要抓住这个特征，通过多个渠道来进行与用户和平台的深入合作。通过这一方式提高主流媒体的在线新闻生产能力和与用户协同合作的能力，以及信息搜集和整合的能力，充分提高新闻记者数据分析和报道的能力。

因疫而战 舟山广电释放融媒潜能

浙江省舟山广播电视总台 颜兆祥 叶洁怡

在新冠肺炎疫情防控期，舟山广播电视总台高度重视，快速响应，建立新闻宣传应急联动机制，充分发挥融媒宣传优势，及时传达党和政府声音，广泛科普新冠肺炎防治知识，深入宣传先进典型事迹，积极助力复工复产增速提效，全面展现经济社会发展韧性，形成了发布全天候、区域全覆盖、形态立体化的融媒发布和服务网络，众志成城全方位打赢战“疫”宣传硬仗。截至6月，舟山广电各媒体共播发相关稿件4300余篇，在中央、省级媒体播发超过600篇，其中2700多篇新媒体稿件总阅读量累计超过2900万，单篇阅读量最高达130万。

一、发挥平台优势 扩大传播影响

做好防疫宣传报道，如果按部就班，增加报道、开设专栏、加强科普，对城市台来说，这些并不难，但是如何扩大传播影响，这就不简单。舟山广电亮出“联盟”“直播”“公益行动”三大招，发挥融媒平台优势，增强媒体与社会经济的粘合度，汇聚起抗击疫情的强大合力。

借助联盟平台力量。“联盟”是舟山广电近年来优势渠道资源，在疫情防控期，我台发挥联盟工程的合作优势，与全国各大媒体密切互动，如在疫情前期，就与武汉台的新闻记者连线，详细介绍前方抗疫一线的具体情况。1月24日起，我台发挥全国党媒联盟优势，旗下的“无限舟山”新闻客户端同步引入人民网《人民战“疫”》多场网络视频直播，构筑疫情防控舆论传播阵地，增强民众防疫应对意识。我台与中国广播联盟合作，推出“一首歌温暖一座城——百城联唱 激情战疫”大展播，用媒体的力量提振士气、凝聚力量。在复工复产关键时期，我台还联合四川、安徽、河南、云南、贵州等地联合推出了5场《一起助力迎接春天》大型特别节目，为舟山和各地复工复产提供服务。

发挥直播品牌优势。1月23日起，我台在“无限舟山”新闻客户端《舟山时刻》品牌直播平台，电视、广播、新媒体协同作战联合推出《众志成城 防控疫情》媒体融合直播(后更名为《坚决打赢防控阻击战发展总体战》),下设疫情动态、防控要闻、重要公告、辟谣引导、服务信息等版块,这是我台迄今跨时最长的网络直播,共持续61天,1月23日至3月23日,共发布725篇相关报道,直播阅读量累计160万。2月23日,我台特别推出《复工号G7795带你回舟》网络直播报道,记者随行采访,以图文+小视频直播的方式全程记录近800名安徽阜阳工人顺利返舟,截至2月26日直播结束,共发布图文和小视频信息58篇,阅读量累计超过20万。《舟山时刻》还为商贸企业开业提供直播服务。

推出大型公益行动。2月19日起,我台推出"一起助力 迎接春天"大型公益行动,发挥六大媒体集群和互联网技术优势,搭建融媒助力经济平台,实施定制化服务,助力企业复工复产,仅半个月就为300余家企业提供了岗位推荐。2月28日起,舟川、舟皖、舟豫、舟滇、舟黔的经济助力公益行动也紧锣密鼓地开展,通过相隔千里的广播牵线,有效解决了部分企业招工难和工人就业难的问题。我台还投放了一百万免费公益广告,为民营企业解围纾困,精准施策,助力发展。《招聘广场》等服务栏目也不间断免费推送用工信息,前10天就为180家企业提供570余条岗位推荐。

二、善于议题设置 引导社会舆论

美国危机管理专家斯蒂文·芬克认为突发公共卫生事件从发生到结束,大体上可分为突发期、蔓延期、解决恢复期等阶段,主流媒体要根据阶段性舆情特点,通过不同议程设置有针对性地进行舆论引导。疫情期,舟山广电把握时、度、效,着力提升议题设置能力,引导官方和民间两个舆论场同频共振,不断提高前瞻性、针对性和实效性,力求新闻传播效果最大化。

突发期的引导重点是正面应对,消除恐慌。在1月23日(农历腊月二十九)我省启动疫情防控一级响应前,舟山广电就已提前安排,广播、电视、新媒体开始发布中央和省市的决策部署、疫情动态及防治信息,电视屏幕游字滚动科普防疫知识。省一级响应启动后,我台第一时间落实宣传任务,停止春节休假,迅速调集整合采编人员,集中力量投入防疫采访报道,调整各档节目的报道基调,各新闻栏目均把疫情防控播报作为主要内容,推出"众志成城 防控疫情"专栏、专题报道及特别节目,停播原先储备的大部分春节节目,果断停止推送新媒体广告业务,在各媒体平台密集推送"众志成城 共同战疫"公益展播,发布《口罩 你戴对了吗》《公共场所 你该如何防护》《乘坐公共交通 如何保安全》等防控指引,增强了群众防疫意识。

蔓延期的引导重点是众志成城、凝心聚力。1月27日起,根据防疫进展情况,电视新闻、广播新闻、新媒体相关专栏调整为“众志成城,打赢疫情防控阻击战”,以融媒体中心的运作,实现内容生产一次性采集、多媒体呈现、多渠道发布,“无限舟山”新闻客户端全时段报道防疫战情,积极提升典型人物的舆论引导力,集全台力量做好新闻频道的报道编排和片头制作,力求达到最好宣传效果。1月28日起,3个电视频道每天播出公益广告85条次,截至省疫情防控一级响应期结束(3月1日),共播出公益广告近2900条次,并在全市800辆公交车上每天滚动播放防疫公益广告。1月31日起,3个广播频率全面打通,全时段播出抗疫相关宣传报道,《阳光热线》等品牌栏目推出“打赢疫情防控阻击战”特别报道,充分发挥大小屏、线上线下互动优势,积极传递正能量。

恢复期引导重点是扶企解困,争先创优。在市委市政府作出复工复产部署之后,各栏目及时调整为“坚持两手抓 确保两战赢”报道总专栏,用“坚决打赢防控阻击战”“全力推进复工复产”两个系列同时推进,并在《舟山新闻》《全市新闻联播》等重要新闻栏目增加评论。2月10日起,企业复工开启,报道重点转为市领导带头开展“三服务”帮企解困;市政府出台应对疫情支持小微企业渡过难关18条暖心举措;全市11个部门出台指导意见推进复工复产等。2月11日,舟山位列全省企业电力复工指数地市榜首;2月18日,舟山379家规上企业和84家重点外贸企业全部复工;上半年,舟山GDP增长11.9%居全省各市第一……舟山广电用一把把关键“钥匙”,打开“两手抓、两战赢”的宣传大门,充分展现政府逆势奋进、争先创优的有效举措,提振了经济发展的信心。

三、强化热点引导 回应群众关切

互联网是社会舆论的最大出口,移动终端对舆论的影响日益增大,但在疫情期,根据中国广视索福瑞媒介研究数据显示,超过七成被访用户会更多收看电视,人均收视超过3小时,重度观众收视时长超过6小时,用户原有的媒介接触习惯正在回归,同时产生了新,这为主流媒体融合传播催生出新思路,尤其在热点引导方面,必须坚持用户思维导向,传统媒体和新媒体融合齐发力,及时权威报道,回应民众关切,打通服务渠道。

当好“处理员”。疫情带来的第一个热点事件就是“口罩脱销”,一夜间全民疯抢口罩,药店、电商网站均被抢购一空,民众也因为一罩难求而出现恐慌情绪。此时,除了广播、电视、新媒体等权威报道引导外,关键是要解决口罩难买的问题,“无限舟山”新闻客户端及时推出了市口罩网上申购系统,广播、电视等媒体跟进宣传,民众通过该官方系统申购口罩,就有机会购得质量有保证的口罩,政府协调的各医药公司每日按成本价或低于成本价定量投放供应,部分存货以 0.5 元价格出售，通过“手机网上预约，药店付款取货”，极大方便了市民。

当好“引导员”。我市出现第一例确诊病例后，与之相关的信息都成为热点，记者蹲点采制的连续报道《来自集中医学隔离观察点的蹲点报道》，重点关注党和政府的措施和行动，让民众知晓谁在做、做什么、怎么做，稳定民心，纾解焦虑。我市收治首例确诊患者后，第一批由 20 多名护理人员和 10 名医生组成的突发病房医护团队就开始运行，《突发病房日记》系列报道用医护人员日记的方式，记录了与疫情抢时间拼速度的抗疫救治战。新闻发布会与疫情直接有关，我台认真做好每场新闻发布会的权威发布和解读，在重点新闻栏目均作长篇报道，新媒体第一时间详细发布。

当好“辟谣员”。除融媒体矩阵高密度发布权威信息、澄清事实、消弭误会外，我台充分发挥主持人品牌优势，自编自导各种服务短视频，并在抖音、微信、微博等新媒体平台发布，《主播捉谣记》等系列视频收获大量点赞，为受众提供了及时准确专业的信息指引，取得良好的社会效果。“无限舟山”新闻客户端的“辟谣引导”平台，注重科学辟谣发布，让真相跑赢谣言。

当好“服务员”。舟山广电旗下的“舟山帮”平台，整合发布服务信息，集纳市民求助内容，向政府部门代为咨询，及时做好反馈；开设服务版《信息超市》，发布最新民生资讯，及时回应社会热点；汇聚帮扶大数据，投放免费广告，解决部分企业招工难问题，并做好信息反馈，使政府“三服务”更精准有效；发挥志愿团队资源优势，策划推出多个公益活动，真诚服务，解决实际困难。

四、讲好抗疫故事 传递精神力量

抗疫是一场特殊的战斗，需要强大的精神动力和坚定的信心支撑。讲好疫情故事是主流媒体的责任，除坚持内容为王、树牢平台思维外，还要坚持开放的理念，主流媒体为公众参与报道提供了开放的机遇，媒体渠道经过多年的积累，在内容具有核心竞争力的情况下，能短时间实现几何级裂变传播，再借助技术迭代的支撑，集合 UGC 和 PGC 的优势，“谁来讲”“讲什么”“怎样讲”较以往均有变化，媒体主导、公众参与的传播格局更加凸显，精神力量的传播也更快更广。

谁来讲？报道的主体扩大，讲述的对象也随之扩大。从报道的主体看，专业记者不再是唯一的报道者，公众参与报道的比例快速增加。疫情暴发后，城市台因采编力量和调配资源受各种因素的制约，无法到达现场，就需要依靠在武汉前线、特殊病房、隔离区域、检测站点、社区村落等各地各行业的一线人员,他们是抗疫的坚守者、参与者或见证者,通过手机、DV、相机、网络,成为突发事件的抢先报道者、内幕实情的独家报料者、事情发展的更新直播者。从讲述的对象看,不仅是以人为本的政府官员、治病救人的医务人员、排查摸底的基层干部、奋战不歇的建设者、冲锋陷阵的救援者,还有大量默默奉献的普通民众和跨越国界的志愿者,如专为医院送餐的快递小哥、深夜赶制防护服的工厂大妈、出防疫知识黑板报的邻家大爷、自愿不出门不添乱的民众、跨国递送紧缺物资的海外侨胞……这些新闻人物讲述的感人故事,汇聚起共克时艰的磅礴力量。

讲什么?讲述有人文关怀的温情故事,成为海量信息的"定海神针"。因疫情的特殊性,公众对信息的迫切需求前所未有,在舆论战场,信息激流涌动,主流媒体必须始终坚持正确的舆论导向,以高度的政治敏感性和社会责任感,及时传达党和政府声音、提供真实有效信息、揭露破除网络谣言、直面曝光社会问题、鲜明亮出观点导向,这些都是讲述的主要内容。此外,为避免正面宣传负面效果,不再采用罹患重病坚守抗疫一线、贫困老人为抗疫捐献毕生积蓄等以往惯用的题材,充分考虑互联网时代受众群体的情感价值取向,比如警察王延强妻子远在湖州市待产,他始终坚守在舟山市防疫一线,普陀区公安局党委得知消息后,人性化地特批了《强制休息令》,要求他回湖州陪妻子,让受众体会到了党委、政府的温暖,引得众多网友点赞。

怎么讲?拓宽"新闻+"方式,做有价值的新闻。"新闻+技术",融媒体指挥中心的数据支持使新闻深度延伸的背景支撑更强;分演播室的虚拟前置技术支持使新闻虚实融合的沉浸感更强;多种直播形式的技术支持使新闻的时效性传播力更强。此外,我台旗下的新蓝广科技术公司负责全市口罩网上申购系统的技术支持,融媒宣传+技术支持,使申购平台所在的"无限舟山"APP增粉 12.5 万。我台还推出 AI 虚拟主播,在抗疫报道中亮相,利用科技使新闻播报更快速。"新闻+公益",采访一线是发现困难的最前沿,我台策划推出"致敬逆行者·温暖送家人""致敬守门人"等公益活动,分别向防控一线医护人员、社区工作者、志愿者等送去了关爱,通过新闻宣传,使更多人加入帮扶、志愿队伍。"新闻+短视频",新闻素材经二次加工成小视频,互相推介扩大传播。截至 6 月,我台《无限视频》新媒体品牌制作推出 240 余条暖心正能量的短视频,在各大视频平台发布,全网播放量超过 6700 万。

在常态化疫情防控期,主流媒体要奋力打赢疫情防控和经济社会发展的两场宣传硬仗,这不仅是对媒体人不忘初心、牢记使命的考验,也是对推进媒体融合向纵深发展能力的检验。面对依然严峻的形势,主流媒体要切实做到守土尽责,突出权威性,提升引导力,增强融合度,为社会稳定、经济发展贡献力量。

湖北巴东:县级融媒体在疫情防控工作中的担当与作为

湖北省巴东县融媒体中心 余建军 谭艳琼 潘 锐 蔡 超

新冠肺炎疫情暴发以来,巴东县融媒体中心认真贯彻习近平总书记关于疫情防控的重要指示精神,落实省委、州委宣传部关于疫情防控的相关工作部署,站位高远、勇于担当、忠诚履职、锐意创新,协同联动各类传播渠道,多矩阵、全方位进行宣传,全力做好防控疫情宣传引导工作,充分发挥县级融媒体的自身优势,为打赢疫情防控阻击战提供了强有力的舆论保障和精神力量。

一、举旗帜,抓导向,让媒体宣传的“四力”提起来

巴东县融媒体中心深入学习贯彻习近平总书记关于宣传思想工作的重要论述,切实加强党对宣传思想工作的全面领导,坚持不懈用习近平新时代中国特色社会主义思想武装党员、教育群众,不断提升新闻舆论传播力、引导力、影响力、公信力,加快社会主义文化强省建设,为推动湖北疫后重振、灾后重建和高质量发展营造良好氛围、凝聚强大力量。

提升传播力。在宣传组的统一调度和策划下,巴东融媒体中心及时调整原定春节假期节目播出编排,于 1 月 29 日开通《巴东新闻》,延长播出时间,增加稿件数量,确保随到随编、随编随发,及时传达县委、县政府的决策部署,反映基层在疫情防控、物质供应等方面的做法和经验,将防控指挥部所发文件、疫情防控知识制作成公告、公益广告、微广播剧等面对社会广泛推送,共制作播出疫情相关公告 31 条,左飞字幕 25 条,公益广告 110 条,并将所有内容制作成音频文件交付各相关单位、部门在各类宣传车、广播、农村大喇叭上循环播放。“巴东发布”公众号、长江巴东网、巴东网络电视、“云上巴东”APP 开设《众志成城抗疫情》专题页面,及时播发相关信息;微信公众号推送频次由日推 1 次提高至 5 到 7 次,同时在首页开设了“疫情防控”“咨询求助”专栏,下设“免费义诊、防控资讯”等子菜单,便于广大群众快速、便捷地了解疫情防护知识信息,进行在线咨询,切实提高了媒体宣传的传播力。

提升引导力。巴东县融媒体中心充分融合广播电视、网站等传统媒体,有效利用APP客户端、微信公众号、抖音等新媒体平台,紧贴本地需求、发挥融媒作用,多点推送、多平台宣传,全力投入疫情防控宣传引导工作,采用群众喜闻乐见的方式,第一时间让疫情资讯、防控措施、防疫知识、感人事迹等巴东战疫故事"声入人心"。全方位、多角度、接地气的社会防疫宣传,坚定了群众打好打赢疫情防控阻击战的决心和信心。

提升影响力。利用H5、新媒体图文、方言短视频等形式推出了一系列传播有力、影响广泛、具有本地特色的新媒体产品,有效聚集民心。抖音作品《主播方言防疫宣传》,用地道巴东话讲疫情防控的道理,向村民们喊话:"戴好口罩,减少串门!"同时,充分利用"村村响"广播,在重要时段宣传中央、省、市相关政策及决策部署,及时播报巴东县疫情防控工作动态,高频次播放宣传标语。正是由于巴东县融媒体中心的有效宣传,巩固了疫情期间基层治理的稳定性。

提升公信力。在体现主流媒体权威、准确、真实的基础上,巴东县融媒体中心把握主动,顺势而行,第一时间开设抗击新冠肺炎相关专题专栏,以"云上巴东"为重点推送平台,集合电视、网站、微信公众号等全媒体,迅速开辟《众志成城抗疫情》专题,设立全国动态、湖北动态、恩施动态、巴东动态、专家解读、防控知识、传染病防治法等7个子栏目,持续集纳推送各级党委、政府重要指示精神,全面准确解读有关政策,每日实时更新全州及我县疫情动态,做到信息及时、权威、透明,有效压缩城乡不实信息传播空间。

二、管阵地、强队伍,让阻击疫情的报道多起来

新冠肺炎疫情发生后,巴东县融媒体中心在县委、县政府统一领导下,充分利用融媒优势,严格管理自身宣传阵地,强化内部队伍建设,积极引导广大群众不传谣、不信谣、不恐慌,听从指令、服从安排、积极配合,为全县上下打赢疫情防控阻击战提供了有力的舆论支持。

县内宣传提神聚力。巴东县融媒体中心一方面不断加强党员队伍建设,通过身边的榜样,激励引导基层党组织、党员干部充分发挥战斗堡垒和先锋模范作用,冲锋在第一线、工作在最前沿;另一方面不断提高县内新闻记者的挖掘采写能力,每年免费培训基层通信员,不断增强县域通信员的"造血"功能。1月25日(正月初一),面对来势汹汹的疫情,巴东县融媒体中心迅速响应,第一时间吹响了战"疫"宣传号角,所有新闻采编人员听从号令取消休假,迅速成立宣传工作组,实行一天一调度,全力投入疫情防控宣传引导工作,第一时间

让疫情资讯、防控措施、防疫知识、感人事迹等巴东战疫故事“声入人心”。记者们深入防控隔离一线，走进社区村组、医疗救治点、医学集中观察点等地，采访报道医务人员、干部群众合力抗击疫情的先进典型和感人事迹。疫情急发期间，《众志成城 抗击疫情巴东在行动》抗击疫情广播新闻综合专题节目每天16小时滚动播出，共计播出疫情新闻稿件1086篇，制作疫情防控宣传提示语156条，自创疫情防控公益广告23条。

对外宣传弘扬正气。以特色稿件为载体，巴东县融媒体中心注重加强与中央媒体交流，确定宣传重点和热点，与央视新闻、学习强国、《湖北日报》、《恩施日报》、省长江云、央视频等媒体平台结成合作伙伴关系，强化对外宣传的广度与深度，让弘扬正气的“巴东报道”走进全国人民的视野。在疫情期间《对不起，妈妈，没能送您最后一程……》《这不是签名，这是“生死状”……》《疫情防控一线，他们是最可爱的人 千里援巴，披荆斩“疾”守初心》《抗疫小夫妻日记摘录：守护大家平安就是守护小家幸福》《“封闭”不封“爱” 信陵镇居民心中暖流涌》《一个普通家庭的抗疫“守望”》《绽放在“疫”线的天津姐妹花》《情侣“小背篓” 配送送上门》《三个“哨卡”跨两省，父子上阵守“疫”线》等报道均登上市级以上媒体宣传平台，在全国人民面前展现了冲锋在前、心怀感恩的巴东形象，展现了做党的政策主张的传播者、时代风云的记录者、社会进步的推动者、公平正义的守望者的巴东融媒体形象。

三、多矩阵、显特色，让人民群众的内心亮起来

在疫情期间，巴东县融媒体中心采用“多矩阵”、全面发力的措施，有效将媒体与政务、服务相结合，有效提升了为人民服务的意识和能力，让巴东人民的内心在疫情阴霾面前重新明亮起来。

“媒体＋政务”：巴东县融媒体中心加强与党政部门和公共事业单位的协作联动，积极开展网上问政，努力实现“一键问政”，组织对相关单位的“回复率”“满意度”等进行综合评价，推动走好网上群众路线。此外整合党政部门信息资源，打造“指尖上的政务服务中心”。探索开展网上党建、干部培训、党务政务公开。巴东县融媒体中心整合多种便民资源渠道，提供全方位生活服务。开展舆情监测、民意收集、数据分析、建言咨政等工作，服务公共决策。同时，还依托融媒体平台组织群众性文体活动、科普和公益活动，开展商务、会展、节庆活动，打通线上线下，提升造血机能，强化为民服务功能。特别是在疫情急发期间，群众出行不便，“媒体＋政务”有效地让群众足不出户便可了解县内政务信息，方便了百姓生活，实现了“一键问政”。

“媒体+服务”:为了紧贴群众需求,提供丰富的民生信息,“云上巴东”“巴东发布”均开设在线购物专栏,组织记者收集各类符合配送条件的超市、农贸市场的有效采购信息,方便群众在疫情管控期间的生活。针对中小学、幼儿园推迟开学情况,“云上巴东”与“云上恩施”联合开设“空中课堂”,让中小学生停课不停学、离校不离教,降低了疫情对学校教育教学的影响。针对疫情管控期间群众的诉求,在“巴东发布”“云上巴东”设置“咨询求助”栏目,链接恩施州新冠肺炎疫情防控求助平台,点对点收集群众求助信息,及时转交相关单位处理,推动疫情期间民生问题的解决。针对疫情后巴东人民难就业的问题,巴东县融媒体中心开发出“促就业・助发展”线上招聘小程序,促进就业,改善民生问题。同时,在“云上巴东”、巴东网络电视链接湖北省心理健康服务平台,提供心理咨询、心理疏导、心理危机干预等心理健康服务。此外,巴东县融媒体中心积极与电商结合,建设电商平台,服务县域经济发展,创新发布《巴东县融媒体中心优化营商环境集中整顿活动查摆问题清单及整改措施》,进一步解放思想,彻底变革观念,提高服务意识。

四、强规划,促发展,让消费扶贫的热度涨起来

受疫情影响,我县各地方出现了不同程度的农产品滞销情况,巴东融媒体中心除本单位开展一系列消费扶贫活动外,还开设专栏,宣传各部门推进消费扶贫工作的好经验、好做法,凝聚全社会参与消费扶贫的行动共识。

把握消费端。重点工作在于启发消费者的公益心、消费欲望,现如今消费者对公益事业的关注以及对农产品和食品安全的重视,让贫困地区的工业污染少、符合绿色生态要求的农产品更受青睐。巴东县融媒体中心针对不同类型的扶贫产品,作出不同类型的宣传,牢牢把握消费端的消费诉求。在长江巴东网、“云上巴东”APP、“巴东发布”和“巴东传媒”微信公众号首页推荐位放“消费扶贫,你我同行”宣传图,在网站、新媒体、电视台均开设有“消费扶贫”专栏,全平台共发布本地原创稿件300余条。以图文、海报、抖音短视频等形式,对巴东优质特色农产品进行策划推广。邀请本地老百姓为家乡农产品代言,对入驻“扶贫832平台”的巴东农产品进行品牌推介,在“魅力中国县”“苏宁进山”“村播计划&产地守护人”等直播活动中,通过全媒体平台进行直播预告造势,让全国的网友了解、购买巴东特色农产品。

抓稳供给侧。消费扶贫,除了在消费者一侧,还必须在供给侧下功夫,特别需要围绕产品开发、服务体系建设与提升发力。来自贫困主体的产品、服务,是开展消费扶贫的载体。巴东县融媒体中心积极促进消费扶贫广泛、持续

地开展下去,注重把产品中的价值、尤其是它的潜在价值发掘出来,让消费者接受,已做出成效。巴东融媒体中心组织承办线下各类消费扶贫推广活动。在“国际茶日”期间,对巴东茶文化、茶历史、茶产品进行“云推介”,有效提升了巴东茶叶的知名度和影响力。6月18日,融媒体中心上线了“云享惠选”小程序,以社区团购集中配送以降低物流成本的方式,促进各大商超的运营。7月11日,以“旅游助扶贫·花开惠万家”为题,融媒体中心举办“2020野三关·森林花海”系列活动,均拓宽了消费扶贫供给侧链条,加强了对产品的开发和服务体系建设,有效地助推了消费扶贫。

在抗击疫情的这场“战斗”中,巴东县融媒体中全体人员勇挑重担,守土担责,冲锋在前,积极投身于这场没有硝烟的疫情防控“战斗”中,深入践行“脚力、眼力、脑力、笔力”新闻“四力”,用脚步丈量全县各个乡镇、村组、卡点……用摄像机、相机和手中的笔,真实记录这场疫情防控战的点点滴滴,用行动扛起了主流媒体记者的使命和担当,展现了媒体融合的强大动员力、创新力和资源优势,更生动地绘出新时代融媒人的工作作风和初心力量,并努力将巴东县融媒体中心建成“主流舆论阵地、综合服务平台、社区信息枢纽和精神文化家园”。

新冠疫情防控下的巴东县媒体融合实践

湖北省巴东县融媒体中心 余建军 李 芬 邓雅君 谭青青

2018年8月21日至22日，习近平同志在全国宣传思想工作会议上指出，“要扎实抓好县级融媒体中心建设，更好引导群众、服务群众”。9月20日，中宣部作出部署，要求2020年底县级融媒体中心在全国基本实现全覆盖，标志着推动媒体深度融合发展的新进程已经开启，县级融媒体中心建设成为这一阶段工作的重心。巴东县融媒体中心作为各地方社区的信息枢纽中心，在重大突发公共卫生危机治理和有效沟通中发挥着关键性的作用。探讨地方县级融媒体如何在突发公共事件中扮演好信息传播者和舆论引导者的角色，在当前社会语境下显得尤为迫切和重要。

一、权威发声，做好疫情信息的发布者

自2019年3月巴东县融媒体中心正式挂牌以来，县融媒体中心紧紧围绕县委、政府的总体部署，按照国家和省、州市各级政府要求，借鉴其他县市先进经验，结合巴东特色，稳步推进，现实融合发展。在2020年新冠疫情中充分利用融媒优势，坚持移动优先、融合传播、多点推送，全力做好疫情信息传播和舆论引导工作，提高防疫信息的覆盖面和到达率，引导广大群众不传谣、不信谣、不恐慌，听从指令、服从安排、积极配合，为全县上下打赢疫情防控阻击战提供了有力的舆论支持和精神文化力量。

2020年1月18日，新冠疫情由湖北武汉迅速向全国各地蔓延，很快演化成为新中国成立以来传播速度最快、感染范围最广、防控难度最大的一次重大突发公共卫生事件。湖北省成为疫情危机的风暴中心，巴东县作为湖北省省级深度贫困县，在疫情期间利用媒体优势，整合社会资源应对这场突如其来的公共危机，满足本县受众信息需求，做好危机治理中的信息沟通，动员社会力量参与到战“疫”斗争中，做好抗疫斗争和基层社会治理的守护者和引导者。

(一)开设疫情专栏,及时传递权威信息

12 月 31 日,武汉市卫健委发布通告:武汉市已发现 27 例不明肺炎患者。巴东县级融媒体中心迅速响应,第一时间吹响战“疫”宣传号角,第一时间开设抗击新冠肺炎相关专题专栏。以“云上巴东”为重点推送平台,集合电视、网站、微信公众号等全媒体迅速开辟《众志成城抗疫情》专题,设立全国动态、湖北动态、恩施动态、巴东动态、专家解读、防控知识、传染病防治法等 7 个子栏目,持续集纳推送中央、省州县党委政府重要指示精神,全面准确解读有关政策,每日实时更新全州及我县疫情动态,做到信息及时、权威、透明,有效压缩城乡不实信息传播空间。

(二)统一调度,发挥“信息末梢”作用

1 月 25 日(正月初一),巴东县融媒体中心所有新闻采编人员取消休假,成立抗疫信息统一指挥调度中心,协调全媒体“一次策划、一次采集、多样生成、全媒传播”生产流程,实行一天一调度。同时巴东县融媒体中心充分融合广播电视、网站等传统媒体,有效利用新闻客户端、微信公众号、抖音等新媒体平台,紧贴本地需求,发挥融媒体信息神经末梢作用,多点推送、多平台宣传,全力投入疫情防控宣传引导工作。第一时间将疫情资讯、防控措施、防疫知识等危机信息通过多元传播渠道送达本县受众,满足本县人民公共危机中的信息需求,缓解其因新冠疫情危机不确定性引致的焦虑情绪。

(三)深入一线,传递战“疫”正能量

巴东县融媒体中心深入本县抗疫一线,挖掘本县战“疫”事迹,讲好巴东战“疫”故事,传播好巴东抗疫声音。记者们深入防控隔离一线,走进社区村组、医疗救治点、医学集中观察点等地,采访报道医务人员、干部群众合力抗击疫情的先进典型和感人事迹。采写了《对不起,妈妈,没能送您最后一程……》《这不是签名,这是“生死状”……》《疫情防控一线,他们是最可爱的人 千里援巴,披荆斩“疾”守初心》《抗“疫”小夫妻日记摘录:守护大家平安就是守护小家幸福》《“封闭”不封“爱” 信陵镇居民心中暖流涌》《一个普通家庭的抗疫“守望”》《绽放在“疫”线的天津姐妹花》《情侣“小背篓” 配送送上门》《三个“哨卡”跨两省,父子上阵守“疫”线》等一批“带着露珠”“冒着热气”“透着温度”的新闻报道。基层党员冲锋在第一线、工作在最前沿,下沉到社区,通过身边的榜样,激励引导基层党组织、党员干部充分发挥战斗堡垒和先锋模范作用。

二、资源整合,打通信息高速通路

(一)“媒体+政务”:提升舆论引导能力

疫情期间,在中心宣传组的统一调度和策划下,巴东融媒体中心及时调整原定春节假期节目播出编排。于1月29日开通《巴东新闻》,延长播出时间、增加稿件数量,确保随到随编、随编随发,及时传达县委、县政府的决策部署,反映基层在疫情防控、物资供应等方面的做法和经验,将防控指挥部所发文件、疫情防控知识制作成公告、左飞、公益广告面对社会广泛推送,共制作播出疫情相关公告31条、左飞字幕25条、公益广告110条,并将所有内容制作成音频文件交付各相关单位、部门在各类宣传车、广播、农村大喇叭上循环播放。“巴东发布”公众号、长江巴东网、巴东网络电视、“云上巴东”APP开设《众志成城抗疫情》专题页面,及时播发相关信息;微信公众号推送频次由媒体每日推送1次提高至5到7次,同时在首页开设了“疫情防控”“咨询求助”专栏,下设“免费义诊、防控资讯”等子菜单,便于广大群众快速、便捷地了解疫情防护知识信息,进行在线咨询。

利用H5、新媒体图文、方言短视频等形式推出了一系列传播有力、影响广泛、具有本地特色的新媒体产品,有效聚集了民心。抖音作品《女主播方言防疫宣传》,用地道巴东话讲大道理,向村民们喊话:“戴好口罩,减少串门!”同时,充分利用“村村响”广播,加大了重要时段宣传中央、省、市相关政策及决策部署,及时播报巴东县疫情防控工作动态,高频次播放宣传标语。疫情期间,《众志成城 抗击疫情巴东在行动》抗击疫情广播新闻综合专题节目每天16小时滚动播出,共计播出疫情新闻稿件1086篇;制作疫情防控宣传提示语156条;自创疫情防控公益广告23条。全方位、多角度、接地气的社会防疫宣传,坚定了群众打好打赢疫情防控阻击战的决心和信心。

(二)“媒体+电商”:重振疫后市场信心

受疫情影响,巴东县各地方出现了不同程度的农产品滞销情况。巴东县融媒体中心除本单位开展一系列消费扶贫活动外,还开设专栏,采用“媒体+电商”的方式,助力疫情中滞留产品促销和各村脱贫攻坚。各部门推进消费扶贫工作的好经验、好做法,凝聚全社会参与消费扶贫的行动共识。

长江巴东网、“云上巴东”APP、“巴东发布”和“巴东传媒”微信公众号将“消费扶贫,你我同行”宣传图置于首页推荐处。同时,巴东县融媒体中心在网站、新媒体、电视台均开设有“消费扶贫”专栏,全平台共发布本地原创稿件

300余条。此外，以图文、海报、抖音短视频等多元形式，对本县优质特色农产品进行策划推广。邀请本地老百姓为家乡农产品代言，对入驻"扶贫832平台"的巴东农产品进行品牌推介，在"魅力中国县""苏宁进山""村播计划＆产地守护人"等直播活动中，通过全媒体平台进行直播预告造势，让全国的网友了解、购买巴东特色农产品。

此外，巴东县融媒体中心结合本地的少数民族和土家特色，整合本地物流资源，向各基层拓展电商平台和物流网点，切实帮助基层疫后复工复产和产品流通。目前，"媒体＋电商"的物流已拓展到全县322个自然村400余个服务网点，真正做到商品到村到组。

巴东融媒体中心还组织承办线下各类消费扶贫推广活动。在"国际茶日"期间，对巴东茶文化、茶历史、茶产品进行"云推介"，有效提升了巴东茶叶的知名度和影响力。融媒体中心上线了"云享惠选"小程序，以社区团购集中配送，降低物流成本的方式，促进各大商超的运营。融媒体中心以"旅游助扶贫·花开惠万家"为题，举办"2020野三关·森林花海"系列活动，助推旅游扶贫和消费扶贫。

（三）"媒体＋服务"：便利疫中群众生活

为了紧贴群众需求，提供丰富的民生信息，"云上巴东""巴东发布"均开设在线购物专栏，组织记者收集各类符合配送条件的超市、农贸市场的有效采购信息，方便群众在疫情管控期间的生活。针对中小学、幼儿园推迟开学情况，"云上巴东"与"云上恩施"联合开设"空中课堂"，让中小学生停课不停学、离校不离教，降低了疫情对学校教育教学的影响。针对疫情管控期间群众的诉求，在"巴东发布""云上巴东"设置"咨询求助"栏目，链接恩施州新冠肺炎疫情防控求助平台，点对点收集群众求助信息，及时转交相关单位处理，推动疫情期间民生问题的解决。同时，在云上巴东、巴东网络电视链接湖北省心理健康服务平台，提供心理咨询、心理疏导、心理危机干预等心理健康服务。

三、新冠疫情对融媒体的发展启示

每一次重大事件都会深刻地改变一个社会。当前，中国传统媒体正在遭遇生存危机，并开始了艰难的转型。这次疫情对于中国传统媒体的转型是一次"危机"，更是一次"转机"，关键看各家媒体的抉择。巴东县级融媒体中心在本次新冠疫情危机传播与治理过程中，充分意识到满足市民信息多元化需求的变化，要求县级融媒体中心的采编队伍在政治、经济、社会、文化等细分领域生产更多的本土化优质内容,适应分众化、差异化传播趋势,精准定位受众需求,形成以用户为中心,以内容栏目制为抓手,以打造内容精品为根本,深耕垂直内容和服务,孵化和打造品牌,形成县域媒体的清晰发展路径。

新时代有新时代的责任,媒体人有媒体人的担当。在抗击疫情的这场“战斗”中,巴东县融媒体中心全体人员勇挑使命,守土担责、冲锋在前,积极投身于没有硝烟的疫情防控“战场”,深入践行“脚力、眼力、脑力、笔力”新闻“四力”,用脚步丈量全县各个乡镇、村组、卡点……用摄像机、相机和手中的笔,真实记录这场疫情防控战的点点滴滴,用行动扛起了主流媒体记者的使命和担当,展现了媒体融合的强大动员力、创新力和资源优势,更生动地绘出新时代融媒人的工作作风和初心力量。

从北环村“智慧乡村”建设谈“智慧广电”在创新乡村社会治理新格局中的强大功效

广东省阳江市广播电视台　徐春雪
广东省广电网络公司阳江分公司　梁　琪

一、乡村社会治理是国家治理体系的重要组成部分

推进国家治理体系和治理能力现代化，是决胜全面建成小康社会、实现社会主义现代化和中华民族伟大复兴的重要任务。乡村治，百姓安，国家稳。乡村是我国经济社会发展的重要基础，也是国家治理的基本单元，乡村治理作为国家治理体系的重要组成部分，是推进国家治理体系和治理能力现代化的基础性工程，也是实现乡村振兴战略的基石。乡村振兴，治理有效是基础。

党的十九届四中全会通过的《中共中央关于坚持和完善中国特色社会主义制度推进国家治理体系和治理能力现代化若干重大问题的决定》中指出，“必须加强和创新社会治理，完善党委领导、政府负责、民主协商、社会协同、公众参与、法治保障、科技支撑的社会治理体系。”党的十九大报告提出要“打造共建共治共享的社会治理格局”。要建立更加完善有效、多元共治的新型乡村治理体系，须进一步深化村民自治，强化信息公开和村民参与，全面推进乡村民主治理和依法治理，促进治理方式和手段多元化，因地制宜探索各具特色的治理模式，要将自治、法治与德治相结合，走乡村善治之路，确保乡村社会充满活力、安定有序。

当前的乡村社会已经不是传统封闭式的小农社会，而是各种资源和要素快速流动的现代化开放社会。尤其是发达的互联网以及信息技术，为乡村治理带来了机会和挑战。习近平同志指出：“随着互联网特别是移动互联网发展，社会治理模式正在从单向管理转向双向互动，从线下转向线上线下融合，从单纯的政府监管向更加注重社会协同治理转变。”这一重要论述深刻揭示了信息技术对社会治理的重要影响。随着广播电视技术的纵深发展，广播电视传播体系的功能不断延展。在传统社会治理体系中，广播电视主要发挥宣传

和信息传播的功能。当前,广播电视已经具有治安防控、应急指挥、政务监督、便民服务、电子商务、线上线下互通等功能,这些功能都与人民群众的生产生活紧密相关,有助于更好地教育群众、宣传群众、组织群众,不断提升社会治理的针对性和实效性,让人民群众心往一处想、劲往一处使,为共同家乡的社会发展贡献力量。

二、探索"智慧广电"助力乡村社会治理的新路子

近年来,地处广东西南沿海的阳江市阳东区紧紧围绕总书记对广东提出的"在营造共建共治共享社会治理格局上走在全国前列"要求,依托科技支撑,打造广播电视公共服务信息化智能化融合新体系,推行以"智慧广电"打造"智慧乡村",以"八大依托"构建"八大功能"乡村,有效地提升了乡村治理体系现代化能力,创新了乡村共建共治共享社会治理新格局,探索出"智慧广电"助力乡村社会治理的新路子。

所谓"智慧乡村"建设,是通过打造广播电视公共服务信息化智能化融合体系,进而建立基于农村社会管理服务一体化的信息平台体系。该平台体系立足乡村家庭电视机的普及性和信息接收便捷性,以"互联网+广播电视公共服务"为基础,深化信息技术在农民生产生活中的应用。体系集"4K 电视、宽带网、党建、课堂、帮帮忙、平安监控、可视紧急报警、应急广播、村务公开、村民议事直播厅、法治、新时代文明实践中心、影院、农家电视书屋、村闻村事"等功能于一体,村民足不出户,对着机顶盒遥控器轻轻一按,就可以通过家中电视机监督村务财务、注视村中治安、关注村中大小事、学习农科技术、连线法律顾问、医疗专家、每天进行体检、观看电视老师上课,还可以通过视频会议系统在家参加村中民主议事会议,有效地提升了乡村社会治理的现代化水平,创新了乡村公共服务、公共管理、公共安全新模式。

三、"八大依托"构建"八大功能","智慧广电"在创新乡村社会治理新格局中的功能和作用

东平镇北环村是阳东区的"智慧乡村"试点村,下面就以北环村的实践和应用谈谈"智慧广电"在创新乡村社会治理新格局中的功能和作用。

1. 依托视频监控网,打造立体防控体系,构建平安乡村

当前,广大乡村公共安全治理体系和运行模式都难以适应乡村振兴的要求,传统的治安防控措施已经难以满足现实的需求,因此,要扎实做好乡村公

共安全工作必须依靠科技支撑，由“人防”转到“技防”，为广大农村编织起全方位、立体化、电子化的公共安全网。

在北环村村头巷尾，共布设了 26 个监控摄像头和应急大喇叭，村干部通过村委会的电视监控墙就可以密切留意、随时监控村里主要路口、重要地段、重点区域的治安情况，而广大群众在家里也可通过高清互动电视连接公共视频监控，随时查看有关村里情况。北环村不少村民以出海捕捞为生。村里的小码头安装上实时监控摄像头后，在家打开电视机，就能看到小码头每条渔船的即时情况。北环村坐落在南南边上，每年台风频发，以前防台风时村干部只能冒着狂风暴雨在村里奔走指挥，费时费力，效率低下，广大村民也不知道哪条道路被堵、渔船有无被淹，只能坐在家里焦急干等。自从建立了智慧监控网络，村民在家就可以通过电视机密切关注自家的户外财物情况，村干部则通过村委会视频监控大屏幕和应急广播与村民实时互动，有条不紊地组织、指挥村里的防台风工作，既省心又省力，大大提高了村基层应急处置的能力和水平。现在，北环村形成了群防群治、共建共治的良好局面，村民的治安防范意识大大增强，只要村里发生涉及盗窃、纠纷的情况，村民们立即就会查看村里的监控录像。北环村村民引以为豪地说他们可以敞开大门睡大觉，小偷都不敢踏到村里半步。

2. 依托政务信息公开平台，打造家家监督机制，构建阳光乡村

政务、党务、财务三公开是保障村民知情权、参与权、表达权和监督权的具体形式。以前，北环村的村务信息是张贴在村委会墙上公开的，平常要到村委会才能看到，村民一般都嫌麻烦，很少去到村委会查看。但现在不出家门，在家里的电视机上就能对村里的各类信息了如指掌。北环村探索以“互联网＋电视”推进三务信息公开进入家庭，让村民通过家里电视机全天候对村务信息进行监督，让群众看得到、听得懂、易获取、能监督。村级政务信息家家公开，村委会以及村干部的工作变得公开透明，权力在阳光下运作，全面提高了村两委干部的履职能力，基层关系愈加融洽，真正实现了“让群众明白，还干部清白”。

3. 依托党建平台，党员家家电视亮身份亮承诺，构建和谐乡村

农村基层党组织是我们党农村工作的坚实基础，是“三农”工作的领导者、推动者和践行者，是乡村治理体系的核心。在北环村，村里的党员每当忙完农活，都喜欢打开电视机里“乡村党建”平台的《沿着习总书记指引的道路奋勇前进》栏目，认真学习习近平新时代中国特色社会主义思想和习近平总书记系列

重要讲话精神,同时还跟着学党章、准则、条例、党史,学先锋模范。为了让习近平新时代中国特色社会主义思想深入千家万户,家喻户晓,北环村在电视里开辟了“乡村党建”平台,让村民们24小时全天候来学习党建知识。“乡村党建”以视频和动漫的形式表现出来,通俗易懂,生动活泼,重点突出,很适合乡村部分文化水平不高的农村党员学习掌握。学了之后,村民们的党性观念增强了。

为进一步提升村党组织的凝聚力和战斗力,引导村广大党员干部不忘初心,牢记使命,充分发挥先锋引领作用,阳东区在全体党员中深入开展以“亮身份、亮承诺”为主题的党员活动。在北环村里,“党员挂牌”直接在家家户户的电视机里亮身份亮承诺,接受村民们的监督,提高党员自身责任感和使命感,让群众感受到党员就在身边。通过家家户户电视党员亮身份亮承诺,群众对党员的信任感进一步增强,进一步强化了党员主体意识和责任意识,充分发挥基层党组织战斗堡垒作用和党员先锋模范作用,群众与党员的关系更加紧密、更加和谐。

4. 依托智慧电视门户,提高村民思想文化技术素质,构建学习乡村

随着乡村大量有文化、有知识、懂技术、高素质的青壮年劳动力进城务工和安家落户,大量老人、妇女、儿童留守乡村,他们无论是在知识更新速度、接受新事物能力还是发展视野等方面,都具有一定的局限性。如果乡村群众综合素质不高,将使得乡村振兴各项政策的落实以及各项工作的开展缺乏有力的支撑。

在北环村,村里的群众发现他们的电视机发生了很大的变化,以前它的功能只是单一的收看电视节目。而现在一开机,首先映入眼帘的是文明村民公约,它时刻在引领村民们文明素质的提升。接着,出现了一个布满大小方块的界面。这些方块就是通过电视机可以看到的内容了,共有“乡村课堂”“农家电视书屋”“乡村党建”“致富天地”“健康乡村”“乡村普法”等专题栏目,具有通俗易懂、生动活泼、丰富多样、教育性强、贴近性强、紧跟时代步伐、接地气等特色,让村民们在家里随时可以学习掌握更多的党的方针路线、道德法律、文明素养、文化教育、健康卫生、种养技术等一系列的知识。一个个具有通俗易懂、生动活泼、丰富多样、贴近性强、紧跟时代步伐、接地气的教育专区,确保习近平新时代中国特色社会主义思想和习近平总书记系列讲话精神以及党的富民政策、科学文化教育和道德文明教育精准传到每一户家庭和每一个村民,使他们自身的综合素养在潜移默化中渐渐地得以提高。

北环村还建立了村广播室,每天固定广播时间和节目内容,成了村里宣传

党的方针政策、农业技术、各类文化科学技术的重要工具，丰富了群众文化生活，筑牢乡村思想文化建设阵地。

5. 依托视频会议系统，家家监看村委决策会议，构建民主乡村

乡村社会治理方式要求丰富民主形式，拓展民主参与渠道，从各层次和各个领域来鼓励人民群众参与到社会治理过程中来，从而把民主的价值和理念化为具体的社会实践，实现人民群众在乡村领域内的自我管理、自我教育和自我服务。

北环村建立起了视频会议系统，利用视频会议系统设立村民议事厅直播室，不定期组织、召集村民进行议事，并将议事过程进行直播，群众在家通过电视可以同步实时收看村里召开的各类会议直播，知悉村中情况，参与村务商议，监督村委工作，形成广泛参与的议事机制，有效提高了农村基层组织民主决策公开透明度和群众议事水平，保证群众的知情权、参与权、决策权和监督权，为深入推进共建共治共享社会治理格局提供了坚强的民主保障。

6. 依托新时代文明实践中心，培育文明乡风，构建文明乡村

新时代文明实践中心建设是以习近平总书记为核心的党中央做出的重大决策部署，是推动习近平新时代中国特色社会主义思想深入人心、落地生根的一项重大举措，也是新时代加强公民思想道德建设的重要途径。

为了进一步提高乡村精神文明建设，提升村民的思想道德水平和精神风貌，北环村专门在电视上设立了“新时代文明实践中心”平台，宣传社会主义核心价值观，宣传村规民约，宣传好人好事；普及各类文化知识和科学知识；普及公共卫生知识，提升村民保健水平。北环村的新时代文明实践中心聚焦群众需求、突出效果导向，融入人民群众的日常生活，成为传播党的声音、引领思想认识、传承优秀文化、培育文明新风的重要载体。通过抢占舆论宣传阵地，坚决抵制农村封建残余和迷信思想，确保社会主义核心价值观和积极健康的乡土文化精神成为社会主义新农村的主流意识。开展向先进典型学习，注意挖掘和树立群众身边的典型，组织推选北环村村民身边看得见、摸得着、学得到的“文明家庭”“尊老爱幼”“致富能手”系列活动，并将评选出的先进典型在平台上展示，通过发挥农村先进典型的榜样示范引导作用，使广大农民学有榜样、赶有目标，进而使社会主义核心价值观内化为农民群众的思想意识，外化为农民群众的自觉行动。

7. 依托电视商城平台，打通农产品线上线下市场交易渠道，构建财富乡村

爽脆的海蜇、甘甜的番荔枝、可口的糯米糍荔枝、新鲜的晚水鱼，这些都是

北环村闻名四方的特色产品。北环村紧紧依靠“互联网＋物流＋电视＋手机”,结合电视机终端和手机移动终端,打造了“农产品电视商城”平台,平台还连接上了全省的销售平台,扩大到全省全国的销售面。平台在电视上免费为农户农副产品做广告,移动终端则进行结算,物流公司快速发送,一条龙的电商销售,确保了村里农产品在市场上的常年畅销,确保村民的财富增收。2020年6月初,又到北环村糯米糍荔枝成熟上市期,正逢疫情防控期,为了确保销路,农产品商城加大了宣传推广力度,及时进行了带货直播,使得村里的糯米糍荔枝不仅卖出了每斤25元的好价格,而且还被收购商和广大市民抢购一空。其中规模较大的一个果园,收入达到了230万元。

8. 依托智慧服务平台,村民足不出村办成事,构建畅通乡村

在北环村每一个家庭的电视机上,设立了“便民服务”平台,为村民提供日常生活生产中的办事指南,为村民提供法律援助和就医服务。城区医院在“便民服务”平台设立了乡村就诊绿色通道,村民们如需到城里医院就诊,可通过绿色通道进行咨询,预约专家挂号,为村民们到城里就医提供了简单直接的服务。北环村还将广东省政府的“粤省事”办事平台链接到了“便民服务”平台,让群众在家里就能知晓想办的事情的流程,甚至部分事务可以直接在家里办妥。“服务平台”还将村里的家庭医生和法律顾问连线起来,村民通过电视机可以实时向家庭医生或者法律顾问咨询相关的健康知识或法律知识。现在,北环村的村民涉及日常生活生产上的事务基本上足不出村就能办成。

四、广播电视公共服务体系筑起乡村阻击疫情的坚固防线

生命重于泰山,疫情就是命令,防控就是责任。

广大农村以老弱妇孺居多,信息接收渠道相对有限,防范意识较为淡薄,思想难于统一,北环村充分利用广播电视公共服务信息化智能化融合体系,通过农村最熟悉的大喇叭广播以及老百姓家里最常用的电视机,努力实现防控信息和防疫知识的下沉与普及。在这次农村防控疫情阻击战中,广播电视公共服务信息化智能化体系发挥了强大的功能作用,构筑了群防群治的强有力防控网络,凝心聚力打赢疫情防控阻击战。

1. 应急广播让村民们上心了

北环村拥有处理突发公共危机最迅速快捷的讯息传输通道——应急广播,在遇到突发事件或公共危机时能第一时间通过村中的户外音柱和大喇叭及时告知村民。

“各位乡亲父老，新型冠状病毒会相互传染，2020 年大家不要外出拜年走亲戚了，不要组织参加聚会，健康第一，老老实实留在家里过年。”防疫期间，北环村的 26 个大喇叭响彻村的每一个角落，村干部一遍又一遍用本土方言向村民发出倡议。一次次喊话、反反复复的劝告，及时的信息发布、亲切的话音、接地气的表达，提升了村民对于新型冠状病毒肺炎的了解认知，有效地提高了村民的疫情防范意识。村民们对疫情防控开始上心了，思想上重视了，乡村防控疫情的一道道思想防线筑起来了。

2. 村民齐参与 共织群防网

疫情发生后，北环村村干部通过村委会的电视监控墙，密切留意村里群众的一举一动，对进出村的车辆、行人实时监控，及时查询劝阻外来车辆、外来人员进村。村里通过机顶盒将 26 个视频监控头全部连接到了村民家中的电视机。遵照政府的安排，北环村村民自觉留在家里过年，村民们在家打开电视机密切注视着村里每个路口的即时情况，一发现陌生人或者村里有人聚集，第一时间向村干部报告，有了视频监控系统，村民们在防疫期间很放心很安心。村民们还通过家里电视机的视频监控互相监督，相互约束，相互劝告，村民们齐参与，万众一心，北环村形成了防控疫情群防群控的良好局面。广播电视公共服务融合体系切切实实提升了村委会治理能力的现代化水平，成为了村里疫情防控的重要手段。

3. 防控宣传实现“零距离”

基于有线电视的普及性和信息接收的便捷性，北环村村民们通过家里的电视机人人享用智慧电视门户，真正打通宣传群众、教育群众、服务群众“最后一公里”，在这次疫情防控宣传中，智慧电视门户实现了防控宣传的“零距离”。新型冠状病毒疫情发生以来，在家看电视成为了广大村民的重要选择，智慧电视门户以“应对新型冠状病毒肺炎疫情”为主题，加强舆论引导，加强有关政策措施宣传解读工作，汇集、制作了一批视频节目和公告在门户上的“防疫专区”里播出，视频节目尽量生动活泼、通俗易懂，更方便村民们学习领会。村民们可以 24 小时全天候点看，随时在家里收看党中央的决策部署，了解疫情动态，学习疫情防范和卫生健康知识。“零距离”的疫情防控宣传，增强了村民自我防护意识和社会信心，确保村民知情权，用真实的信息对抗打击谣言，稳定了民心，彰显了正能量，凝聚起村民们众志成城抗击疫情的强大精神动力。

4. “电视老师”让家长们舒心了

疫情发生后，学校延迟开学，假期的各类补习班也取消了，许多村民忧心忡忡，担忧因为疫情影响了自家小孩的正常学习。为了保证孩子们的正常学习、健康成长，智慧电视门户利用《乡村课堂》专区将小学一到九年级的同步教材以及《国学经典》《轻松学奥数》《小状元大课堂》《妙解教材》等学习视频上传，免费让孩子们在家里随时通过智慧电视门户，跟着老师一对一进行温习预习功课，让学生在家里尽量做到防疫和学习两不误。有了“电视辅导老师”，父母们心里的疙瘩终于解开来了。

面对疫情，广播电视公共服务信息化智能化融合体系发挥着传递党的声音、传播信息、掌握防范知识、遏制谣言、提振信心、维护稳定等重大作用，凝心聚力，在广大农村中构筑起一道疫情防控的坚固防线，体现了党委政府和广电人面对公共危机和突发事件时的科学处置和责任担当。

五、“智慧广电”在创新乡村社会治理新格局的责任担当

在北环村的带动下，广东省阳东区正分步实施、全区推广“智慧乡村”，目前包括省定贫困村、省级新农村示范村和重点村等250个村庄已经实现了“智慧乡村”的美丽蝶变。

该项目建成后，受到了中央政治局委员、广东省委书记李希的充分肯定。

从广播电视发展趋势来看，未来“智慧广电”体系不仅是内容生产者、信息传播者，更是综合的、多功能、应用广泛的专业信息化平台，通过智慧电视门户、应急广播体系和专业化平台，促成多方展现、全民共享、全民动员的社会治理模式。智能化是广播电视融合发展的重要趋向，要通过“智慧广电”构建崭新的广播电视传播体系，使其不仅能满足人民群众日益增长的对信息及时获取的需求，还能创新构建共建共治共享的基层社会治理新格局。

广播电视是信息技术的重要应用领域。当前，要充分发挥广播电视公共服务多功能、大众化、广泛性的重要功能特性，充分发挥“智慧广电”在加强和创新社会治理中的重要作用，依托“智慧广电”推动基层社会治理专业化、信息化、智能化，构建助力基层社会治理的“智慧广电”模式，提高基层社会治理现代化水平，不断拓展基层社会治理的载体和渠道、方法和手段，从而满足人民群众多层次多样化需求，为各种社会主体参与社会治理开辟新的途径，“唱好群英会，打好合力牌”，从而形成基层社会治理多元主体的强大合力，实现多元社会主体协同共治。

锁定目标 挂图作战 精准发力 高效执行

——透过战“疫”浅析长兴传媒集团的融媒打法

浙江省长兴传媒集团　秦　莉

长兴传媒集团作为全国县级融媒体中心的先行标杆，其融媒理念及实践探索对各地县市媒体都具有一定的借鉴价值。

在2020年初的新型冠状病毒疫情中，长兴传媒充分运用融媒打法，在提升重大主题报道全网影响力的同时，顺势策划各类大型活动，并利用综合平台、大数据分析以及云服务等，以第一手的信息资讯和政务、民生应用服务于政府和基层群众，以智慧科技助力解决疫情期间社会治理方面的突出问题，为打赢疫情防控阻击战提供了来自本地融合媒体的能量保证，在此次疫情大考中交出了高分答卷。2020年3月，中宣部第10期《宣传工作》简报刊登《浙江长兴县融媒体中心助力“双胜利”》一文，对长兴传媒疫情期间的典型经验和宣传成效给予了高度肯定。

本文就以长兴传媒疫情期间的融媒宣传及服务为案例，浅析其融媒理念及实践要素。

一、反应迅速策划先行，重大主题报道模式清晰、注重创新

1月22日小年夜，长兴传媒集团即迅速启动新冠疫情宣传总体方案，采编线取消休假全员返岗，应对舆情正面发声，全媒体平台先后推出《疫情防控总动员》《疫情防控阻击战》《夺取双胜利》《奋战进行时》《复苏的力量》等不同阶段的疫情防控特别节目，在新闻战线上打响了一场出色的战役。

整个疫情期间，长兴传媒借力全媒体平台构建起了立体式、全覆盖、多层次的宣传网络，提高了防疫宣传的覆盖面和到达率，为政府与民众之间建立“上传下达”的通道，助力疫情防控、复工复产。第一时间传达省市县有关疫情防控的指示精神，报道各级领导干部深入一线检查指导，把党委、政府的周密部署和积极努力及时传达到一线；第一时间播报长兴疫情形势及防控最新情况，及时辟谣假消息，并发布最新最权威信息；第一视角发布新闻观点，以每天

一篇评论的形式解读政策精神、鼓舞防控士气,连续推出60多篇观点清晰的评论,以理性声音助力阻击疫情和复工复产,激励全县人民众志成城夺取双胜利;第一现场报道一线坚守和疫情之下的社会正能量,展现长兴党员干部、热心市民及企业同心同力奋战疫情的事迹,累计推出《疫情总动员丨人物志》特别报道50多篇,为抗疫斗争注入强大精神动力。同时,坚持内外联动机制,不断挖掘基层战"疫"一线的典型经验和感人故事,先后被央视、央广、浙江卫视、浙江之声等上级主流媒体采用相关报道400多条;在《人民日报》《光明日报》《经济日报》等中央级媒体刊发相关图片40多篇,其中图片专题《探秘"新冠"病毒检测实验室》分别在学习强国以及《人民日报》等国家级主流媒体刊发;积极向省委组织部上送短视频优秀作品共计20余部,为县级台之最,唱响了长兴好声音。

之所以能够迅速推出全面充分的宣传方案,得益于平时重大主题报道的常态化推进。多年来,县委、县政府中心工作一直是长兴传媒的宣传重点,并始终坚持把握节奏、策划先行,逐步形成"一月一主题",2020年1月至6月更是已推出12个之多,每个主题报道结束后还会借力传播数据进行分析总结。因此,重大主题报道的融媒宣传模式获得了足够的实践检验,并趋于成熟。同时针对不同宣传主题,还要求有变化、有创新,追求形式与内容的高度契合,使得融媒宣传模式稳定却不呆板、有序但不机械。

比如此次抗疫宣传方案更重视信息资讯的科普性、准确性、及时性,同时完善疫情信息发布机制,让老百姓能听到、能看到、能安心;利用原科普栏目《解密吧真相》策划《疫情普及版》《疫情防控版》《复工复产版》《健康生活版》4季防疫特别版,每季7集,短小的视频、严谨的科普、精心的制作,为观众带来"佩戴口罩""正确洗手"等行之有效的防疫知识;借助"融媒眼"智慧系统舆论监测功能了解舆情动向,每天推送新闻短评,加大违规曝光,及时辟谣答疑,开展热点话题讨论等,正确应对舆情,有效引导舆论,维护正常社会秩序。

二、移动优先先破后立,融媒产品生产全员有责、创作有力

移动优先是长兴传媒集团近年来的重点攻坚方向。疫情期间,依托微信、微博和客户端三大移动端主线建构"掌心长兴"系列网络宣传矩阵。2020年1至4月,"掌心长兴"客户端共发布文章6100多篇,阅读量30万+的有40多篇,"长兴发布""掌心长兴"两个微信大号共推文1500多篇,日均阅读量达30万。此外,"掌心长兴"的抖音号、快手号后来居上,自2月正式运营后,抖音号粉丝迅速突破100万,单条最高阅读量近1个亿。在此次疫情中,网络宣传矩

阵有效发挥出政府喉舌功能,实时发布本地疫情防控工作领导小组的系列公告,每条"官媒发声"都得到了长兴社会的广泛关注,传播速度与广度为县委县政府各项精神的传达和防控措施的落实起到至关重要的作用。

除了不断拓展移动端传播渠道,抢占移动端话语权外,还在融媒产品研发上大做文章。2020年,编委会条线架构完成了全新设置,其中最大的变化就是取消新媒体部,在下设九个科室的职责上都明确了新媒体生产、上传和传播的职责,对各部门的移动化以及融媒产品创作提出了全新要求,融媒产品的创作生产者从一个新媒体部变成了整个采编条线全员参与、全员有责。

目前,改革成效正在不断显现。比如广播在疫情期间推出的多个微广播剧系列以融媒形式发布,其中《逆行的你》《又见工友》共有9集被学习强国平台以及中国微广播剧公号征用,并遵照国家广电总局指示提供给湖北广电各频道播出;推出大型自述体短音频系列《战疫声音日历》76期,用自述日记体讲述工作日常,捕捉战"疫"最前线的点滴感动。采访部《世相》和视频部《智行》两大工作室为短视频生产主力,推出《人物志》特别报道50多篇,通过制作电视大屏和新媒体小屏两种不同传播形态,并辅以人物海报的形式加快传播率、扩大影响力,打造出《挥泪看妻子的陈江》《隔离病房的尿不湿医生》《打怪兽的妈妈》《村里的独腿守门员》等典型人物报道,其中10篇先后被新华社、浙江卫视、浙江之声等上级媒体所录用;还将部分新闻作品拆分成更适合抖音、快手等网络传播的短视频90多条,其中播放量10万+的达30多条,累计播放量超3000多万。编发部的抖音栏目《主播说》,累计浏览量破亿,吸粉过百万。图片新闻《一瞬间》无论是长图还是VR,都令人眼前一亮。此外,还推出《逆行的背影》《空城逆行长兴加油》《花已开归不归》等MV6部;推出H5作品20余个,其中《我是党员我先上》浏览量10万+,《让党旗高高飘扬》收到2000余条来自基层党员的互动留言;推出掌心Vlog10多部、宣传海报100余张、手绘漫画6部、动漫短视频2部,极大丰富了融媒产品内容及样态,为移动端宣传助力。

在增加了移动端内容生产重任后,各科室都选择了迎难而上,充分运用各自技能优势来破题,使得疫情期间鲜活丰富的素材化身为移动端的优质传播内容。同时,这也是编委会架构调整后移动优先攻坚的首战告捷,印证了全员移动化这一思路的合理性和可行性。

三、顺势而为深度策划,大型公益活动凝聚民力、彰显担当

1月下旬,长兴传媒推出的一篇微信文章《医生订餐被拒!肯德基:医院

的外卖都不送》引发全城热议，不同的观点碰撞，最终沉淀的是源自人性本质的坚守、坚韧和大爱，众多商家主动打来电话表示要为一线医护人员送物资。对此，长兴传媒着眼于舆情转化与引导，深度策划并组织发起大型公益活动《送给亲人》第一季《抗疫一线与你同在》，从 1 月底至 4 月 8 日，该活动每日连续开展，共完成 75 场送爱心活动，累计参与的爱心商家有 100 多家、爱心志愿者达 1000 多人次，慰问执勤卡点 1500 多个，慰问一线执勤人员 5000 余人，送出爱心商品 2 万件以上，价值 60 多万元。该活动再度引起热议，并不断吸引着爱心商家和人士的加入，形成了雪球效应，真正把民情民意民力汇聚到了一起，以充足的正能量完成了媒体引导舆论以及担当社会公职的使命。之后，又策划完成了《送给亲人》第二季《山川异域衣往情深》的 12 场活动，目前正在筹划第三季。

在 2 月份的复工复产阶段，长兴传媒关注到了本地农产品的滞销问题，策划启动了《帮扶在行动》第三季，打出口号："帮农户卖菜，帮用户买菜，受疫情影响的农产品，我们一起帮你做。"同时创新形式，开展全平台多样化的农产品助销活动。一是推出帮扶节目，2 月以来，策划推出《帮扶在行动》战役助农特别节目，共拍摄了 9 部专题节目，每部分别以一种农产品为主题，每期时长 8 分钟，由爱心帮扶大使助力时令农产品销售，使帮扶产品被更多人知晓，该节目帮扶农户 27 家，累计销售蔬菜、水果、禽类等农产品 102.5 吨。二是开展帮扶直播。3 月 3 日上午，推出《云帮扶》战疫助农公益活动融媒体直播，整场直播历时两小时，分成云种草、云抢购、云美食、云抢答、云满天、云求助、云彩蛋和云买家等八个版块。直播期间，爱心买家可通过直播链接或"长兴鲜"微信公众号进行下单认购，也可以直接联系农户进行订购，直播中实时播报后台认购情况。直播总播放量超 101 万，爱心买家达 137 个，许多市民留言互动，点赞超 1 万。一季度，帮扶活动累计助农销售总额达 240 万元，云买家遍及长三角周边城市，有效解决了农户的燃眉之急，减轻了因疫情带来的经济损失。

此外，4 月又启动了"传媒生活馆"线上项目，以"主播带货"的直观形式销售本地企业产品，已为金三发、波路梦等 60 多家企业开通直播带货平台，卖出产品达 80 多个种类。4 月 25 日精心策划"消费红五月长兴欢乐购"钜惠长兴优品云购汇暨百名主播促消费活动，为消费券发放造势，1 个主会场＋7 个分会场，215 家企业联动，百名主播直播带货。其中，中共长兴县委常委王伟新走进直播间客串"小二哥"，仅半小时就吸引了超 1 万人观看，互动留言达到 1000 余次，成交额逾 3 万元。

长兴传媒集团的公益属性由来已久，从 2008 年开始，就开设《温暖》栏目，并逐步发展起“温暖”“星星公益”“和美之声”“帮扶在行动”等四大公益品牌。从疫情期间的几场活动中可以看出，长兴传媒非常重视对本土内容的深挖细作，并且不局限于新闻宣传报道方面，还主动与品牌公益活动、融媒直播活动、融媒技术创新等有机结合起来，形成一浪接着一浪的宣传声势，把内容资源利用做到了极致，也彰显了本土主流媒体的正能量，实现了党性和人民性的统一。

四、对标转型全面升级，媒体战“疫”能力智慧加持、数据赋能

长兴传媒从 2015 年开始布局未来智慧发展，承接政府社会投资类信息化项目，打造具有复制推广价值的运营模式和产品体系，建设运维云数据中心“政务云”“民生云”，构建全县“智慧枢纽”，赋能媒体融合发展创新，在此次疫情中也发挥了极大作用。

疫情初期，长兴传媒下属慧源公司积极发挥信息化技术专长，通过与航天五院共同研发的 CIG 信息栅格平台和社会基层治理信息管理平台，实现部门间数据共享、资源互通和业务协同，平台建设的推进为移动服务提供了丰富的数据接口，在疫情期间快速收集第一手基础数据，为相关部门和领导进行应急指挥提供了研判依据，为下一步工作部署赢得宝贵时间。专业技术团队 24 小时随时待命，保障完成县新型冠状病毒疫情防控视频会议 45 场，体现了长兴县基层社会治理现代化能力。

长兴传媒旗下科技公司则第一时间响应防控工作要求，为乡镇紧急开通公安视频专网链路，完善无线智能报警监控、高速路口智能球机监控体系，乡镇工作人员可通过治安视频监控实时掌握各区域人员聚集情况，在减少值班人员户外暴露时间的同时，让布防区域更大、信息收集更及时。主动为各部门、街道提供行业最新的疫情防控方案，累计安装高速路口智能球机 7 台、智能卡口设备 2 个、无线智能报警监控 432 台。其中，智能监控可实时推送人形检测告警信息至工作人员手机，极大缓解了街道人手不足的问题，以技防结合人防，用行业新科技助力疫情防控工作。借助科技手段，为社区、企业研发“慧管理”疫情防控出入登记系统，以防疫电子通行证替代纸质通行证，实现有源可溯，确保精准化防控。

同时，定位为“新闻＋政务＋服务”的“掌心长兴”客户端不仅充分发挥基层主流舆论阵地作用，更在政务及民生服务上大展身手。客户端通过一站导引、一网通办和一端服务，推动“最多跑一次”为“一次都不用跑”，共链入长兴政务通的政务类应用达 1800 多项，链入及自主研发民生类应用 20 多项。2

月 1 日,长兴县政务办发布通告,停止现场办理服务,倡导通过网络办理各类政务事项,“掌心长兴”成为重要的网上综合服务平台,多项服务日均使用量都在 1 万次以上。尤其是疫情期间,集中力量突击开发“口罩地图”应用,实时更新全县 84 家药店的口罩储备情况,使广大市民足不出户即可获得详细信息,减少不必要的外出行为;3 月 4 日又正式上线“口罩实名购买系统”,通过现代智慧技术手段协助政府科学管理口罩发放,为口罩物资调配提供依据,有效解决了市民重复购买、抢购囤货的问题,在正确进行宣传引导的同时,采用技术手段防止漏洞,从根本上解决了难点问题。

从长兴传媒智慧信息产业的布局与发展中透露出新的信号:10 年来,长兴传媒完成了平台整合的物理阶段和深度融合的化学阶段,目前已进入到融媒生态转型的第三阶段,即以全力全面打造“全国一流区域互联网信息服务提供商”为目标,以“纵深化改革创新”为总抓手,致力服务创新、业态创新,重塑融媒产业生态,写好长兴媒体融合发展的“后半篇文章”。

后　　记

《中国市县融媒体中心建设研究报告(2019)》在广大奋斗在融媒体中心建设战线的各位领导、专家和学者的共同努力下,已于2019年11月正式出版,该报告出版后受到了各方好评和肯定,正成为媒体融合领域重要的工作探讨和学术交流平台。应大家的要求,2020年以"抗疫"为主题我们继续编辑出版《中国市县融媒体中心建设研究报告(2020)》,向全国市县融媒体中心征集各中心在抗疫过程中的良策、做法与经验。征稿启事发出后得到了全国各地市县融媒体中心领导和专家的积极响应与大力支持,在短短2个月时间内收到了大量的优秀论文,经过我们的审阅,将39篇论文收录在本书中。这些论文真实记录了全国市县融媒体中心在宣传报道疫情防控阻击战、总体战与人民战争取得阶段性重要战略成果,促进复工复产复业复学,媒体电商平台联手抗疫助农扶贫等方面的具体做法、宝贵经验与工作反思,在我国市县融媒体中心建设与发展进程中具有现实意义和历史意义,在此向奋斗在抗疫一线的融媒体中心的领导和各位专家表示深深的敬意!

本书也得到了浙江大学出版社的关心和本书责任编辑李海燕女士的大力支持,在此一并深表感谢!

《中国市县融媒体中心建设研究报告》是一棵小草,正在国家广电总局和各位市县融媒体中心领导、专家的呵护关怀下逐渐成长,我们愿以此为基础,打造一个服务于市县融媒体中心建设与发展的专业化平台,助力全国市县媒体融合向纵深发展,更好地服务于我国新闻传播事业的快速健康发展。

图书在版编目（CIP）数据

中国市县融媒体中心建设研究报告. 2020 / 王文科，史征主编. —杭州：浙江大学出版社，2020.8
ISBN 978-7-308-20606-8

Ⅰ. ①中… Ⅱ. ①王… ②史… Ⅲ. ①县—传播媒介—研究报告—中国—2020 Ⅳ. ①G206.2

中国版本图书馆 CIP 数据核字（2020）第 181438 号

中国市县融媒体中心建设研究报告(2020)

王文科　史　征　主编

责任编辑　李海燕
责任校对　董雯兰
封面设计　雷建军
出版发行　浙江大学出版社
（杭州市天目山路 148 号　邮政编码 310007）
（网址：http://www.zjupress.com）
排　　版　杭州好友排版工作室
印　　刷　杭州高腾印务有限公司
开　　本　710mm×1000mm　1/16
印　　张　14
字　　数　260 千
版 印 次　2020 年 8 月第 1 版　2020 年 8 月第 1 次印刷
书　　号　ISBN 978-7-308-20606-8
定　　价　60.00 元

版权所有　翻印必究　印装差错　负责调换

浙江大学出版社市场运营中心联系方式：（0571）88925591；http://zjdxcbs.tmall.com